Frank&Frei

Werner Reichel

KICKL muss weg

Der schmutzige Kampf um die Macht

„Werner Reichel hat kein angenehmes, aber ein notwendiges Buch zusammengestellt, voll von Zitaten, die die politischen und gesellschaftlichen Akteure in ihrer ideologischen Verblendung oder ihrer grenzenlosen Naivität (…) zeigen.“

Neue Ordnung IV/18

„Eine grauenhafte Sammlung menschlicher Dummheit und Boshaftigkeit (…) Das Buch hat die niederschmetternde Wucht der ‚Letzten Tage der Menschheit‘ von Karl Kraus (…).“

Querschüsse/
Georg Zakrajsek

„Werner Reichel hat ein 622 Seiten starkes Werk aufbereitet, das die ganze Bandbreite der inzwischen freilich gekippten Willkommenskultur zeigt.“

unzensuriert.at

„Raffinierte Idee, all die furchtbaren und dummen Sätze der Jahre des Beginns der Völkerwanderung zu zitieren und kommentieren bzw. mit der Wirklichkeit zu vergleichen.“

Dr. A. Unterberger

Im Buchhandel oder direkt
bei www.frankundfrei.online

ISBN: 978-3-903236-21-9
eISBN: 978-3-903236-22-6

In memoriam

Willi Reichel

Für meine Kinder,
meine Partnerin
und für alle,
für die Freiheit und Verantwortung
mehr sind als nur Worthülsen.

„Kickl ist der gefährlichste Innenminister seit 1945“ [1]

Jan Krainer, SPÖ-Nationalratsabgeordneter

„Der Robespierre der FPÖ“ [2]

Rainer Nowak, Die Presse-Chefredakteur

„Kickl gilt als der begnadetste Kommunikationsstratege seit Joseph Göbbels (sic).“ [3]

Beko Baxant, Wiener SPÖ-Landtagsabgeordneter

„Herbert Kickl wollte Innenminister werden, um aus der Republik Österreich einen autoritären Staat zu machen.“ [4]

Helmut Brandstätter, Ex-Kurier-Herausgeber

„Herbert Kickl hätte nie auf diesen Posten gelangen dürfen.“ [5]

Armin Thurnher, Falter-Herausgeber

„Der Hassprediger“ [6]

Titel der Profilausgabe Nr.30/2019

Inhalt

Vorwort und Vorgeschichte

Am 18. Dezember 2017 wird Herbert Kickl als Innenminister gemeinsam mit seinen 15 Regierungskollegen von Bundespräsident Alexander Van der Bellen angelobt. Eine neue politische Ära beginnt. Für die einen ist der neue Innenminister ein politischer Alptraum. Für den Rest der Bevölkerung ist Kickl nach Jahren verfehlter rot-schwarzer Einwanderungs- und Sicherheitspolitik ein Hoffnungsträger.

Dass ein Freiheitlicher dieses sensible und verantwortungsvolle Ressort übernimmt, ist für die Linken inner- und außerhalb Österreichs ein Schock. Vor allem, weil auch das Verteidigungsministerium mit Mario Kunasek an die FPÖ geht und der neue Justizminister, Josef Moser, zwar von der ÖVP aufgestellt worden ist, aber ebenfalls eine FPÖ-Vergangenheit hat.

Wie konnte es in einem Land, das seit 1970 mit einer einzigen Unterbrechung durchgehend von sozialistischen bzw. sozialdemokratischen Kanzlern regiert worden ist, überhaupt dazu kommen? Wie konnte die FPÖ, die mehr oder weniger vom gesamten meinungsbildenden Establishment, also von Medien, Wissenschaft, Künstlern, Kirche und NGOs angefeindet und bekämpft wird, in Regierungsverantwortung kommen?

Herbst 2017. Die Stimmung in der linken Reichshälfte ist angespannt. Die Nationalratswahl am 15. Oktober ist eine Richtungs-, eine Schicksalswahl. Die Linken fürchten, dass ihre jahrzehntelang einzementiert geglaubte Vormachtstellung nachhaltig zertrümmert wird. Nicht nur vorübergehend wie Anfang der 2000er unter Wolfgang Schüssel. Die Ängste sind begründet. Die Linke steckt in einer schweren Krise. Die gesellschaftlichen und politischen Rahmenbedingungen haben sich grundlegend geändert. Der Herbst 2015 und die Migrantenströme aus dem islamischen Raum haben die Stimmung im Land verändert. Bis heute scheinen die Linken und die alte Garde der ÖVP die Tragweite, die historische Bedeutung und die Dimension der damaligen Geschehnisse und der dadurch ausgelösten Entwicklungen nicht einmal ansatzweise begriffen zu haben. Das bewies unter anderem rund dreieinhalb Jahre später Ex-ÖVP-Chef Reinhold Mitterlehner, als er sein weinerliches Abrechnungs-Buch[7] mit dem eitlen Titel „Haltung" vorstellte und dabei keinerlei Selbstkritik oder Einsicht dafür zeigte, welche katastrophalen Fehlentscheidungen damals von der Regierung getroffen wurden.

Auch nach den Ereignissen in der Silvesternacht von Köln, der Frauenmordserie in Österreich Anfang 2019, der Explosion der Vergewaltigungszahlen oder dem Bekanntwerden der Zustände an österreichischen Schulen hat Mitterlehner, ein typischer Vertreter der Alt-ÖVP, seine Haltung nicht geändert. Damals wurde von der rot-schwarzen Regierungskoalition und den anderen Willkommensjublern ein tiefer Graben durch die österreichische Gesellschaft gezogen, der sich seither weiter vertieft hat.

Die unkontrollierte Masseneinwanderung aus Afrika und dem islamischen Raum, die Untätigkeit und Hilflosigkeit der rot-schwarzen Regierungskoalition unter Werner Faymann haben das Klima im Land, ja das Land an sich verändert. Diese Entwicklungen haben auch SPÖ und Grüne in eine tiefe Krise gestürzt.

Faymann versuchte damals, als er begriff, dass die Stimmung in der Bevölkerung vom medial inszenierten Willkommenstaumel in

Unmut umschlägt, die Kurve zu kriegen. Er versuchte es mit einer halbherzigen Kehrtwendung und ließ ein „Türl mit Seitenteilen"[8] an der Grenze zu Slowenien aufstellen.

Das wiederum brachte den mächtigen linken Wiener Parteiflügel gegen ihn auf. 2016 wurde Faymann beim traditionellen Maiaufmarsch vor dem Rathaus in aller Öffentlichkeit von seinen Genossen gedemütigt. Kurze Zeit später war Faymann Geschichte. Eingefädelt hatte diese parteiinterne Intrige Christian Kern, der Möchtegern-Manager und Macher, der die Privatwirtschaft nur vom Hörensagen kannte, da er seine gesamte berufliche Karriere der SPÖ zu verdanken hatte. Er trat auf den Plan, um nicht nur die heimische Sozialdemokratie, sondern das ganze Land zu retten. Die SPÖ und die linken Mainstreammedien entfachten einen unglaublichen Hype um Christan Kern. Er wurde als der Retter der Sozialdemokratie und Österreichs gefeiert. David Schalko, Regisseur und gut vernetzter heimischer Staatskünstler, bezeichnete Kern als „Mann, der alles kann", und Profil Chefredakteur Christian Rainer nannte ihn gar „Halbgott"[9]. Kein Scherz.

Die Linken sangen ihre Lobeshymnen auf Kern nicht, weil sie von seinen Qualitäten überzeugt waren, sondern weil sie auf ein Wunder hofften, auf einen roten Halbgott, der sie aus ihrer existenziellen Krise führen, die zerrissene SPÖ wieder einen sollte. Sie hofften auf einen starken Mann. Man wollte mit dem medialen Wirbel um Kern die bösen rechten Geister, die man mit seiner Open-Border-Politik selbst heraufbeschworen hatte, wieder vertreiben. Der coole Instagram-Slim-Fit-Kanzler mit seinen Sprüchen aus dem Manager-Handbuch war damals der einzige, der dafür in Frage kam. Was mehr über den Zustand der Sozialdemokratie als über die Person Christin Kern aussagt.

Der medial erzeugte Kern-Effekt verpuffte schneller, als ein Genosse Freundschaft sagen kann, zumal Kern zu feige war, den Medien-Hype zu nutzen und Neuwahlen vom Zaun zu brechen. Sein Herausforderer wäre damals Reinhold Mitterlehner gewesen. Ein politischer Jausengegner, der gerade dabei war, die ÖVP gegen die Wand zu fahren. Mitterlehner lag bei der Kanzlerfrage, also welchen Parteichef würden Sie direkt zum Kanzler wählen, im Februar 2017 bei erbärmlichen elf Prozent.[10]

Diese Chance hatte Kern durch sein Zaudern und Zögern verpasst. Nun musste er gegen einen echten und keinen medial herbeiphantasierten politischen Shooting-Star antreten. Gegen Sebastian Kurz. Mitterlehner warf im Mai 2017 überraschend das Handtuch. Kurz trat an seine Stelle, allerdings nur unter der Bedingung, die alte großkoalitionäre ÖVP komplett umzubauen, um sich seine Machtsphäre abzusichern. Was die linken Medien Kurz damals als autoritär ankreideten, sollte sich später als wichtige und richtige Maßnahme für Kurz erweisen.

Christian Kern hatte dem talentierten Kurz wenig entgegenzusetzen, auch wenn sich die Journalisten bemühten, dem roten politischen Fliegengewicht unter die Arme zu greifen. Auch ein langes ORF-Interview, geführt von Kerns Urlaubskumpel Tarek Leitner, half wenig.

Christian Kern, vor wenigen Monaten noch ein Polit-Superstar, schrumpfte während des Wahlkampfes auf seine reale Größe. Er entpuppte sich als überforderter Phrasendrescher ohne politische Substanz. Mitten im Wahlkampf poppt zudem die Silberstein-Affäre auf. Tal Silberstein, Dirty-Campaigning-Spezialist aus Israel, und sein Team hatten versucht, mit schmutzigen Tricks den Wahlkampf zu beeinflussen. Unter anderem soll Silberstein die Idee für die rassistische und antisemitische Facebook-Fake News-Seite „Die Wahrheit über Sebastian Kurz" gehabt haben.[11]

Die Sache fliegt auf und geht nach hinten los. Auch wenn der ORF und andere linke Medien versuchten, die unappetitliche Geschichte möglichst klein und von der SPÖ fern zu halten, für Kern bedeutet das den nächsten Tiefschlag. Noch schlimmer läuft es für die Grünen. Ihre langjährige Gallionsfigur und Chefin, Eva Glawischnig, hat das sinkende Schiff gerade noch rechtzeitig verlassen, um wenig später in der Glücksspielindustrie Geld zu scheffeln. Ihre beiden Nachfolgerinnen, die Tirolerin Ingrid Felipe und die EU-Abgeordnete Ulrike Lunacek, sind heillos überfordert. Auch Peter Pilz hat sich von den Grünen verabschiedet. Der revolutionäre Marxist mit dem großen Ego hat seine eigene Partei gegründet und fischt ebenfalls im rot-grünen Wählerteich.

Im linken Parteienspektrum gibt es keine Persönlichkeiten, die die Österreicher von ihren Konzepten und Kompetenzen überzeugen können, zumal es die Linken waren, die die Massenzuwanderung stets gefordert, bejubelt und befeuert haben. Auf der anderen Seite stehen Sebastian Kurz, der aus der alten ÖVP die türkise Liste Kurz geformt hat, und die FPÖ mit Heinz Christian Strache, der stets vor den Folgen jener Politik gewarnt hatte, mit denen die Österreicher und Europäer nun leben müssen: Islamisierung, soziale Spannungen, Abfall des Bildungsniveaus, Brain Drain, steigende Gewalt etc.

Es schaut nicht gut aus für die SPÖ und die beiden Grünparteien, als am Sonntag, dem 15. Oktober um 7:00 Uhr morgens die Wahllokale öffnen. Und die Österreicher entscheiden sich für einen Richtungswechsel. Ehemalige Grünwähler wechseln zum noch linkeren Peter Pilz oder wählen aus strategischen Gründen die Sozialdemokraten. Was diese vor einem Absturz bewahrt. Mit den grünen Leihstimmen gelingt es der SPÖ, ihren Stimmenanteil zu halten, dafür sind die Grünen raus aus dem Parlament und Peter Pilz knapp drin. Das ist aber alles nicht so wichtig. Sebastian Kurz und die FPÖ fahren einen grandiosen Wahlsieg ein. Die Türkisen erreichen 31,47 Prozent, die Freiheitlichen kommen auf 25,97. Macht zusammen 57,44 Prozent. Das Ergebnis ist eindeutig, die Österreicher haben sich für einen bürgerlich-rechten Kurs und gegen den x-ten Neustart einer rot-schwarzen bzw. schwarz-roten Koalition entschieden. Auch wenn das die linke Reichshälfte nie akzeptieren konnte und wollte.

Die Schlüsselposition in einer konservativ-rechten Regierung ist neben dem Kanzler der Innenminister. Die FPÖ kann sich in den Koalitionsverhandlungen durchsetzen, bekommt den für sie so wichtigen Posten. „Wir haben sehr unnachgiebig verhandelt und in manchen Bereichen nicht nur Wert auf inhaltliche Schwerpunktsetzungen gelegt, sondern auch auf Schlüsselressorts. Und was sind die? Du hast das Finanzressort, du hast die Justiz und du hast das Innenressort. Die ÖVP konnte nicht alle für sich beanspruchen, weil wir sonst gesagt hätten: Na gut, dann sehen wir für uns keine gestaltende Rolle in einem gemeinsamen Reformprojekt. So ist es dann dazu gekommen, dass das Innenressort aus Sicht der ÖVP übriggeblieben ist, weil ihnen die anderen offensichtlich wichtiger waren“[12], so Herbert Kickl. Parteichef H.-C. Strache wollte ursprünglich das Innenressort übernehmen, „es hat sich aber gezeigt, dass das wohl mit einer Koordinierungsrolle, die ein Vizekanzler hat, und mit der Repräsentationsrolle nicht kompatibel ist.“[13] Deshalb wird Herbert Kickl Innenminister, obwohl er sich, wie er selbst betont, „nicht um das Amt gerissen hat“[14].

Das wollen linke Journalisten und Kommentatoren freilich nicht so recht glauben. Sie verbreiten ihre eigenen Theorien und Mutmaßungen. „Herbert Kickl wollte (…) unbedingt Innenminister werden, um aus der Republik Österreich einen autoritären Staat zu machen“[15], behauptet etwa Helmut Brandstätter, ehemaliger Kurier-Herausgeber. Das klingt nicht nur dramatischer, furchteinflößender und gefährlicher, es entspricht auch dem (Feind)Bild, das linke Meinungsmacher wie Brandstätter seit Jahren von Kickl zeichnen.

Die Macht, die Kompetenzen und die Gestaltungsmöglichkeiten, die Kickl nun als Innenminister bekommt, machen ihn in den Augen von Brandstätter und Co. noch gefährlicher. Kickl wird zum Gottseibeiuns der Linken. „Und schlagartig ist Herbert Kickl damit das primäre Feindbild der regierungskritischen Medien, der (…) parlamentarischen Opposition und der linksgepolten Zivilgesellschaft“[16], schreibt Andreas Mölzer, ein politischer Weggefährte Kickls. Die Jagd auf Herbert Kickl hat begonnen.

1. Amtsantritt: Der Neue und seine Nanny

„Der Mann fürs Grobe übernimmt das Innenressort“[17], titelt die Kleine Zeitung. Als am 15. Dezember 2017 bekannt wird, wer das Innenressort übernehmen soll, sind sich die heimischen Journalisten und Kommentatoren einig. Wie die Kleine Zeitung reagieren fast alle Medien. Je nach politischer Ausrichtung von kritisch, gehässig, verängstig bis zu alarmistisch und apokalyptisch. Das Ende des Rechtsstaates ist nah! Positiv sind die Reaktionen lediglich in den wenigen rechten und konservativen Medien. Doch die gehen in der überwiegend linken Medienlandschaft völlig unter.

Die Frankfurter Rundschau blickt besorgt über die Grenze und beschreibt den neuen Innenminister als „gnadenlose rechte Hand“[18]. Und unter seinem Porträt steht: „Ist jetzt Chef der Polizei: FPÖ-Strippenzieher Kickl.“ Dass der angebliche Mann fürs Grobe, das Gehirn der FPÖ, jetzt für die innere Sicherheit Österreichs zuständig ist, sorgt für Unruhe über die Grenzen des Landes hinaus. Vorerst ist die Kritik aber noch einigermaßen zurückhaltend und sachlich. Im Nachrichtenmagazin Profil, neben ORF und Falter eines der linken Leitmedien Österreichs, ist man vor allem darüber besorgt, dass ausgerechnet jener Mann, der am 29. Oktober 2016 in Linz, beim Kongress der „Verteidiger Europas“, eine Rede gehalten hat, nun für Polizei, Staatsschutz und Sicherheit zuständig ist. Kickl sei jetzt „der Vorgesetzte jener Beamten, die in Linz im Einsatz waren“[19].

Über ein Jahr später sollte Kickls Auftritt bei dieser Veranstaltung zu wilden Vorwürfen und lautstarken Rücktrittsforderungen führen. Im Herbst 2017 war die Kritik an Kickls Teilnahme im Vergleich dazu noch relativ dezent. Zumindest in den großen Medien. Der linke politische Rand, diverse „Aktivisten", NGOs und linke Vorfeldorganisationen fuhren schon damals, im Dezember 2017, schwere Geschütze gegen Kickl auf. Ihr Hauptkritikpunkt am neuen Innenminister ist mangels besseren Materials und schwerwiegenderer Vorwürfe seine Rede auf ebendiesem Kongress.

Alexander Pollak, Sprecher von SOS-Mitmensch, eine der zentralen Organisationen des hochaktiven linken Netzwerkes, das beständig gegen die neue Koalition agitiert, warnt in drastischen Worten vor der Angelobung der Regierung: „Es droht ein seit 1945 einzigartiger Machtgewinn für rassistische und verfassungsfeindliche Kreise in Österreich. Sollten das Innen- und das Verteidigungsministerium an die FPÖ gehen, würden Personen mit Extremismusnähe sämtliche sicherheitsrelevanten Agenden in ihrer Hand haben."[20] SOS Mitmensch hat sogar ein eigenes Dossier gegen die FPÖ angefertigt. Es ist allerdings nur ein Sammelsurium von ohnehin seit langem bekannten und von den Medien gebetsmühlenartig wiederholten Anschuldigungen und Unterstellungen. Dieses sogenannte Dossier beruht nur auf dem, was jeder Antifa-Praktikant innerhalb von wenigen Minuten über Google findet. Über Kickl hat Pollack folgendes zusammengetragen:

> „Referent bei Kongress mit rechtsextremem Einschlag
>
> Kickl tritt im September 2016 als Referent beim Kongress der ‚Verteidiger Europas' in den Linzer Redoutensälen auf, bei dem es Verbindungen in die Rechtsextremenszene und zur neonazistischen NPD gibt."[21]

Welche Verbindungen das genau sein sollen, darüber klären Pollak und der Standard[22], von dem Pollak diese Info abgeschrieben hat, allerdings nicht auf.

Auch die Linkswende, einer der vielen kleinen linksextremen Vereine, schlägt in dieselbe Kerbe: „Braunes Kabinett: Das sind die brandgefährlichen FPÖ-Minister".[23] Die extreme Linke hat mit ihrem weit verzweigten Denunzianten-Netzwerk, mit ihren vielen Maulwürfen und Zuträgern nicht mehr über Kickl herausgefunden als seine Teilnahme an dem Linzer Kongress. Kickl hat offenbar eine strahlend weiße Weste. Eine linksextreme Initiative auf Facebook, die auch der ORF gerne als Quelle nutzt, obwohl sie kein Impressum hat, also niemand weiß, wer dahintersteckt, titelt: „Herbert Kickl – ein Rechtsextremer als Innenminister".[24] Und warum ist Kickl für diese dubiose linke Facebook-Plattform ein „Rechtsextremer"? Bingo. Weil er beim Linzer Kongress aufgetreten ist. Die Rede, die Kickl dort gehalten hat, interessiert diese Gruppen hingegen wenig. Offenbar hat er nichts gesagt, was man gegen ihn verwenden hätte können.

Trotz dieser Bemühungen, trotz der Wühl- und Lobbyarbeit der linken bis linksextremen Vereine, Blogs und NGOs: Der Kongress gibt vorerst zu wenig her, um Kickl ernsthaft in Bedrängnis bringen zu können und die Mainstreammedien für diese Story zu begeistern.

Die haben vorerst andere Schwerpunkte. Profil-Chefredakteur Christian Rainer warnt vor dem Dilettantismus der Regierung, insbesondere der FPÖ-Minister.[25] Wer sich nach dem Dilettantenduo Christian Kern und Reinhold Mitterlehner und ihrer rot-schwarzen Stillstandskoalition um die Qualität und Befähigung der neuen Minister sorgt, will vor allem Unsicherheit verbreiten und Zweifel streuen. Zum Anpatzen der türkis-blauen Koalition reicht es allemal. Vor allem, wenn man nichts Besseres zur Hand hat. Rainer beunruhigt aber auch, dass das Innenministerium, Verteidigungsministerium und – zumindest sieht das Rainer so - sogar das Justizministerium mit dem ehemaligen FPÖ-Mann Josef Moser nun unter Kontrolle der Freiheitlichen sind.[26] Rainer ängstigt das dermaßen, dass er künftig am Telefon nichts mehr sagen möchte, „was den Innenminister interessieren könnte".[27]

Ängste schüren, Gräben ziehen und Unsicherheit verbreiten ist bei den linken Meinungsmachern die Strategie der Stunde, denen es auch Wochen nach der Nationalratswahl schwerfällt, die Entscheidung der österreichischen Wähler zu akzeptieren. Die Regierung wird von Anfang an als Feindbild, als Gefahr für Freiheit, Wohlstand und das Ansehen Österreichs dargestellt. Man gibt ihr nicht einmal die Chance zu beweisen, was sie zu leisten imstande ist. Die linken Politaktivisten haben ihr Urteil längst gefällt. Die sonst im Journalismus übliche 100-Tage-Schonfrist für neue Regierungen oder Amtsinhaber gilt für die verhasste türkis-blaue Koalition nicht. Sie wird mit deutlich strengeren Maßstäben gemessen. Auf Objektivität, Fairness oder gar Wohlwollen darf sie nicht hoffen. Von Anfang an sind die Fronten klar: Diese Regierung muss so rasch wie möglich gesprengt werden, sie ist das erklärte Feindbild des Juste Milieus, das um seinen Status, seine Finanzierung, seine „wohl erworbenen Rechte" und die Deutungshoheit fürchtet.

Die zentrale Rolle als Oberbösewicht fällt Herbert Kickl zu. Die ÖVP-Minister sind für diese Rolle ungeeignet, weil zu weiblich, zu farblos und im Schatten von Politstar Kurz stehend. Auch Norbert Hofer, der während des Bundespräsidentschaftswahlkampfes von der linken Van-der-Bellen-Front als rechtes NLP-gesteuertes Schreckgespenst aufgebaut wurde, scheidet aufgrund seines Ressorts ebenfalls aus. Wer für Eisenbahnen und Straßen verantwortlich ist, lässt sich nur schwer als Gefahr für Rechtsstaat und Demokratie verkaufen.

Deshalb war Herbert Kickl die logische Besetzung für diese Rolle, die er von nun an nicht mehr los wird. Man versucht von Anfang an den Innenminister zu dämonisieren, ihn als große Bedrohung für unser Land und unsere Gesellschaft darzustellen. Es schlägt die Stunde jener, deren politische Daseinsberechtigung und deren Geschäftsmodell der Kampf gegen rechts ist. Der blaue Innenminister ist die ideale Projektionsfläche für deren Ängste, ein Brandbeschleuniger für die lodernde linke Faschismushysterie.

Die heimische Kabarettszene lebt seit Jahrzehnten fast ausschließlich von der FPÖ und ihrem Umfeld. Die Freiheitlichen, die Rechten sind der Außenfeind, den man als Gegenpart braucht, um sich und die Seinen als Gemeinschaft der guten, moralischen, weltoffenen und toleranten Menschen definieren zu können. Das ist ein wesentlicher Teil des linken Selbstverständnisses, der linken Identität. Die FPÖ ist das Feindbild, die politische Benchmark, um sich selbst moralisch einzuordnen und zu erhöhen, um sein Tun und Denken aufzuwerten und auf die minderwertigen, rechten Menschen herabblicken und hinuntertreten zu können. FPÖ-Politiker und deren Sympathisanten erfüllen als moralische Fußabstreifer jene Aufgaben, die gemäß linkem Narrativ „der Ausländer" für Rechte erfüllt. Die Rechten sind die Projektionsfläche für die Unzulänglichkeiten, den Hass, die Komplexe und die Ängste der Linken, sie sind für alles, was in Land und Gesellschaft schief läuft, verantwortlich. Auch am Niedergang der Linken sind die dummen rechten Wähler schuld, die einfach zu simpel gestrickt sind, um die Großartigkeit und Genialität der linken Ideologie, der linken Utopien und ihrer Verkünder zu kapieren.

Christa Zöchling, mehrfach ausgezeichnete Profil-Journalistin, charakterisiert FPÖ-Wähler so: „Es sind die hässlichsten Menschen Wiens, ungestalte, unförmige Leiber, strohige, stumpfe Haare, ohne Schnitt, ungepflegt, Glitzer-T-Shirts, die spannen, Trainingshosen, Leggins. Pickelhaut. Schlechte Zähne, ausgeleierte Schuhe."[28] Genauso werden FPÖ-Sympathisanten von Linken gesehen, die blauen Politiker und neuen Minister ebenso. Nur besser angezogen. Sie werden den Österreichern in den Mainstreammedien einerseits als extrem gefährlich, durchtrieben und heimtückisch, anderseits als recht einfache Gemüter, rechte Deppen, Abgehängte und Modernisierungsverlierer verkauft. An diesem Widerspruch stört sich in der linken Reichshälfte allerdings niemand. Ihre ebenso simple wie beliebte Erklärung: Die Durchschnittsösterreicher – und das sind ausschließlich die nichtlinken - seien einfach zu blöd für linke Ideen und Politik.

Herbert Kickl bildet eine Ausnahme. Während sich der gemeine SPÖ- oder Grünwähler dank der jahrelangen Propaganda, Desinformation, der linken Deutungshoheit und aufgrund seiner Sozialisation im linken Bildungssystem jedem Rechten intellektuell überlegen fühlt, H.-C. Strache, Johann Gudenus und den kleinen FPÖ-Funktionär, so wie Frau Zöchling, für geistig minderbemittelt hält, verhält es sich bei Herbert Kickl anders. Er gilt als das Gehirn der FPÖ, als Stratege, Mastermind, als durchtriebener Bösewicht, der, wie in einem schlechten James Bond-Film, mit seinem Heer von dümmlichen Untergebenen das ganze Land beherrschen möchte. Kickl, der Einäugige unter den Blinden, der für Strategie, Kommunikation und Marketing der FPÖ mehr oder weniger allein verantwortlich ist. Das ist das linke Narrativ, das die Medien verbreiten, seitdem H.-C. Strache die Partei im Jahr 2005 übernommen hat.

Der Wiener SPÖ-Landtagsabgeordnete Peko Baxant hält Kickl gar für den „begnadetsten Kommunikationsstrategen seit Joseph Goebbels".[29] Was aus dem Mund eines SPÖ-Politikers wohl als zweifelhaftes Kompliment gemeint ist. 2014 wurde Kickl von der Tageszeitung Die Presse interviewt: „Wie lebt es sich denn so als heimlicher Parteichef der FPÖ?" Kickls Antwort: „Das ist auch so ein Blödsinn, der in den Medien kolportiert wird."[30] Der linke Mythos von der blauen Ein-Mann-Partei ist nicht totzukriegen.

Kickl, der einzige schlaue Mann der FPÖ, der die rechte Deppentruppe steuert, so hört man es auf allen linken Kanälen, vom Kabarettisten bis zum Innenpolitik-Experten. „Keine Personalentscheidung und keine strategische Weichenstellung wurde ohne sein Zutun gefällt"[31], glaubt man bei der Zeitschrift News zu wissen, und Staatskünstler Florian Scheuba, gewohnt unlustig: „Wahrscheinlich glaubt H.-C. Strache, dass Herbert Kickl sein Freund ist. Das ist, als wenn Kasperl und Pezi glauben, dass die Hände, die in ihnen stecken, ihre Freunde sind."[32]

Dass man Kickl als FPÖ-Politiker solche Fähigkeiten zuschreibt, liegt vor allem daran, dass Kickl in Diskussionen, Interviews und Konfrontationen seine politischen Gegner in der Regel auflaufen lässt, sie manchmal regelrecht demontiert. Sie sind ihm intellektuell und rhetorisch zumeist nicht gewachsen. Auch der große Armin Wolf, der Held der heimischen Linken, zieht im rhetorischen Zweikampf gegen Kickl zumeist den Kürzeren. Was einerseits den Hass auf Kickl steigert, es andererseits den Linken verunmöglicht, ihn in das Klischee des dummen, rechten Recken zu pressen. Deshalb hat man aus der Not bzw. dem Frust eine Tugend gemacht und Kickl zu einem blauen, menschenverachtenden Mastermind gemacht. Diese linke Zuschreibung bekommt durch seine Ernennung zum Innenminister eine neue Dimension und Tragweite. Weshalb die üblichen

Verdächtigen, wie etwa Hannes Androsch, öffentlichkeitswirksam „Skepsis, Besorgnis und Beunruhigung"[33] verspüren.

Kein Wunder, Kickl passt auch sonst nicht so recht ins klischeehafte Bild, das Linke von FPÖ-Politikern oder Rechten haben. Kickl studierte Philosophie, ist kein Burschenschafter und kann mit diesen auch wenig anfangen. „Das ist nicht meine Welt. Aber ich habe vor jedem Respekt, der das will. Wir sind nicht umsonst eine Partei, die Freiheit im Namen trägt."[34], so Kickl über sein Verhältnis zu den Burschenschaften. Das ist auch ein Grund, warum die Attacken zu Beginn von Kickls Amtszeit verhalten ausfallen. Denn eines der Hauptangriffsziele der linken Reichshälfte gegen die neue Regierungspartei waren zu Beginn die Burschenschaften, ihre Netzwerke und ihre Macht innerhalb der FPÖ. Hierzu gab es Anfang 2018 unzählige Artikel mit mehr oder weniger der gleichen Stoßrichtung. OE24 titelt gar: „Die Regierung der Burschenschaften".[35] Die Burschenschafter würden die Macht an sich reißen und Österreich übernehmen, so der Tenor. Die Vorlage lieferte das wenige Wochen vor der Nationalratswahl erschienene Buch von Hans Henning Scharsach: „Stille Machtergreifung". Es wird mit dramatischen Worten beworben: „Ein kleiner, verschworener Kreis hat die FPÖ in Besitz genommen (...), zeigt Scharsach auf, was Österreich droht, wenn deutschnationale, schlagende Burschenschafter an die Macht kämen."[36] Da läuft dem politisch korrekten Bürger der kalte Schauer über den Rücken, mit solchen Verschwörungstheorien, die auch über Freimaurer, Illuminaten und Bilderberger verbreitet werden, kann man für die Wähler ein gar schröckliches Szenario aufbereiten. Burschenschaften sind im neuen Jahrtausend etwas Exotisches, Unbekanntes, Fremdes. Ihre Wurzeln und Geschichte kennt kaum noch jemand. Geblieben ist das Bild, das Linke über sie verbreiten, von den mit Schwertern kämpfenden, Bier saufenden, Frauen verachtenden Nationalisten.

Der Höhepunkt dieser medialen Kampagne gegen die Burschenschaften ist der sogenannte Liederbuch-Skandal, der zeitgerecht vor der Landtagswahl in Niederösterreich von der linken Wochenzeitung Falter lanciert wird. Der damals beschuldigte und kurzerhand von der FPÖ geschasste blaue Landesparteichef Udo Landbauer ist mittlerweile völlig rehabilitiert: Die linke Hetzkampagne, die auf einem alten Liederbuch, mit dem Landbauer nichts zu tun hatte, aufbaute, hat ihre Aufgabe erfüllt. Die FPÖ blieb weit hinter ihren Erwartungen zurück und die ÖVP erreichte in Niederösterreich die absolute Mehrheit. Dank eines alten Liederbuches und einer breiten Medienfront gegen die FPÖ.

Angesichts solcher Prioritäten, der Medienkampagne gegen die Burschenschaften und mangels besseren Materials wärmten die Mainstreamjournalisten vorerst nur jene Vorwürfe gegen Kickl auf, die jeder politisch interessierte Österreicher schon gefühlte 1000x gehört und gelesen hat: Dass Kickl als Reden- und Gag-Schreiber von Jörg Haider für den antisemitischen Witz verantwortlich ist: „Wie kann einer, der Ariel heißt, so viel Dreck am Stecken haben?“

Mit Ariel ist der ehemalige Chef der israelitischen Kultusgemeinde Wien, Ariel Muzicant, gemeint. Obwohl FPÖ-Chef Strache auf die zum wiederholten Male aufgewärmten Vorwürfe reagiert und Kickls Urheberschaft zurückweist, halten die meisten Medien an dieser Legende fest. Auch der Wahlkampfslogan aus dem Jahr 2006 „Daham statt Islam“, den Kickl ersonnen haben soll, gilt vielen linken Journalisten und Künstlern als Beweis für die moralische Verkommenheit und den latenten Rassismus Kickls. Der Slogan ist rund um Kickls Amtsantritt in den Medien vermutlich öfter zu lesen als er damals plakatiert wurde. Abgesehen davon: Zehn Jahre und eine Völkerwanderung später hat sich der Reim als geradezu prophetisch erwiesen.

Und wenn einem überhaupt nichts mehr einfällt, womit man den neuen Innenminister anpatzen kann, lässt man einen unbekannten „ehemaligen Wegbegleiter" über Kickl herziehen. Der neue Innenminister sei „ein Psycho"[37], lässt Star-Journalist Florian Klenk den geheimnisvollen Unbekannten über Kickl in einem Falter-Artikel sagen, bei dem der Hass Klenks auf den „verkrachten Philosophiestudenten" aus jeder Zeile trieft. Auch Beamte kommen darin zu Wort, die derart verängstigt sind, dass sie sich „zu unüblichen Zeiten in den hintersten Raucherkammerln von Vorstadtcafés treffen, wo sie so leise flüstern, dass man sie kaum versteht. Sie kommunizieren über abhörsichere Messenger-Dienste. Sie schreiben Mails über Fake-Accounts."[38] Raucherkammerln in Vorstadtcafés, das klingt nach dem tristen Setting einer typischen österreichischen TV-Serie à la David Schalko oder einem Tatort-Krimi mit Harald Krassnitzer. Der gemeine Falter-Leser lässt sich von dieser blumigen, linken Gebrauchsprosa sicher schwer beeindrucken.

Jedenfalls flüstern die verängstigten Spitzenbeamten in den Hinterzimmern der Wiener Vorstadtcafés Klenk zu, Kickl, „sei nicht deshalb gefährlich, weil er ein besonders starker Mann wäre, sondern im Gegenteil. Anders als seine Vorgänger sei er mit der Organisation einer so großen Bürokratie völlig überfordert."[39] Klein, verunsichert, überfordert, gefährlich, verkracht, eine gescheiterte Existenz. Er hat vermutlich auch Mundgeruch, schiefe Zähne und quält kleine Katzen, aber das würde Klenk nicht schreiben, er ist schließlich mehrfach ausgezeichneter, seriöser Journalist, und der Falter das linke Leitmedium des Landes.

Auch Christian-Kern-Biograph, Revolutionärer Marxist und Standard-Journalist Robert Misik macht sich über Kickls abgebrochenes Philosophiestudium lustig. Kickls Körpergröße ist ohnehin ein Dauerbrenner und damals die beliebteste Pointe auf heimischen

Kleinkunstbühnen und im ORF[40]. Auch die – natürlich ebenfalls hochseriöse – Journalistin Livia Klingl (ORF, Standard, Kurier) macht sich über Kickls Größe lustig. Auf Facebook schreibt sie über ein Foto von Herbert Kickl, der neben dem über zwei Meter großen Bildungsminister Heinz Faßmann steht: „der inbegriff des großen deutsch(national)en mannes. wer ihn ned gleich findet: bitte lupe nehmen"[41].

Die selbsternannten Qualitätsjournalisten und -medien kennen bei Kickl keine Niveauuntergrenze. Was man der FPÖ vorwirft, von Menschenfeindlichkeit bis Hass, von schlechtem Stil bis zu persönlichen Untergriffen, ist gegen Kickl nicht nur erlaubt, sondern erwünscht. So „analysiert" der Journalist und Hobbypsychologe Christoph Winder im Standard:

> „Der kleine Kärntner erweist sich abermals als der große österreichische Aufgansler. Als Spalter, von dem man befürchten muss, dass er sich in letzter Konsequenz einmal selbst in der Mitte entzweireißen wird wie weiland Rumpelstilzchen. (…) Warum baut jemand seine Laufbahn ausschließlich auf bösen Reimen auf? Warum liegt ihm so daran, etwaig vorhandene Charaktereigenschaften wie Großzügigkeit, Gemeinsinn oder Menschenfreundlichkeit jahrzehntelang penibelst vor der Öffentlichkeit zu verbergen? Schierer Hass auf Österreich kann es nicht sein, dazu war das Land zu gut zu ihm. Wo sonst käme ein Studienabbrecher mit dubiosen weltanschaulichen Identifikationen in höchste Regierungsämter (…) Nein, Herbert Kickls Verhalten wirkt wie ein verzweifelter Schrei nach Liebe. Da muss etwas passiert sein, da muss ein ungeheurer Mangel danach rufen, unter billigem Zynismus versteckt und kompensiert zu werden. (…) Wir bräuchten ein paar gute Menschen, die sich um Kickl kümmern. Ihm ein schönes Fichtennadelschaumbad

bereiten, die mörderischen Spannungen aus den Schultern massieren. Ihm zärtlich den Dreitagebart streicheln, den steinharten Charakterpanzer lockern, das schmächtige Körperchen ölen und salben. (...)“[42]

Nein, das ist keine Satire. Der Standard, der dieses Pamphlet veröffentlicht hat, gilt – zumindest in Österreich – als Qualitätsblatt. Trotz oder besser aufgrund solcher Absonderungen.

Der Arbeitskreis für Gleichbehandlungsfragen der Universität Wien, also nicht gerade ein rechtsrechter Fascho-Verein, führt als Beispiel für „Diskriminierung, sexuelle Belästigung und Belästigung“ folgendes Beispiel an: „Bemerkungen zu körperlichen Merkmalen, Aussehen oder Kleidung.“[43]. Schmächtiges Körperchen! Diese politisch korrekte Verhaltensregel gilt definitiv nicht, wenn man gegen Herbert Kickl, andere FPÖ-Politiker und deren Sympathisanten in den Kampf zieht. Vermutlich deshalb, weil es sich – auch wenn das Gutmenschen nie offen aussprechen würden – um rechte Untermenschen handelt.

Wären diese politisch korrekten Moralapostel wie der Standard-Poet Winder doch nur halb so kritisch sich selbst gegenüber wie gegenüber Herbert Kickl. Viel mehr als Witze aus der untersten Humorschublade, persönliche An- und Untergriffe, Bullshit, so wie ihn Harry G. Frankfurt[44] definiert, und aufgekochte Vorwürfe aus dem Jahre Schnee haben die vereinigten Linken zu Kickls Amtsantritt nicht zu bieten.

Trotzdem fühlen sich Bundeskanzler Sebastian Kurz und Vizekanzler Heinz Christian Strache genötigt, ihnen entgegenzutreten. Kurz: „Jeder hat seine Geschichte, aber jeder hat auch seine Chance verdient.“[45] Eine für Kurz typische Antwort, mit der er zwar den

Innenminister nicht entlastet und Distanz zu ihm wahrt, aber die vielen linken Kritiker einigermaßen ruhigstellt. Weil all diese Angriffe und Vorstöße zu erwarten waren, und sich Kurz und die ÖVP bewusst waren, welchen medialen und politischen Aufschrei die Bestellung Kickls zum Innenminister auslösen würde, hat man von Anfang an eine Maßnahme zur Beruhigung der Lage vorgesehen: die 36jährige Richterin Karoline Edtstadler. Sie wird Staatssekretärin im Innenministerium.

Ganz freiwillig hat die Regierung diese Entscheidung nicht getroffen, Bundespräsident Van der Bellen soll sich eine türkise Aufpasserin im blauen Innenministerium gewünscht haben.[46] Kickl sollte jemand zur Seite gestellt bekommen, der seine Entscheidungen überwacht und unter die Lupe nimmt[47], wie die Presse schreibt. Ein Kindermädchen für den bösen blauen Buben, eine „türkise Aufpasserin"[48], wie der Standard spöttisch anmerkt.

Edtstadler lehnt solche Zuschreibungen – zumindest in der Außenkommunikation – ab, bezeichnet sich selbst als Partnerin. So richtig hat sie in die Rolle von Kickls Nanny auch nie gefunden. Ob sie aufgrund von Kickls Durchsetzungsvermögen dazu nicht in der Lage war oder dies ohnehin nie vorhatte, wird wohl unbeantwortet bleiben.

2. Erste Wochen: Von bösen Burschenschaftern und braven Cousinen

„Guten Morgen. News aus Kickls Innenministerium. Heute soll Alexander Höferl zum Pressesprecher des neuen Innenminister werden", twittert Falter-Chefredakteur Florian Klenk. Warum Klenk das seiner großen Online-Fangemeinde frühmorgens mitteilen muss: Alexander Höferl ist Chefredakteur des rechten Nachrichtenportals unzensuriert.at. Jetzt soll er Pressesprecher des Innenministers werden. Dass der FPÖ-Innenminister für sein Kabinett keine Welcome-Refugee-Aktivsten, Grüne oder sonstigen Linke sucht, sondern Menschen, die ihm politisch und ideologisch nahestehen, denen er vertrauen kann, ist zwar logisch und wäre dem Falter-Journalisten bei einem SPÖ-Minister auch keine Zeile wert gewesen, im Fall von Kickl ist es hingegen ein Skandal: Ein freiheitlicher Innenminister sucht sich seine Mitarbeiter im freiheitlichen Umfeld. Alarmstufe blau! Im Fall von Herbert Kickl werden sogar Selbstverständlichkeiten zu einem Skandal hochgeschrieben.

Höferl wird zwar nicht Pressesprecher, sondern Kommunikationschef, und er war auch nicht Chefredakteur von unzensuriert.at, aber das sind für linke Journalisten ohnehin nur Nebensächlichkeiten. Hauptsache, der Mann ist irgendwie rechts. Entscheidend ist, dass Höferl für unzensuriert.at „bis zuletzt" gearbeitet hat und nun ins Innenministerium wechselt. unzensuriert.at ist nicht nur ein rechtes und FPÖ-nahes, sondern vor allem ein reichweitenstarkes Medium. Der Kurier berichtet 2016: „In Österreich verzeichnete im vergangenen Jahr so insbesondere die Seite unzensuriert.at wachsende Reichweiten. Im Jänner kamen im Anschluss an die Kölner

Silvesternacht zehn der 50 erfolgreichsten Artikel auf Facebook von der FPÖ-nahen Seite (…)“[49] Da kann das eine oder andere krisengebeutelte linke Mainstreammedium schon neidisch werden. Und wo Neid ist, ist der Hass nicht fern. Medien wie unzensuriert.at sind den schwächelnden Alt-Medien ein Dorn im Auge. Der Standard schreibt über unszensuriert.at, dass die Seite mit Artikeln gegen Migranten und vermeintlich linke Journalisten auffällt, aber auch mit Russland- und Ungarn-freundlicher Berichterstattung.[50]

Das ruft einen weiteren wichtigen Player im linken Netzwerk auf den Plan: Willi Mernyi, gelernter Starkstrommonteur, seit seinem 17. Geburtstag SPÖ-Mitglied, Gewerkschafter und vor allem Vorsitzender des Mauthausenkomitees. Mernyi gilt aufgrund dieser Funktion als so etwas wie eine moralische Instanz in Österreich.

Als solche meldet er sich, so wie auch Bundespräsident Van der Bellen, immer wieder zu Wort. Vor allem, wenn es gilt, die FPÖ zu rügen. Bei linkem oder islamischem Antisemitismus – zweiterer hat in den vergangen Jahren in den Zielländern der unkontrollierten Masseneinwanderung aus dem Nahen Osten und Nordafrika geradezu epidemische Ausmaße angenommen – schweigt er zumeist. So wie auch Bundespräsident Van der Bellen. Zu Höferl hat Mernyi aber sehr wohl etwas zu sagen: Es sei „keine Überraschung, dass die FPÖ trotz Regierungsbeteiligung auf ihrem ewiggestrigen Kurs bleibt“[51], lässt er via Presseaussendung der Öffentlichkeit ausrichten.

Auch eine alte Undercover-Geschichte des deutschen Privatsenders RTL wird wieder ausgegraben. Eine Reporterin des Senders hatte sich bei Unzensuriert als Journalistin beworben. Anlass war die Expansion der Nachrichtenseite nach Deutschland. Bei dem heimlich mitgeschnittenen Bewerbungsgespräch fragte die Undercover-Dame Höferl, was das Ziel von unzensuriert.de sei. „Soweit können wir das ja zugeben: Wir machen ja nicht dieses Medium, weil uns am unabhängigen Journalismus so sehr gelegen ist, sondern weil wir diese politischen Bewegungen in gewisser Weise unterstützen wollen. Im Prinzip wollen wir versuchen, dass wir uns mittelfristig vor allem gegenüber der AfD ähnlich positionieren, wie wir in Österreich gegenüber der FPÖ positioniert sind. Eine reine Positiv-Berichterstattung zu fahren."[52], bekam sie von Höferl zur Antwort. unzensuriert.at ist also für die FPÖ in etwa das, was der ORF für SPÖ und Grüne ist. Mit dem Unterschied, dass der ORF von Gebühren lebt und per Gesetz zur Objektivität verpflichtet ist.

Auch der Falter ist genau deshalb eine mehrfach ausgezeichnete, vielzitierte und in gewissen Milieus geachtete Wochenzeitung. Nicht weil es ein journalistisch hochwertiges Blatt wäre, sondern aufgrund seines Naheverhältnisses zu SPÖ, Grünen und anderen linken bis linksextremen Gruppierungen. Auch wenn das weder die Faltermitarbeiter noch die Leser offen zugeben würden. Nicht ohne Grund lebt der Falter fast ausschließlich von Inseraten aus dem linken Spektrum, etwa von der Stadt Wien und ihren Firmen oder der Arbeiterkammer. Was auf linker Seite selbstverständlich ist, ist im Umfeld der FPÖ ein Skandal. Auch in diesem Fall. Nach Ende der türkis-blauen Regierung deckt das Nachrichtenmagazin Profil auf, dass „freiheitliche Minister, Mitglieder der oberösterreichischen Landesregierung sowie der Linzer Stadtregierung und die Linz AG innerhalb der vergangenen zweieinhalb Jahre Inserate in der Gesamthöhe von mindestens 116.000 Euro in rechten Medien"[53] schalteten. Um welche gigantische Summe es sich bei diesen 116.000 Euro handelt, die in zweieinhalb Jahren ausgegeben wurde, wird erst klar, wenn man weiß, dass bei der Kronen Zeitung (Krone Bunt) ein doppelseitiges Inserat, eines wohlgemerkt, schlappe 72.000 Euro, exklusive Steuern und Abgaben, kostet[54] und die rotgrüne Stadt Wien in einem einzigen Jahr rund 18 Millionen

Euro[55] an Steuergeldern für Inserate verschleudert. Wenn zwei das Gleiche tun, ist das noch lange nicht dasselbe.

Zurück zur RTL-Undercoverstory. Obwohl sie alles andere als spektakulär ist, wird sie von mehreren Medien ausgegraben, um Stimmung gegen unzensuriert.at, Höferl und Kickl zu machen. Um den neuen Innenminister anzupatzen, muss man in Ermangelung besserer Geschichten eben über mehrere Banden spielen.

Schwerer wiegen da schon die Vorwürfe, der Verfassungsschutz beobachte unzensuriert at. Das Bundesamt für Verfassungsschutz und Terrorismusbekämpfung (BVT) attestiert 2016 Unzensuriert, es sei „dem rechten, nationalistischen Lager" zuzuordnen, die „veröffentlichten Inhalte sind zum Teil äußerst fremdenfeindlich und weisen antisemitische Tendenzen auf. Es werden auch verschwörungstheoretische Ansätze und eine pro-russische Ideologie vertreten."[56]

Die meisten Journalisten und Medien beziehen sich in ihrer Kritik gegen unzensuriert.at auf diese BVT-Einschätzung. Doch die Geschichte hat einen oder besser mehrere Haken. unzensuriert.at ließ sich auf Grundlage des Datenschutzgesetzes Auskunft darüber geben, welche Daten beim BVT über die Seite gespeichert wurden. Dabei stellte sich nach Angaben von unzensuriert.at heraus, dass die Internetseite nie vom BVT beobachtet worden ist. „Eine Analyse oder konkrete Einschätzung des Mediums wurde aber durch das BVT nicht durchgeführt."[57] Das steht in einem der Schriftstücke, die das BVT unzensuriert.at zukommen ließ. Die negative Einschätzung, die durch die Medien geistert, hatte die umstrittene Rechtsextremismus-Referentin im BVT, Sibylle Geissler, offenbar ohne genauere Beobachtung verfasst. Vermutlich hat sie in ihren Bericht das gepackt, was linke Medien seit langem über diese Webseite schreiben. Die nachrichtendienstlichen Erkenntnisse über unzensuriert.at beruhen offenbar auf linken Zeitungsartikeln. Man bestätigt sich gegenseitig, beruft sich auf die Einschätzung des jeweils anderen und erspart sich damit eine ernsthafte Auseinandersetzung mit unzensuriert.at. Man produziert schlicht und einfach Bullshit: „Der Bullshitter (...) steht weder auf der Seite des Wahren noch auf der des Falschen. Anders als der aufrichtige Mensch und als der Lügner achtet er auf die Tatsachen nur insoweit, als sie für seinen Wunsch, mit seinen Behauptungen durchzukommen, von Belang sein mögen. Es ist ihm gleichgültig, ob seine Behauptungen die Realität korrekt beschreiben. Er wählt sie einfach so aus oder legt sie sich so zurecht, dass sie seiner Zielsetzung entsprechen."[58]

Man spielt sich entsprechend „seiner Zielsetzung" den Ball gegenseitig zu. Der Falter, der für die Referentin wohl eine wichtige Quelle war, fasst zusammen, was von linker Seite gegen Höferl und unzensuriert.at vorgebracht werden kann: „Im Ministerkabinett werkelt zudem Alexander Höferl als ‚Fachreferent Operative Kommunikation'. Er erwarb sich seine Qualifikation als ehemaliger Chefredakteur des rechten Fake News-Mediums unzensuriert.at, einer digitalen Parteizeitung der FPÖ, die von Facebook gesperrt wurde, weil sie so sehr hetzt. In einer RTL-Undercover-Reportage auf YouTube sieht man, wie er ganz offen dazu steht, Lügen ins Netz zu ballern."[59] Nur nebenbei: Auf Facebook wurde auch schon der Politikwissenschaftler Hamed Abdel-Samad oder der Journalist Henryk Broder gesperrt. Wer nicht politisch korrekt ist, riskiert sehr schnell eine solche Sperre, das hat in der Regel mit sogenannter Hetze sehr wenig und sehr viel mit der falschen politischen Ausrichtung zu tun.

Wer für den Innenmister arbeitet, wird von den linken Medien genauestens durchleuchtet, dessen Biographie wird akribisch nach Verwertbarem durchforstet. Irgendetwas findet sich immer. Auch Höferls Aktivitäten im Internet wurden unter die Lupe genommen. So kritisierte der Standard[60], dass Höferl unter anderem die Facebookseite der Aktivistin und Dokumentarfilmerin Lauren Southern geliked hat. Southern hat unter anderem eine aufsehenerregende Doku über die Gewalt gegen weiße Farmer in Südafrika gedreht. Ein Thema, das von den klassischen Medien weitgehend ignoriert wird. Wer so etwas teilt oder liked, kann nur ein übler Rechter sein.

Um Kickl anzuschwärzen, müssen die Linken ihre Netze sehr weit auslegen. Nachdem man Höferl nur seine Mitarbeit bei unzensuriert.at und ein paar Likes auf Facebook anhängen konnte, bot sich bei einer Donnerstagsdemo gegen die türkis-blaue Regierung eine neue Gelegenheit. Demonstranten griffen dabei ein Haus der Burschenschaft Gothia im 8. Bezirk in Wien mit Pyrotechnik, also Feuerwerkskörpern, an. Dabei geriet eine Fahne in Brand. Großer Sachschaden entstand nicht, Menschen wurden glücklicherweise nicht verletzt. Die linken Medien bezeichneten diesen Brandanschlag[61] verharmlosend als „Pyrotechnikzwischenfall“.[62] Es tauchte ein Foto auf, das einen Mann am Fenster dieses Hauses zeigt, der den Arm erhoben hat. Die Medien vermuten einen Hitlergruß, der Betroffene gibt allerdings an, er habe gewunken, das Foto sei nur eine Momentaufnahme. Der Fotograf wollte oder konnte „nicht beurteilen“[63], ob es sich tatsächlich um einen Hitlergruß gehandelt habe.

Was hat das mit Innenminister Kickl zu tun? Das Haus, auf das der Brandanschlag verübt wurde und an dessen Fenster der Mann seine Hand erhoben hatte, gehört der Burschenschaft Gothia, und in dieser ist auch Alexander Höferl Mitglied. Peter Pilz wittert wie so oft einen neuen blauen Skandal und stellt eine parlamentarische Anfrage. Eine seiner Fragen lautet, ob Kickl Höferl weiter beschäftigen werde.[64] Der Brandanschlag, der glücklicherweise glimpflich ausgegangen ist, interessiert Pilz hingegen nicht, den hat er in seiner Anfrage nicht einmal erwähnt, obwohl er in direktem Zusammenhang mit dem Mann steht, der aus dem Fenster winkt oder eben nicht.

Auch wenn man die Attacken gegen Kickl über mehrere Banden spielen muss, er steht von Anfang an im Kreuzfeuer der Kritik. Die üblichen 100 Tage Schonfrist, die die Medien einer neuen Regierung traditionellerweise gewähren, gelten für Kickl nicht, er wird von den linken Meinungs- und Stimmungsmachern von Anfang an unter Beschuss genommen.

Eines zeigt sich bereits in den ersten Tagen nach seinem Amtsantritt: Hier geht es nicht um sachliche Kritik, hier soll ein politischer Gegner mit allen Mitteln möglichst schnell zur Strecke gebracht werden. Die Linke drängt mit Vehemenz zurück an die Macht, zurück zu den Futtertrögen, die auch für die rot-grünen Mainstreammedien überlebenswichtig sind. Dass man Kickl und die FPÖ als Feind sieht und behandelt, streiten die linken Medien ohnehin nicht ernsthaft ab. Die „richtige" Haltung, Politaktivismus und der Anspruch, die Menschen politisch (um)erziehen zu müssen, gehören schließlich zum aktuellen Berufsbild und Selbstverständnis des durchschnittlichen Journalisten.

Diese Stimmungslage in der linken Reichshälfte versucht eine Dame zu nutzen, um ihre Karriere als Buchautorin voranzutreiben. Sie heißt Daniela Kickl und ist eine Cousine des Innenministers. Ihr erstes Buch, „Apple Intern: Drei Jahre in der Europa-Zentrale des Technologie-Multis", war ein Flop.

„Obwohl sich mittlerweile viele grottenschlecht verfasste Texte in Buchform finden, ist ‚Apple intern' doch wohl ein herausragendes Beispiel: Semantik und Rhythmus erinnern stark an Tagebucheinträge einer Volksschülerin"[65], schreibt ein Rezensent auf Amazon. Er ist mit seiner Einschätzung nicht allein. Viele fühlen sich gar hinters Licht geführt. Frau Kickl hat zwar in der europäischen Apple-Zentrale gearbeitet, allerdings nicht in der Chefetage oder in einer Marketing- oder Entwicklungsabteilung, sondern als Call-Center-Agent mit einem Brutto-Gehalt von sage und schreibe 1.800 Euro. Also ein Job, wo man ganz nah dran ist an den Konzernlenkern und den großen Entscheidungen.

Deshalb hagelt es Ein-Sterne-Kritiken: „Ermüdendes Tagebuch einer frustrierten Person", „Sie verliert sich größtenteils in Banalitäten" oder „Es kommt mir leider ein bisschen so vor, als ob Frau Kickl den Namen Apple dafür verwenden will, ihr Buch zu verkaufen. Callcenter Agent ist nun mal eine unqualifizierte Tätigkeit, keine Ahnung was sich die Autorin hier erwartet".[66]

Nachdem das mit Apple offenbar nicht geklappt hat, versucht sie nun die Bekanntheit und den Namen ihres Cousins zu nutzen, um als Autorin durchzustarten. Sie verfasst auf Facebook Briefe an ihren berühmten Verwandten, die stets mit den Worten beginnen: „Lieber Cousin Herbert", damit auch alle wissen, dass sie mit dem bösen Innenminister verwandt ist. In Zeiten wie diesen, kann so etwas ein lohnendes Geschäftsmodell sein.

In ihrem ersten Brief anlässlich der Angelobung des lieben Herbert schreibt sie: „Aber wer will schon, jetzt und heute, an diesem Freudentag, pingelig sein. Ich bin auch nicht pingelig, ich verstehe nur manche Sachen nicht. Gut, dass Ihr immer für alles Ungemach die Ausländer verantwortlich macht, das wissen eh alle. Völlig zurecht freilich, sackeln uns diese Gfrastsackln doch förmlich aus. Und die paar ausländischen Krankenschwestern und Busfahrer, Pflegerinnen und Ärzte, Putzfrauen und Automechaniker - auf die können wir eh eigentlich auch noch verzichten."

In dieser Tonart und auf diesem Niveau gehen die Ergüsse der ehemaligen Apple-Telefonistin weiter. Von dieser Qualität sind all ihre Texte und Argumente. Sie schreibt, was an linken Klischees, Vorurteilen, Plattheiten, Unterstellungen in diesem Milieu seit Jahren über die FPÖ herumgeistert. Sie schreibt, was auf den linken Kanälen Kickl und der FPÖ eben so vorgeworfen wird, nur platter, nur schlechter. Für die 15-minutes-of-fame reicht es allemal.

Dass Kickl von seiner Cousine kritisiert wird, ist den meisten Medien eine Geschichte wert. Sie berichten über die „kritische" Verwandtschaft des Innenministers. Sogar der Spiegel ruft bei Daniela Kickl an. „Mit seiner Cousine hat Kickl nun eine beißende Kritikerin in der eigenen Familie", textet das deutsche Nachrichtenmagazin. OE24 titelt: „Cousine mit Wut-Posting gegen Kickl".[67]

Was mit Apple nicht funktioniert hat, mit dem bösen Cousin klappt es endlich, auch wenn sie den lieben Herbert nur einmal in ihrem Leben persönlich getroffen hat. Kein Wunder, schließlich hat Kickl 13 Cousinen und Cousins.[68] Wenn es gegen den Innenminister geht, werden sogar Texte auf Volksschul-Niveau verwertet und medial abgefeiert. Die Medien, selbst der anspruchsvolle Spiegel oder die öffentlich-rechtliche ARD, gehen nicht auf die inferiore Qualität von Kickls Texten ein. Und noch etwas anderes zeigt diese kurze unbedeutende Cousinen-Episode: Von Anfang an spielen die deutschen Medien im Kampf gegen die verhasste rechtskonservative Regierung eine wichtige Rolle. Sie sind stets Teil der linken Kampagne gegen Kickl, Kurz und Co. Von Anfang an mischen sie im Kampf gegen die „rechtspopulistische" Regierung, die Mutti Merkels desaströse Politik als nicht alternativlos entlarvt, mit.

Im bunten Öko-Multikulti-Merkel-Land wird die türkis-blaue Ösi-Regierung von den politisch korrekten Parteien und Medien genauso gehasst wie von den linken Österreichern, zumal die letzten verbliebenen Konservativen in der Union neidvoll nach Wien blicken.

Zurück zu Cousine Daniela. Die innerfamiliären Attacken nutzen sich medial schnell ab, lassen sich nur anfänglich als Schlagzeilen und hämische Meldungen verkaufen. Der Cousinen-Hype ist vorbei, bevor er richtig begonnen hat. Deshalb muss Frau Kickl nachlegen. Etwa mit einer 88-Cent Briefmarke[69], auf der ihr Cousin porträtiert ist. Selbst solche plumpen Nazi-Anspielungen und Provokationen reichen auf Dauer nicht, um sich im Gespräch zu halten. Immerhin darf Frau Kickl durch Österreich tingeln und auf diversen Parteiveranstaltungen von SPÖ und Grünen ihren Cousin abwatschen. Davon haben beide etwas: Frau Kickl Aufmerksamkeit, die linken Parteien Innenminister-Beschimpfungen auf ihrem geistigen Niveau.

Jedenfalls freut sich die SPÖ Oberösterreich, dass Daniela Kickl sie bei ihrem Kulturempfang beehrt: „Im Central Linz waren mehrere Kulturschaffende und interessierte Gäste zu Besuch, unter anderem die Autorin Daniela Kickl, die Cousine des rechten Innenministers Herbert Kickl."[70]

Die Cousine des rechten Innenministers, das klingt fast so gruselig wie der Urenkel von Frankenstein. Da läuft den oberösterreichischen Genossen ein wohliger Schauer über den Rücken. Für ein warmes Plätzchen im Nationalrat reichte der Cousinen-Hype allerdings nicht. Die Grünen gaben der Apple-Telefonistin und verhinderten Bestsellerautorin einen Korb. Daniela Kickl schaffte es nicht auf die vorderen Plätze der grünen Wiener Landesliste.[71]

3. Asylzentren: Er hat konzentriert gesagt

Frustrierte Cousinen, alte Wahlkampfsprüche oder Mitarbeiter, die für FPÖ-nahe Medien arbeiten, damit kann man das linke Fußvolk unterhalten, Kickl ärgern, ihn mit einer schlechten Aura umgeben und von seiner bei der Bevölkerung gut angenommenen Sachpolitik ablenken. In Bedrängnis bringen oder gegen den Koalitionspartner ausspielen kann man ihn mit derart bemühten Skandälchen aber nicht. Solche Sudelgeschichten regen lediglich linke Gouvernanten und politisch korrekte Moralapostel auf. Die befinden sich seit Dezember 2017 aber ohnehin im Zustand der Dauerempörung. Und sie wissen auch ohne bösartige Cousinen und herbeiphantasierte Burschenschafterverschwörungen, dass Kickl weg muss. Man braucht stärkeren Tobak.

Am 11. Januar 2018, also keinen Monat nach Regierungsantritt, bietet sich den linken Haltungsjournalisten eine Gelegenheit, Kickl frontal anzugreifen, ihn als das zu präsentieren, was er für die Linken schon immer war und zu sein hat. Endlich ein, zumindest aus linker Sicht, handfester Skandal, ein Anlass, Kickl zum Rücktritt aufzufordern und den Bundeskanzler mit Nachdruck zu fragen, ob er mit einem solchen Koalitionspartner wirklich weitermachen wolle. Der Anlass dafür ist ein Wort. Ein einziges. Ein an sich harmloses, das viele Menschen in verschieden Zusammenhängen verwenden.

Auch der Innenminister benutzt es, als er die Bilanz des Bundesamtes für Asyl und Fremdenwesen für das Jahr 2017 der Öffentlichkeit vorstellt. Auf den Vorwurf, er wolle Flüchtlinge in Massenquartieren unterbringen, sagte Kickl:

> „Wissen Sie, meine sehr geehrten Damen und Herren, nicht jeder Ort, wo viele Menschen auf engerem Raum zusammenleben, ist ein Massenquartier. Dann wäre Alt-Erlaa auch ein Massenquartier. Wenn ich den Terminus Massenquartier höre, dann denke ich an – ich weiß nicht – Turnsäle, wie wir sie aus den USA kennen, für die Opfer von Hurrikan-Katastrophen. Wo dann einer neben dem anderen auf dem Turnsaalboden liegt. Das ist für mich ein Massenquartier. Aber nicht das, woran wir denken. Das ist nur ein Begriff, diese Grundversorgungszentren für eine entsprechende Infrastruktur, wo es uns gelingt, diejenigen, die in ein Asylverfahren eintreten, auch entsprechend konzentriert an einem Ort zu halten, weil es unser gemeinsames Interesse sein muss, sehr, sehr schnell zu einem entsprechenden Ergebnis auch zu kommen: Kurze Verfahrensdauer. Und diese kurze Verfahrensdauer wird dadurch auch erleichtert, dass wir entsprechend die Möglichkeiten zur Mitwirkung an diesem Verfahren verbessern. Und das soll ein Beitrag dazu sein."[72]

Die linken Nazi-Spürhunde sind endlich fündig geworden und schlagen an. Der böse Ausdruck, der für helle Aufregung in Politik und Medien weit über die Grenzen das Landes hinaus sorgt, ist „konzentriert". Endlich liefert ein unbedachtes Wort einen ersten politisch verwertbaren Skandal. Die Medien überschlagen sich mit den immer gleichen Schlagzeilen:

„Far-right Austria minister's ‚Nazi language' causes anger"[73] (BBC)

„Kickl will Flüchtlinge ‚konzentriert' an einem Ort halten"[74] (Profil)

„Austria's far-right interior minister sparks outrage after saying migrants should be 'concentrated'"[75] (Independent)

„Flüchtlinge ‚konzentrieren': Weltweiter Wirbel um Kickl"[76] (Kurier)

„Österreichs Innenminister will Flüchtlinge an einem Ort ‚konzentrieren' "[77] (Der Spiegel)

„Austrian far-right minister sparks outcry with plans to 'concentrate' asylum seekers in one place"[78] (Daily Mail)

Ein handfester internationaler Skandal. Auch wenn Kickl auf Nachfrage der bei der Pressekonferenz anwesenden Journalisten betont, er habe „nicht provozieren wollen"[79]. Er verstehe auch nicht, „worin hier eine Provokation liegt"[80], man könne den Begriff auch einfach durch „zusammenfassen" ersetzen. „Da brauchen wir keine semantische Diskussion zu führen."[81]

Genau diese Diskussion wollen Journalisten und Opposition führen, diese Chance wollen sie nicht ungenutzt lassen. Weil Herbert Kickl ohnehin stets das Schlimmste und Schlechteste unterstellt wird, fruchten all seine Erklärungen und Distanzierungen wenig. Zudem diskutieren die Medienvertreter lieber über Begriffe, Kickls Wortwahl und Österreichs Vergangenheit, als über aktuelle Fehlentwicklungen, die unser Land der rot-schwarzen Vorgängerregierung mit ihrer unverantwortlichen Einwanderungspolitik zu verdanken hat.

Darum ging es bei Kickls Pressekonferenz nämlich: Um eine Kursänderung in der österreichischen Einwanderungs- und Asylpolitik, um Konzepte und Strategien, um die gröbsten Missstände zu beseitigen, die die linken und schwarzen Willkommensfreunde mit ihrer

Politik bzw. Propaganda in den vergangenen Jahren verursacht haben. Dafür wurden Türkis und Blau schließlich von knapp 60 Prozent der Österreicher gewählt. Zum Leidwesen der Journalisten, die fast ausschließlich der Open-Border-Fraktion angehören und seit 2015 kräftig Stimmung für ihre Multikultipolitik machen.

Weil aber die unkontrollierte Massenzuwanderung aus der Dritten Welt weder die versprochenen Fachkräfte und Rentenzahler ins Land spülte, noch die österreichische Gesellschaft bereicherte und sich die Realität nicht an das politisch korrekte Drehbuch gehalten hat, muss man eben auf den Überbringer der schlechten Nachricht einschlagen. Denn der gefährdet die bisherige Strategie der politisch korrekten Klasse, die vielen negativen Folgen der Einwanderungs- und Grenzpolitik zu leugnen, zu ignorieren, umzudeuten oder anderen anzulasten. Als da wären die Islamisierung, Tribalisierung, steigende Gewalt an Schulen, Bildungsnotstand, Fachkräftemangel, etc.

Faktenbasierte Debatten über die Folgen der Masseneinwanderung aus der islamischen Welt meiden die Mainstreammedien wie der Teufel das Weihwasser. Deshalb verlagert man die Diskussion auf eine semantische, auf eine moralische oder eine persönliche Ebene. Auf jenes Terrain, wo sich die Linken dank ihrer Sozialisation, ihrer Deutungs- und Diskurshoheit überlegen fühlen. Linke Journalisten und Bedenkenträger schreien so laut sie können: Nazi! Damit sich die Öffentlichkeit mit Kickl, seinen Sprüchen und seiner Wortwahl beschäftigt, nicht mit den beunruhigend gestiegenen Vergewaltigungszahlen[82] oder der sich ausbreitenden Gewalt an unseren Schulen[83].

Die linken Meinungsmacher und Volkspädagogen lenken die Aufmerksamkeit gezielt in die Richtung, wo man sie haben möchte. Der Kampf gegen den selbst erschaffen Nazi-Popanz ist ihre stärkste Waffe. Durch diese politische und begleitende mediale Strategie, durch das Ignorieren der Probleme der unqualifizierten Massenzuwanderung aus vormodernen und archaischen Gesellschaften, wird der von der Bevölkerung gewünschte und für das Land dringend notwendig Kurswechsel ver- bzw. behindert, die Probleme bleiben ungelöst und verschärfen sich: finanziell, wirtschaftlich, sozial, kulturell, demographisch.

Um das zu illustrieren: 2018 hat in Deutschland, das diesbezüglich mehr oder weniger deckungsgleiche Probleme hat, der Bund 23 Milliarden Euro für Flüchtlinge ausgegeben.[84] Der Bund wohlgemerkt, nicht Deutschland. Das heißt, die dutzenden Milliarden Ausgaben auf Länder- und kommunaler Ebene sowie die kaum einschätzbaren indirekten Kosten, die im Bildungs- und Gesundheitswesen, bei Polizei, Justiz oder Strafvollzug anfallen, sind noch gar nicht eingepreist. Der deutsche Ökonom Bernd Raffelhüschen beziffert die Kosten der Flüchtlingskrise von 2015 für Deutschland mit bis zu 1,5 Billionen Euro, das sind 1.500 Milliarden Euro![85] Diese gigantischen, kaum vorstellbaren Beträge fehlen an anderen Stellen, vor allem in den zukunftsrelevanten Bereichen wie Forschung, Entwicklung, Verteidigung und Infrastruktur. Weshalb Länder wie Österreich oder Deutschland im internationalen Wettbewerb gegen Nationen wie China oder Südkorea, die aufgrund ihrer vernünftigen, fakten- und evidenzbasierten Einwanderungspolitik solche Ausgaben nicht haben, immer weiter zurückfallen.

Die Kosten, die die verfehlte Einwanderungs- und Asylpolitik verursacht, werden nicht weniger, sondern steigen rasant an. Die Folgen dieser Politik belasten das gesamte Gemeinwesen: die Finanzen, die Sicherheit, die Demokratie, die Frauenrechte, die Wettbewerbsfähigkeit etc. Das zeigen alle rezenten Entwicklungen: der Verfall des Bildungsniveaus, die Ausbreitung der Clan-Kriminalität, der Brain-

Drain, der Fachkräftemangel, die bröckelnde Infrastruktur oder der stotternde Wirtschaftsmotor.

Der Sozialstaat muss und wird kollabieren. In Österreich ist die Lage nicht wesentlich anders als in Deutschland. Deshalb brauchen die Verursacher dieser Misere, die linken und linkskatholischen Gesinnungsethiker, Sündenböcke bzw. Schreckgespenster wie Herbert Kickl, um von den massiven und vermutlich irreversiblen Schäden, die sie zu verantworten haben, also von ihrer großen Schuld, abzulenken. Dazu reicht ein Wort wie konzentriert. Mit der mehr oder weniger gesamten Medien- und Kulturmaschinerie, den NGOs, dem Wissenschaftsbetrieb und den Kirchen im Rücken kann man den öffentlichen Diskurs in die gewünschte Richtung lenken. Nur die alternativen und sozialen Medien sind ein Störfaktor, weshalb sie – wir erinnern uns an die Attacken gegen unzensuriert.at – auch von den linken Haltungsjournalisten entsprechend gehasst und bekämpft werden.

Kickl hat dem moralinsauren politisch korrekten Milieu eine Steilvorlage geliefert. Es kann sich ihrem Lieblingsthema bzw. ihrem einzigen Thema widmen: dem Kampf gegen rechts. Die linke Opposition und die Mainstreammedien versuchen praktisch alle politischen Streithemen und Konflikte auf diese Ebene zu ziehen. Der Kampf gegen rechts ist neben dem Kampf gegen das CO_2 die letzte große Erzählung der aus der Zeit gefallenen Linken. Es ist amüsant, wenn diese auf ein bzw. zwei Themen fixierte absterbende politische Bewegung der FPÖ vorwirft, sie hätte nur ein Thema, die Ausländerpolitik.

Journalisten und Opposition lassen die Erklärungen Kickls nicht gelten. Dass ein freiheitlicher Minister das gebräuchliche und wertfreie Wort „konzentriert“ ohne Hintergedanken verwendet, ist für sie denkunmöglich. So schreiben die Neos in einer Presseaussendung: Es sei nicht glaubhaft, „dass dem wortgewandten Innenminister verbale Ausrutscher einfach passieren".[86]

Die grüne Vizebürgermeisterin Maria Vassilakou und der nicht minder glücklose SPÖ-Chef Christian Kern sind „schockiert". Vassilakou ist überzeugt, dass Kickl bewusst „Nazi-Jargon" verwendet habe: „Diese bewusste Formulierung schürt nicht nur Angst in der Bevölkerung, sondern ist ein unerträgliches Spiel mit der dunkelsten Zeit unserer Geschichte."[87] Florian Klenk, einer der Leitwölfe, dem die Beta- und Omega-Journalisten praktisch blind folgen, ist sogar fest davon überzeugt, dass Kickl mit Nazisprache provozieren wolle: Er habe „in voller Absicht"[88] diese Worte gewählt. Leute wie Klenk glauben zu wissen, was in einem vermeintlichen Nazi-Hirn so vorgeht.

Auch ein gewisser Gerald Bast lässt eine Presseaussendung verbreiten. Kickl sei als Innenminister „ungeeignet oder untragbar".[89] Sie wissen nicht, wer Herr Bast ist? Kein Angst, das ist keine Wissenslücke. Bast ist Rektor der Universität für Angewandte Kunst. Auch er ist, so wie die meisten aus seinem Milieu, von der Kickl-Hysterie erfasst worden und will sich nun als engagierter Gutmensch und politischer Trittbrettfahrer profilieren. Der mutige Herr Bast riskiert damit nichts, und so ein Statement steigert das soziale Ansehen in der Community ungemein. Das Motto: Hau den Kickl. Zur österreichischen Vergangenheit und zum gefahrlosen Kampf gegen Nazi-Gespenster hat jeder aus der linken Reichshälfte etwas beizutragen. Wenn es aber um die unschönen Auswirkungen der Willkommenspolitik im Hier und Jetzt geht, kommt aus dieser Ecke der Gesellschaft hingegen selten Brauchbares.

Man ist so versessen, Herbert Kickl eine rechtsextreme Gesinnung anzudichten, ihn als Extremisten zu outen, dass man, weil es dafür keine Grundlage gibt, auf die Verwendung von solchen „belasteten" Begrifflichkeiten zurückgreifen muss. Wie fanatisch die Linken bei ihrer Nazi-Jagd vorgehen, illustriert ein anderer Fall aus dem Infrastrukturministerium. Zugetragen hat er sich zu ungefähr derselben Zeit. Herwig Götschober, Pressereferent im Ministerium von Norbert Hofer, hat die Telefondurchwahl 8818. Klingelts? Nein, mehr kommt auch nicht. Die Durchwahl ist der Skandal. Zur Erklärung für jene, die nicht mit der Gedankenwelt und den kruden Verschwörungstheorien der Linken vertraut sind: Der achte Buchstabe des Alphabets ist das H und der erste Buchstabe das A. Es geht hier nicht um Kabbalistik oder okkulte Zahlenmagie, aber um etwas Ähnliches. Denn auch linke Nazijäger beschäftigen sich mit solchen mysteriösen Geheimcodes, die so geheim sind, dass fast nur Linke sie kennen und benutzen. Für normale Menschen ist die Zahl 88 einfach die Zahl 88.

Nicht jedoch für ehrenamtliche und professionelle Nazijäger. Da die 8 für H steht, steht 88 für HH. Aber jetzt klingelts: HH bedeutet wiederum „Heil Hitler". Deshalb sollte der brave Bürger, um nicht in die Fänge der Nazijäger zu geraten, Zahlen oder Zahlenkombinationen wie 88 oder 18 meiden. Götschobers Durchwahl bedeutet gemäß linker Zahlenmagie: „Heil Hitler Adolf Hitler". Der Telefonklappenskandal beschäftigt im Jänner 2018 tatsächlich die Medien. Der Falter titelt etwa „ ‚Heil dir' im Ministerium".[90] Übrigens, der Wiener Radiosender 88.6 („Heil Hitler.Führer") sendet noch immer, und auch die Wiener Straßenbahnlinie 38 („Ciao Hitler") verkehrt noch regelmäßig.

Wer so obsessiv ein Ziel verfolgt, wer die Welt nur noch durch einen ideologischen Tunnelblick wahrnimmt und nur ein Thema und

Feindbild kennt, der findet hinter jedem Busch einen Nazi, für den ist alles und jeder verdächtig, selbst Telefondurchwahlen. Was einem Pressesprecher des Infrastrukturministers solche infantilen Zahlenspielereien bringen, was er mit einer derartigen Zahlenspielerei bezwecken sollte, erschließt sich wohl nur linken Verschwörungstheoretikern. Dass der gute Mann die Durchwahl einfach von seinem SPÖ-Vorgänger übernommen haben könnte, kommt den manischen Nazi-Jägern erst gar nicht in den Sinn.

Wer an die große Naziverschwörung glaubt, findet, so wie ein Ufologe oder Chemtrail-Freak, tausend Beweise, die sein obskures Weltbild bestätigen. Und der Kampf gegen die Naziverschwörung ist eine der letzten politischen Existenzberechtigungen der Linken, der letzte Strohhalm, an den man sich klammert, nachdem sich die Arbeiter längst verabschiedet haben und die Migranten sich zusehends politisch selbst organisieren. Was bleibt einem da anderes als die Senioren und die Nazi-Jagd.

Während man bei Herbert Kickl und anderen Freiheitlichen jedes Wort auf die antifaschistische Goldwaage legt, übersieht und übergeht man bei den eigenen Leuten selbst widerlichste Hetze, Menschenverachtung und Antisemitismus. Man denke etwa an die SPÖ-Langenzersdorf, die immer wieder mit grauslichen, sexistischen und menschenverachtenden Facebook-Postings auffällt, an Bundespräsident Van der Bellen, der die Österreicher warnte, wenn Hofer die Bundespräsidentenwahl gewinnen würde, würde sich Österreich in ein Alpen-Mordor verwandeln. Anders ausgedrückt, FPÖ-Wähler sind widerliche Ork-Kreaturen und Hofer Sauron. Man erinnere sich an eine Aussage der bekannten Schauspielerin Julia Stemberger. Sie bezeichnete „Rechte“ in einem Kurier-Interview als „Kanalratten“[91] und löste damit weder einen Skandal noch irgendeine andere mediale Reaktion aus. Warum auch?

Als 2019 ein oberösterreichischer FPÖ-Funktionär in einer gereimten Tier-Fabel sich, seine Familie und alle anderen Menschen als Ratten darstellte, löste das hingegen einen internationalen Skandal von Illmitz bis San Francisco aus. Eine Karikatur in der Kronenzeitung, die daraufhin FPÖ-Politiker – und nur diese – als Ratten darstellte, hingegen nicht. Die Oberösterreichischen Nachrichten veröffentlichten gar eine Karikatur, die zeigt, wie der oberösterreichische Landeshauptmann Thomas Stelzer Identitäre, die als Ungeziefer dargestellt werden, mit einer Giftspritze tötet.[92] Diese widerliche und menschenverachtende Zeichnung löste keinen Skandal, nicht einmal irgendeine nennenswerte mediale Reaktion aus.

Dass Kickl das Wort konzentriert in den Mund genommen hat, versetzt Anfang 2018 das halbe Land in eine regelrechte Hysterie. Kickl sieht sich deshalb gezwungen, nach seinen Erklärungen noch während der Pressekonferenz nochmals per Pressemitteilung dazu Stellung zu nehmen:

> „Zur medialen Diskussion im Zusammenhang mit meinen heutigen Aussagen zum Thema Grundversorgung halte ich unmissverständlich fest, dass ich jedwede Herstellung einer Verbindung zwischen dem von mir verwendeten Begriff ‚konzentriert' und Begrifflichkeiten des verabscheuungswürdigen NS-Verbrecherregimes entschieden zurückweise. (…) Das Wort ‚Lager' wurde von mir überhaupt nicht verwendet. Der Begriff ‚konzentriert' bezog sich inhaltlich ausschließlich auf eine geordnete (zeitlich und strukturell) Durchführung von Asylverfahren im Interesse sowohl der Schutzbedürftigen als auch des Gastlandes."[93]

Bundeskanzler Sebastian Kurz muss die Wogen glätten: „Wenn ich darauf angesprochen werden sollte, dann kann ich darauf verweisen, dass der Innenminister seine Aussage ja schon klargestellt hat."[94] Selbstverständlich meldet sich auch der Bundespräsident wie bei jedem Ausbruch einer kollektiven linken Hysterie zu Wort. Er ist immer zur Stelle, wenn sich die Gelegenheit bietet, die FPÖ zu maßregeln und die ÖVP gegen sie auszuspielen. Van der Bellen fordert einen „verantwortungsvollen Umgang mit Sprache". „Anspielungen, die auf die dunkelste Zeit unseres Landes verstanden werden können, dürfen im politischen Diskurs keinen Platz haben."[95]

Von Van der Bellen abwärts bis zur linksextremen Ein-Mann-NGO hat innerhalb weniger Stunden jeder rote und grüne Politaktivist seine konforme Meinung zum Kickl-Sager kundgetan. Jetzt sind die Fußtruppen an der Reihe. Zwei Tage nach Kickls Pressekonferenz, am Samstag, dem 13. 1. 2018, gehen rund 20.000 Regierungsgegner in Wien auf die Straße. Dabei skandieren die selbsternannten Retter der Demokratie nicht nur „Hoch die internationale Solidarität", sie fordern auch den Rücktritt von Herbert Kickl.[96] Zu sehen sind Transparente mit Sprüchen wie „Heast, Kickl, Wüst an Wickl". Dass sich Kickl auch auf Pickl, Karnickl und Zwickl reimt, hat die Linke offenbar erst etwas später herausgefunden und entsprechende Slogans gebastelt. Ebenfalls auf selbstbemalten Papptaferln und Transparenten zu lesen: „Geht's scheissen" oder „Lasst Nazis nicht regieren". Michael Genner von der Plattform für eine menschliche Asylpolitik gibt vor versammelter Menge den zu allem bereiten Widerstandskämpfer und verkündete: „Dieses unser Land wird nicht von den neuen Faschisten erobert werden."[97]

Gegen „Faschisten" wie Kickl können sogar Genner und Co. die mutigen Widerstandskämpfer mimen, mit der Gewissheit, dass Kickl kein Faschist ist. Wäre er einer, würde Genner keine großen Sprüche und sich nicht auf die antifaschistische Hühnerbrust klopfen. Autor Henryk M. Broder hat die These aufgestellt, dass Anti-Faschismus immer dort besonders prächtig gedeiht, wo es keinen Faschismus gibt.

Und Ronald Reagan sah sich Wahlkampf 1980 als er ein Hotel verließ plötzlich ein paar Demonstranten gegenüber, die Schilder mit der Aufschrift „Reagan ist ein Mörder" hochhielten. Er fing an zu lachen und entgegnete den Demonstranten: „Wenn das wahr wäre, würde ich mit Euch anfangen."

4. Polizeipferde: Da wiehern die Linken

Kaum hat sich die Aufregung um Kickls Konzentriert-Sager etwas gelegt, treiben die Medien schon die nächste blaue Sau durchs Dorf. Es geht nicht wie üblich um Nazis, völkische Ideologie, mysteriöse Zahlenkombinationen oder Burschenschafter, diesmal geht es um ganz furchtbare braune und schwarze Kreaturen! Um Pferde. Genauer gesagt um Polizeipferde.

Berittene Polizisten gibt es überall auf der Welt. Allein in Deutschland gibt es Reiterstaffeln in München, Rosenheim, Nürnberg, Stuttgart, Mannheim, Hessen, Hannover, Braunschweig, Dresden, Dortmund, Düsseldorf, Hamburg und Berlin.[98] In diesen europäische Großstädten sind ebenfalls Polizeipferde im Einsatz: Amsterdam, Brüssel, Den Haag, Dublin, Edinburgh, Helsinki, London, Madrid, Mailand, Moskau, Paris, Prag, Rom, Rotterdam, Stockholm und Warschau. Berühmt sind auch die berittene Polizei in New York, die sogenannten „Ten Foot Cops" oder die kanadischen Mounties, die Royal Canadian Mounted Police.

Dass die Polizei auf der ganzen Welt auf Pferde setzt, hat viele Gründe. Durch die erhöhte Position hat der Polizist einen guten Überblick, in Wäldern oder Parks sind Pferde Geländewägen überlegen, sie wirken deeskalierend und durch ihre beeindruckende Größe bringen sie Menschen dazu, dass sie von alleine zurückweichen. Es gibt also gute Gründe, die für den Einsatz von Polizeipferden sprechen.

All diese Argumente spielen aber keine Rolle, denn der Vorschlag für eine berittene Polizei kommt von Innenminister Kickl. Selbst mit eindeutig bösen Absichten, selbst ein begabter linker Schreiber wie Florian Klenk schafft es nicht, Polizeipferde über ein, zwei oder mehr Ecken mit Nazis und Faschisten in Verbindung zu bringen, schließlich sind sie auch in New York, San Francisco oder London im Einsatz. Da hilft es auch nicht, wenn sich die zweite heimische Kabarettliga dunkel an Kurt Waldheim erinnert. Da war doch irgendetwas mit einem Pferd. Und entsprechende Andeutungen macht.

Weil Polizeipferde an sich nicht sonderlich ideologisch sind, aber alles, was vom Innenminister kommt, suspekt, gefährlich und extremistisch zu sein hat, musste man andere Gründe suchen, um Kickls Idee als dumm, unbrauchbar und gefährlich darstellen zu können. Was sich als gar nicht so einfach herausstellt. Nachdem erste Gerüchte bereits Anfang 2018 kursieren, berichtet das Gratisblatt Heute Ende Januar über die Pläne des Innenministers. Die größte Sorge des Blattes sind die Ausgaben. Heute warnt: „Die voraussichtlichen Kosten sind hoch.“[99]

Die Zeitung rechnet mit einer regelrechten Kostenexplosion: „Demnach sind 24 Pferde geplant, die laut Schätzungen jeweils bis zu 10.000 Euro kosten könnten. Das ist allerdings nur die Anschaffung. Pro Tag würden für jedes Tier 30 bis 40 Euro anfallen – rund 350.000 Euro jährlich. Nicht einberechnet sind allerdings reitende Polizisten und das Stallpersonal.“[100]

Wahnsinn. Der Kurier rechnet sogar damit, dass für die zweijährige Probephase 800.000 bis 900.0000 Euro budgetiert werden. Seien wir großzügig und nehmen eine halbe Million Euro pro Jahr an. Zum Vergleich: Die rot-grün regierte Stadt Wien hat mit dem Krankenhaus Nord rund 500 Millionen Euro in den Sand gesetzt. Das hat kein linkes Medium sonderlich erregt. Der ORF verkaufte das rot-grüne Multimillionengrab als Erfolg der Stadtregierung, und eine der Hauptverantwortlichen für das Finanzdesaster, SPÖ-Stadträtin Sonja Wehsely, wurde sogar mit einem hochdotierten Manager-Posten bei Siemens Healthcare belohnt. Nur nebenbei erwähnt sei hier, dass der Wiener Krankenanstaltenverbund (KAV) kurz vor Wehselys Wechsel Millionen-Aufträge an den Siemens-Konzern vergeben hat. Aber in diesem Buch geht es ja vor allem um inszenierte, um aufgebauschte und nicht um echte Skandale. Deshalb zurück zu den Polizeipferden:

Hätte die SPÖ beim Bau des KH Nord ordentlich gewirtschaftet, hätte man die berittene Polizei für die nächsten 1000 Jahre finanzieren können! Oder umgekehrt: Wir hätten, seit die Babenberger die Markgrafschaft Ostarrichi gegründet haben, eine berittene Polizei für Wien finanzieren können.

So skurril es auch klingen mag, mangels anderer Hebel und Argumente ist der Hauptgrund, warum sich die Linken und ihre Medien über Kickls Pferdepläne lustig machen, die hohen Kosten. Dass ausgerechnet die Wiener SPÖ, die hunderte Millionen an Steuergeldern mit dem Krankenhaus Nord versenkt hat, deren Bonzen, wie etwa das Ehepaar Kopietz[101], sich mit Traumgagen auf Steuerzahlerkosten bereichern, die die Mindestsicherung ohne adäquate Kontrollen freihändig und großzügig verteilen[102], allen Ernstes die Pferdepläne aufgrund der Ausgaben kritisiert, kann man wohl nur mit Humor nehmen. Der rote Rathausklub mault jedenfalls über die „sehr hohen Kosten".[103] Man wirft dem Innenminister „befremdliche Retropolitik" vor, die die „Allgemeinheit außerdem teuer zu stehen" komme. Nochmals, zum Mitschreiben, das sagt die SPÖ Wien, jene Partei, die gemeinsam mit ihren grünen Rathaus-Genossen in den vergangenen Jahren einen Schuldenberg von sieben Milliarden Euro angehäuft hat.[104] Vermutlich hätte sie das Geld für die Polizeipferde lieber in magisch-esoterische Schutzringe für ihre Spitäler oder Phantom-Kinder[105], die Sozialbetrüger gerne zum Abzocken von Sozialgeldern erfinden, investiert.

Während man das Steuergeld in Wien traditionell mit beiden Händen ausgibt, will man bei den Polizeipferden jedes Haferkorn zweimal umdrehen. Aber die SPÖ hat auch einen historischen Grund für ihr Njet zu den Polizeipferden gefunden. Es hat zwar nichts mit Nazis, aber immerhin mit der Zwischenkriegszeit zu tun. Beim Brand des Justizpalastes am 15. Juli 1927 kam die berittene Polizei zum Einsatz. Auch wenn es weit hergeholt ist, hier Parallelen zu ziehen, alles wird ausgegraben, um Kickls Pläne in ein schlechtes Licht zu rücken.

Auch Jörg Leichtfried, der stellvertretende SPÖ-Klubvorsitzende echauffiert sich über die „unnötigen Polizeipferde“ für die Kickl „tief in die Taschen der SteuerzahlerInnen“[106] greife. SPÖ, Grüne und Neos verabschieden im Wiener Gemeinderat[107] eine Resolution gegen die Pferde. Auch hier werden die hohen Kosten als Begründung angegeben. Die ehemalige rote Frauenministerin Gabriele Heinisch-Hosek klagt gar: „Polizeipferde sind mehr wert als Frauen“.[108]

Das rote Bezirksblatt fasst zusammen: „Berittene Polizei in Wien: Keiner will Kickls Pferde“.[109] Mit Keiner sind selbstverständlich alle Linken gemeint. Sie sind allesamt über Nacht zu Tierexperten und Steuergeldsparfüchsen mutiert. So ähnlich muss man sich wohl auch die „Blitzradikalisierung“ von IS-Terroristen vorstellen.

Nachdem Kickl Mitte Februar einen Probebetrieb für die berittene Polizei angekündigt hat, sind die Gäule ein medialer Dauerbrenner.

In jedem Kabarettprogramm, bei jedem linken Stammtisch, beim linken Small Talk sind die Polizeipferde der Renner, obwohl keiner so genau weiß, was an den Tieren so schlimm sein soll; außer, dass das Projekt unter Innenminister Kickl gestartet worden ist. Dank der linken Kickl-Hysterie sind nun auch Pferde hochideologisch. Und sie eignen sich für Witze und Kritik, die selbst einfachste linke Gemüter verstehen. In diesen Tagen reicht die bloße Erwähnung der Polizeipferde, um Kicklhasser zum Glucksen, Wiehern oder heftigen Kopfschütteln zu bewegen.

Als sich Herbert Kickl in München die berittene Polizei ansieht und sich bei dieser Gelegenheit auf einem Pferd sitzend fotografieren lässt, haben die Medien das passende Bild, das seither, versehen mit allen möglichen kritischen und lustigen Sprüchen, durch die sozialen Medien geistert. Der Kurier: „Der Innenminister mit sichtlich großer Freude auf einem Pferd der Münchner Polizei thronend, das wurde für manche zum Sinnbild der berittenen Polizei: Herbert Kickl sitzt alleine auf seinem Ross und freut sich.“[110] Man unterstellt dem Innenminister, die Pferde seien lediglich sein teures Hobby. Was Kickl stets dementiert: „Ich habe nie ein besonderes Faible für die Reiterei gehabt, ich habe mir damit auch keine Kindheitsträume erfüllt. Das ist absoluter Unsinn.“[111]

Medien und Zivilgesellschaft wachen nun genau über das Kickl-Projekt Polizeipferde. Über jedes Detail wird ausführlich berichtet, jeder Cent, der ausgegeben wird, angeprangert, alles unter die Lupe genommen. So ist etwa der Standard beunruhigt, als er die Ausschreibung für die Anschaffung der Polizeipferde in der amtlichen Wiener Zeitung sieht: „Kickl sucht nur braune oder schwarze Pferde für die Polizei“[112], lautet die Schlagzeile. Wenn das keine Nazi-Anspielung ist. Braun und schwarz, Nazis und italienische Faschisten! Hätte Kickl doch nur gescheckte Pferde oder Lipizzaner gesucht. Nein, geht auch nicht. Hätte er weiße Pferde gewollt, hätte der Vorwurf gelautet, er würde die schwarzen bzw. farbigen Pferde diskriminieren. Auf diesem Niveau bewegte sich die österreichische Polizeipferde-Debatte.

„‚Schwarz-braun ist die Haselnuss schwarz-braun bin auch ich', singen die Polizeipferde aus dem Liederbuch ihrer Stallburschen"[113], auch das Kabarett Simpl, bekannt für seinen eher lauen Seniorenhumor, befeuert die Kickl-Nazi-Hysterie. SPÖ-Bundesgeschäftsführer Max Lercher vermutet hinter der berittenen Polizei eine perfide nationalistische Verschwörung: „Wenn der Herr Innenminister darauf besteht, werde ich außerdem persönlich dafür sorgen, dass für seine Reitstunden ein österreichisches Pferd zur Verfügung gestellt wird."[114] Die Polizeipferde verleiten sogar chronisch humorlose Menschen zu bemühten Witzchen.

Obwohl in der Zwischenzeit das Projekt berittene Polizei auf zehn Polizeipferde zusammengestutzt worden ist, es also weder finanziell, politisch noch sonst wie relevant ist, widmen ihm die Medien über Wochen und Monate eine unglaubliche Aufmerksamkeit. Ein halbes Land im Polizeipferdefieber. Echte Experten, denen es um die Sache und nicht um billige Kickl-Hatz geht, sind über die medialen Kampagnen erstaunt: „Eine Debatte auf traurigem Niveau"[115] urteilt etwa die Webseite propferd.at.

Die öffentliche Diskussion und Aufregung um zehn Polizeipferde ist vor allem deshalb skurril, weil es nie um Pferde und Sachargumente geht, sondern immer nur um Herbert Kickl. Hätte die Wiener SPÖ die Idee gehabt, berittene Polizei im Prater oder auf der Donauinsel einzusetzen, dieselben Medien, die dutzende Gründe gegen die Pferdestaffel gefunden haben, hätten diese Entscheidung als großartigen Vorschlag verkauft. Die Schlagzeilen der SPÖ-treuen Wiener Medien hätten wohl gelautet: Neue Touristenattraktion für Wien, Mehr Sicherheit im Prater, Wiener Volksschüler besuchen Polizeipferde, Polizei-Stute Sonja fasst Einbrecher, So feiern unsere Pferde Weihnachten etc. Zum Drüberstreuen noch eine Umfrage: Wie sollen unsere Polizeipferde heißen?

Aber so sind es nur überteuerte braune Nazipferde, die Wien vollkacken. Der ORF informiert: „Die neu aufgeflammte Diskussion über berittene Polizei wird täglich um interessante Facetten reicher. So schließt der Umweltsprecher der Wiener Grünen, Rüdiger Maresch, nicht aus, dass Polizeipferde Pooh-Bags tragen müssen."[116] Die linken Medien sind dieser Tage voll mit Scheiße, Pferdescheiße. Wenn zehn „Kickl"-Pferde ab und an im innerstädtischen Bereich unterwegs sind, ist das ein Riesenproblem, eine nationale Katastrophe.

Es geht selbstverständlich nicht um Sachargumente oder echte Bedenken. Im Grunde sind den Linken die Pferde und die berittene Polizei völlig egal. Sie sind ein Vorwand, ein fadenscheiniger noch dazu: Kickl macht keine „Hü-Hott-Sprünge" und wirkt „in seinem Ressort überfordert", bilanziert Florian Klenk im linken Kampfblatt Falter. Da ist eher der Wunsch der Vater des Gedankens bzw. der Analyse, denn die Mehrheit der Bevölkerung ist mit der Arbeit der Regierung – insbesondere mit jener von Herbert Kickl – hochzufrieden. Die ÖVP liegt bei der Sonntagsfrage bei 33 Prozent und die FPÖ bei 26[117], wie eine Umfrage, die das Profil am 17. 2. 2018 veröffentlicht, zeigt.

Überfordert scheinen eher Klenk und die Seinen mit der politischen Situation nach dem Regierungswechsel und mit ihrer Mission, den Innenminister möglichst schnell zu Fall zu bringen. Da helfen auch kreative Wortkreationen wie „Gaulreiter" nicht, die zeigen, dass die Linken in der politischen Auseinandersetzung nur noch ein Thema, ein As im Ärmel haben: die Nazikeule. Selbst bei harmlosen Pferden kommt sie zur Anwendung. Gaulreiter und Ponyzei landen übrigens bei der Wahl des Unwortes des Jahres 2018 aufgrund ihrer „Originalität“ auf den Plätzen vier und fünf.[118] Die stramm linke Jahreswort-Jury erklärt: „Die Begriffe thematisieren beide die umstrittene Anschaffung von Pferden für die Polizei. Letzterer stellt zudem ein Wortspiel mit der Vorlage ‚Gauleiter‘ dar.“ Um dieses geniale Wortspiel zu erkennen und zu begreifen, muss man vermutlich zehn Semester Germanistik studiert haben. Und warum ist es originell, Kickl mit einem Gauleiter in Verbindung zu bringen?

Nur nebenbei: Praktisch alle Wörter, Unwörter, Sprüche und Unsprüche des Jahres 2018 haben, welch Überraschung, direkt oder indirekt mit der FPÖ zu tun. So wählten die roten Sprach-Experten „Schweigekanzler“ zum Wort des Jahres, weil Sebastian Kurz nicht auf jeden von der Mainstreampresse inszenierten und hochgeschriebenen FPÖ-Skandal reagiert hat, weil er nicht durch jeden Reifen gesprungen ist, den ihm die linken Meinungs- und Stimmungsmacher hingehalten haben. Wie man sieht, tragen auch die Sprachforscher ihren bescheidenen Teil dazu bei, die FPÖ dort zu positionieren, wo man sie haben möchte: im rechten Schmuddel-Eck. Die Universitätsmitarbeiter sind schließlich auch Teil des linken Netzwerkes.

Solche peinlichen bis lächerlichen Medienkampagnen erfüllen zwar ihren Zweck, um Kickl wirklich zu stürzen, braucht es mehr. Nach den Polizeipferden glauben die Linken, endlich, endlich einen richtig dicken Fisch an der Angel zu haben.

5. BVT: Der FPÖ-Skandal ohne FPÖ

Mittwoch, 28. Februar 2018, 9:00 Uhr morgens: „Polizei, Hände weg von der Tastatur, kein Telefon!" 58 Mann der Einsatzgruppe zur Bekämpfung der Straßenkriminalität (EGS), IT-Spezialisten und eine Abordnung der Staatsanwaltschaft sind im Bundesamt für Verfassungsschutz und Terrorismusbekämpfung (BVT) in der Rennweg-Kaserne im dritten Wiener Gemeindebezirk aufmarschiert. Hausdurchsuchung bei den Staatsschützern.

Was ist geschehen? Ist die Republik nur wenige Wochen nach der Regierungsübernahme durch ÖVP und FPÖ in eine Staatskrise geschlittert? War es gar ein Putsch oder eine rechte Verschwörung, wie Journalisten und politische Beobachter vermuten?

Linke Medien und linke Gruppierungen schlagen Alarm: „Ein FPÖ-nahes Polizei-Rollkommando stürmt das Bundesamt für Verfassungsschutz und Terrorismusbekämpfung (BVT), kopiert und beschlagnahmt Daten der Rechtsextremismus-Referentin. (…) Was wie ein Agententhriller klingt, läuft gerade als Polizei-Putsch vor unseren Augen ab."[119] Auch die SPÖ vermutet das Schlimmste: „Durch ein gezieltes Komplott will der blaue Innenminister Kickl das Bundesamt für Verfassungsschutz und Terrorismusbekämpfung (BVT) in FPÖ-Hand bringen."[120]

Damit die Sache an Dramatik gewinnt, es noch mehr nach Agenten-Thriller à la James Bond und Putsch klingt, schreiben praktisch alle wichtigen Medien, dass es sich um ein brutales Rollkommando gehandelt habe, die Polizisten zur Hausdurchsuchung in voller Montur, mit Sturmhauben und Sturmgewehren angerückt seien. Fake News, wie der Innenminister Tage später im Nationalrat richtigstellt. Die Beamten waren in Zivil oder mit Schutzjacken bekleidet und mit den standardmäßigen Glock-Pistolen bewaffnet. Doch über diese Richtigstellung war nichts mehr in den Medien zu lesen. Viele Medienberichte, Vorwürfe und Mutmaßungen im Zusammenhang mit dieser Causa stellen sich relativ rasch als Übertreibungen, Halbwahrheiten, Verschwörungstheorien oder als frei erfunden heraus.

Diese Hausdurchsuchung ist der Auslöser der sogenannten BVT-Affäre, in deren Zentrum die linken Oppositionsparteien und die vielen ihnen nahestehenden Medien Innenminister Herbert Kickl sehen. Da das BVT in den Verantwortungsbereich des Innenministers fällt, soll Kickl damit zu Fall gebracht werden. Nach all den vorangegangenen missglückten Versuchen mit solch untauglichen Mitteln wie Polizeipferden oder Burschenschaftern als Mitarbeiter glaubt man nun etwas wirklich, wirklich Großes und Brisantes in die Hand bekommen zu haben. Es passt so gut ins simple Weltbild der Linken: Der rechte Innenminister will die Macht an sich reißen und bringt den Polizeiapparat und den Staatschutz unter seine Kontrolle. Wie in einem schlechten heimischen Kinofilm.

Weil das alle Linken von Kickl erwarten und es so gut in ihre Kommunikationsstrategie und die politische Agenda passt, versuchen linke Medien, Politiker und die Zivilgesellschaft Kickl krampfhaft als das dunkle Mastermind dieser Affäre darzustellen. „Die Razzia im Bundesamt für Verfassungsschutz und Terrorismusbekämpfung (BVT) am 28. Februar 2018 ist der Kulminationspunkt einer der wohl komplexesten politischen Affären der jüngeren Republiksgeschichte"[121], schreibt die Wiener Zeitung. Tatsächlich ist diese Affäre oder der Skandal hoch komplex. So komplex, dass nachdem der mediale Trommelwirbel und die politische Hysterie etwas abgeklungen sind, auch nach unzähligen Medienberichten, Untersuchungen und einem U-Ausschuss noch immer nicht ganz klar ist, was genau am BVT-Skandal der Skandal ist und was der Innenminister damit eigentlich zu tun hat. Im Laufe der Monate entwickelt sich diese Affäre zudem in eine ganz andere Richtung. Doch dazu später.

Um etwas Licht ins Dunkel zu bringen, müssen wir vom 28. 2. 2018, dem Tag der Hausdurchsuchung, fast 20 Jahre in die Vergangenheit zurückgehen. Bei der Nationalratswahl am 3. Oktober 1999 sackt die SPÖ um knapp fünf Prozentpunkte ab. Sie bleibt mit 33,15 Prozent zwar stimmenstärkste Partei, doch ÖVP und FPÖ erreichen gemeinsam mit jeweils 26,91 Prozent die Mehrheit. Nach 30 Jahren geht die rote Ära in Österreich zu Ende. Am 4. 2. 2000 wird ÖVP-Chef Wolfgang Schüssel Bundeskanzler. ÖVP und FPÖ übernehmen die Macht, die SPÖ landet auf der Oppositionsbank. Neuer Innenminister wird Ernst Strasser, ein Vertrauter von Niederösterreichs Landeshauptmann Erwin Pröll, der Jahre später im Gefängnis landet. Doch das ist ein andere Geschichte. Strasser übernimmt ein Ressort, das 30 Jahre lang fest in roter Hand war. Keine leichte Aufgabe. Strasser, der als Prölls Mann fürs Grobe galt, begann die Polizei umzubauen, „wohl die massivste Umfärbeaktion in der Geschichte der Zweiten Republik“[122], schreibt der Autor und Journalist Walter Tributsch.

Der ganze Sicherheitsapparat wird umgekrempelt, Strasser legt Polizei und Gendarmerie zusammen, und auch beim Staatssicherheitsdienst bleibt kein Stein auf dem anderen. Nach dem Terroranschlag vom 11. September 2001 in New York wurde die österreichische Abwehr neu organisiert. Die Staatspolizei und die Einsatzgruppe zur Bekämpfung des Terrorismus (EBT) wurde mit der Einsatzgruppe zur Bekämpfung der Organisierten Kriminalität (EDOK) zum BVT zusammengelegt. Auf dem Papier nur eine Polizeieinheit, doch das BVT agierte sehr bald auch auf internationaler Ebene. Chef wurde Gert René Polli, ein Offizier des Heeresnachrichtenamtes, der der ÖVP nahestand. Damit war die rote Staatspolizei Geschichte. „Im BVT standen politische Besetzungen seit der Gründung im Jahr 2002 auf der Tagesordnung: Ein besonderes Naheverhältnis zur ÖVP war der Karriere lange Zeit sicher nicht abträglich"[123], schreibt das Rechercheportal Addendum.

Und tatsächlich, es gibt viele Verbindungen zwischen ÖVP und BVT. Da ist etwa Werner Amon, ÖVP-Fraktionsführer im BVT-Untersuchungsausschuss. Amon ist seit Jugendtagen mit BVT-Referatsleiter und Chefspion Bernhard P. befreundet, der ebenfalls in die Affäre verwickelt ist. Wie Mobildaten zeigen, war Amon bis zuletzt in Kontakt mit B., der mittlerweile entlassen wurde, da bei ihm zu Hause Geheimpapiere gefunden wurden.[124]

Zurück zu den BVT-Anfängen: So einfach lässt sich ein Sicherheitsapparat nicht unter Kontrolle bringen. Polli, der im Auslandsgeheimdienst groß geworden war, entwickelt sich zu einem eigensinnigen[125] Chef des Nachrichtendienstes. Immer wieder kommt es zu Unstimmigkeiten und negativen Schlagzeilen. Es geht etwa um seine Beziehungen zum Geheimdienst des Iran. Polli kritisiert seinerseits die fehlende Koordination und den Informationsaustausch. „Wenn der EU-Terror-Koordinator in Österreich anrufen müsste, wüsste er nicht, wen"[126], so Polli 2005.

2007 übernimmt der ehemalige EBT-Chef Peter Gridling die BVT-Führung. Er soll gute Beziehungen zu den beiden ÖVP-Innenministerinnen Johanna Mikl-Leitner und Maria Fekter gehabt, aber auch ein gutes Verhältnis zur SPÖ haben. Unter SPÖ-Innenminister

Franz Löschnak war er als Referatsleiter bei der Staatspolizei für die Erforschung von Ausländer- und Linksextremismus zuständig. Auch unter Gridling kommt das BVT nicht zur Ruhe. So hat das Rechercheportal Addendum herausgefunden, dass mehrere Computerexperten des BVT privat IT-Dienstleistungen anbieten[127] und berichtet von einem konkreten Fall.

Anton H., ein dem BVT zugeteilter Handyforensiker, gab Folgendes zu Protokoll: „Ich kann mich an einen Fall erinnern, das war Anfang Dezember 2017, wo aufgrund einer durchgeführten HD (Hausdurchsuchung, Anm.) in meinem Büro etwa 60 Mobiltelefone auf meinem Tisch lagen. H. (der IT-Chef, Anm.) hat mich angesprochen, ob ich zu einem konkreten Mobiltelefon die Anrufliste, die SMS-Konversation und das Adressbuch auslesen könnte, das habe ich auch gemacht im Glauben, das gehöre zum gegenständlichen Verfahren. Ich habe am nächsten Tag am Gang ein Gespräch zwischen H. und G. (einer Referatsleiterin im BVT, Anm.) mitbekommen, wo sie über ein Gutachten gesprochen haben. H. hielt dieses Mobiltelefon in der Hand und sagte zu G. ‚Für die paar Daten 400er'. Für mich war klar, dass H. damit meinte, dass er für das Gutachten zur Auswertung dieser Daten privat EUR 400 bekommen habe."[128]

Insider berichten zudem über „minderqualifiziertes Personal und von politischen Seilschaften".[129] So wurden auch Personen eingestellt, die zwar weder eine polizeiliche noch eine juristische Ausbildung, dafür aber gute Kontakte zur ÖVP hatten.[130] „Das BVT – eine Fehlkonstruktion?"[131], fragt sich Addendum.

Vor dem großen BVT-Skandal, der im Februar 2018 seinen Lauf nimmt, gibt es eine ganz ähnliche Affäre. Allerdings mit vertauschten Rollen. Ein BVT-Mitarbeiter soll Informationen an ausländische

Nachrichtendienste weitergeleitet haben. BVT-Chef Gridling erhält diese Information von einem Partnerdienst aus dem Ausland. Sagt er. Obwohl der Verdacht vage ist, suspendiert Gridling den Mitarbeiter und zeigt ihn im November 2017 bei der Staatsanwaltschaft Wien an. Nur zwei Tage nach der Anzeige findet eine Razzia im Haus des Beamten statt. Es lag noch nicht einmal eine schriftliche Anordnung vor. Im Zuge des rigorosen Einschreitens des BVT und der Ermittlungsbehörden werden auch sensible Daten, wie etwa Tarnnamen oder Adressen von konspirativen Wohnungen bekannt. Die Staatsanwaltschaft Wien hat zudem mit gerichtlicher Beteiligung auch die Durchsuchung des vermeintlichen Arbeitsplatzes des Mitarbeiters in der BVT-Zentrale angeordnet. Das Bundesverwaltungsgericht hat die Suspendierung allerdings zweimal wieder aufgehoben.

Das kommt Ihnen bekannt vor? Richtig. All das hat große Ähnlichkeit mit dem späteren BVT-Skandal, der die ganze Republik erschüttert sollte. Es gibt nur einen gravierende Unterschied: Für diesen Fall hat sich kaum jemand interessiert, nur das Rechercheportal Addendum[132] hat den Fall O. aufgearbeitet. Ansonsten Schweigen im Blätterwald. Es gab auch keinen Aufschrei linker Politiker. Zwei ähnliche Fälle, zwei vollkommen unterschiedliche mediale und politischen Reaktionen. Natürlich hat das nichts damit zu tun, dass der ersten Fall in die Zeit eines SPÖ-Bundeskanzlers und ÖVP-Innenministers fällt, der zweite in die Amtszeit Herbert Kickls. Natürlich nicht.

Zurück zum aktuellen BVT-Skandal: Im Mai 2017 landet ein 39seitiges Konvolut mit schweren Vorwürfen gegen mehrere Beamte des BVT bei der Wirtschafts- und Korruptionsstaatsanwaltschaft (WKStA). Diese anonyme „Anklageschrift" wird auch an Rechtsanwälte, Politiker und hochrangige Beamte verschickt. Es geht unter anderem um Bestechung, Amtsmissbrauch und sexuelle Übergriffe. Der Verfasser ist unbekannt. Doch alle, die mit der Causa zu tun haben, bestätigten, dass der Verfasser über großes Insider- und Detailwissen verfüge. Im Oktober 2017 berichten das Nachrichtenmagazin Profil und die Tageszeitung Der Standard, dass BVT-Beamte nordkoreanische Pass-Rohlinge, die von der Staatsdruckerei in Wien hergestellt wurden, an die Südkoreaner weitergegeben hätten. Als Gegenleistung sollen die Mitarbeiter Geschenke von ihren südkoreanischen Kollegen erhalten haben. Bereits vor der Nationalratswahl nimmt die WKStA Vorerhebungen in der Causa BVT auf.

Zu den Vorwürfen, die in dem Konvolut aufgelistet sind, gehört auch, dass das BVT Daten des Wiener Rechtsanwalts Gabriel Lansky nicht gelöscht haben soll, obwohl es dazu verpflichtet gewesen wäre. Es geht um Akten der Causa Aliyev.

Diese kasachisch-österreichische Affäre gipfelte im mysteriösen Selbstmord Rakhat Aliyevs, ehemaliger kasachischer Botschafter in Österreich, kasachischer Vize-Außenminister und Schwiegersohn von Diktator Nursultan Nasarbajew. Lansky, ein der SPÖ nahestehender Anwalt, geht mit diesem Konvolut im Januar 2018 zum Generalsekretär des Innenministeriums, Peter Goldgruber. „Damit endlich was passiert“[133], wie er später im BVT-U-Ausschuss aussagen wird. FPÖ-Politiker vermuten, dass durch Verbindungen zwischen BVT und ÖVP diese sensiblen Daten an die Volkspartei gelangt sind.[134] Das sind aber nur Spekulationen.

Es passiert etwas, wie von Lansky gewünscht. Die Sache kommt ins Rollen. Goldgruber erstattet, wie es das Gesetz vorschreibt, Anzeige bei der WKStA. Nachdem die Staatsanwaltschaft mehrere Zeugen einvernommen hat, ordnet die zuständige Staatsanwältin am 27. Februar 2018 eine Hausdurchsuchung im BVT an.

Nach Zustimmung des diensthabenden Journalrichters werden am 28. 2. im BVT drei Büros in der EDV-Abteilung, das Büro eines ehemaligen ÖVP-Klubmitarbeiters, jenes der Leiterin des Extremismus-Referats und das eines Beamten, der mit einer Nord- und Südkorea betreffenden Causa zu tun hatte, durchsucht. Auch in vier Privatwohnungen von BVT-Mitarbeitern finden Hausdurchsuchungen statt.

Die Informationen über die Hausdurchsuchungen gelangen an die Öffentlichkeit. Am 3. März berichtet die Kronen Zeitung unter der Schlagzeile „Geheimdienst-Krimi: Drei Beamte gefeuert: Agenten-Krimi in Wien! Das Bundesamt für Verfassungsschutz und Terrorismusbekämpfung (BVT) wird von einem Mega-Skandal erschüttert: Die Korruptionsstaatsanwaltschaft ermittelt wegen des Verdachts des Datenmissbrauchs bzw. der Veruntreuung von Informanten-Geldern."[135]

Damit fällt der Startschuss für die linken Oppositionsparteien und ihre befreundeten Medien. Vor allem zwei Punkte wurden anfänglich aufgegriffen: Erstens, dass der Chef der Eingreiftruppe EGS, Wolfgang Preiszler, ein FPÖ-Gemeinderat in Guntramsdorf, Bekannter und früherer Arbeitskollege des neuen FPÖ-Generalsekretärs im Innenministerium ist, und zweitens, dass bei der Razzia auch Daten des Extremismusreferats beschlagnahmt worden sein sollen. Daraus versucht man der FPÖ bzw. Herbert Kickl einen Strick zu drehen. Bei der Durchsuchung sind eine riesige Menge an Daten beschlagnahmt worden. Laut Addendum sollen es allein in drei Privatwohnungen mehr als 40 Terabyte[136] gewesen sein. Unter den beschlagnahmten Daten sind auch jene von Sybille Geißler, der Leiterin des Extremismus-Referats. Diese Daten betreffen Fundamentalisten, Terroristen, Islamisten, Aktivisten, Links- und Rechtsextremisten.[137]

Islamisten, Linksextremisten oder Terroristen interessieren die linken Medien und Politiker naturgemäß wenig, aber dass dabei auch Daten über Rechtsextreme darunter gewesen sein sollen, ist Zündstoff für linke Verschwörungstheorien. Bei der Hausdurchsuchung soll es – so das Narrativ der Mainstreammedien – vor allem um diese Daten gegangen sein. Der ORF: „Rund um die mysteriöse Hausdurchsuchung im Bundesamt für Verfassungsschutz und Terrorismusbekämpfung (BVT) vergangene Woche wurden (...) neue Details bekannt. So sollen (...) auch Daten kopiert worden sein, die mit dem eigentlichen Grund der Razzia nichts zu tun haben. Laut Berichten wurde bei der Razzia auch die Festplatte der Leiterin des BVT-Extremismusreferats, Sibylle Geißler, kopiert. Die Daten würden den gesamten Ermittlungsstand des BVT zu Extremismus in Österreich zurück bis ins Jahr 2006 beinhalten, darunter Erkenntnisse zu Burschenschaftern und den rechtsextremen Identitären."[138]

Die linken Medien haben nun alle Zutaten, um daraus eine Verschwörungstheorie mit der FPÖ und dem Innenminister Kickl in den Hauptrollen basteln zu können, auch wenn man dabei einige Fakten verdrehen und ausblenden muss. Die Geschichte, die die linken Medien den Österreichern auftischen wollen: Die von einem FPÖ-Mitglied geführte Polizeieinheit habe die Hausdurchsuchung, die wiederum das Innenministerium zu verantworten hat, durchgeführt, um an die Daten des Extremismusreferats zu kommen, um allfällige Verbindungen mit der FPÖ verwischen zu können. Die Geschichte hat allerdings mehrere Haken. Von Anfang an ignorieren Medien und Opposition, dass die Entscheidungen in Sachen Hausdurchsuchung nicht das Innenministerium, sondern die unabhängige Justiz getroffen hat. Das Innenministerium versucht das sofort klarzustellen: „Die Verfahren gegen Mitarbeiter des BVT werden von der Wirtschafts- und Korruptionsstaatsanwaltschaft geführt. Die in diesem Zusammenhang durchgeführten Hausdurchsuchungen wurden daher ebenfalls von Staatsanwälten geleitet, die allfällige Daten mit eigenem Personal gesichert und auch mitgenommen haben. Die für den Einsatz angeforderte Polizeieinheit EGS hat diese staatsanwaltlichen Aktionen lediglich begleitet. Welche Daten bei den Hausdurchsuchungen beschlagnahmt wurden, entzieht sich der Kenntnis des Innenministeriums sowie auch der der eingesetzten EGS-Polizisten, die zu keinem Zeitpunkt in Besitz dieser Daten waren. Die Daten liegen bei der Wirtschafts- und Korruptionsstaatsanwaltschaft und werden von dieser ausgewertet."[139]

Es hilft nichts, die Medien wollen sich ihre Geschichte nicht durch Fakten und Recherche kaputtmachen. Von Anfang an versucht man, die Verantwortung für die Hausdurchsuchung und die Entscheidung dafür dem Innenministerium zuzuschieben. Wer auch nur ein bisschen in Staatsbürgerkunde aufgepasst hat, weiß, dass das Unsinn ist. Die Hausdurchsuchung wurde von der WKStA angeordnet und durchgeführt, die Polizei hat sie nur gesichert, die Daten wurden von der Staatsanwaltschaft, nicht vom Innenministerium beschlagnahmt.

Trotz dieses Schönheitsfehlers: Jetzt hatte man endlich seine Geschichte. Eine, aus der sich ein Strick für den Innenminister drehen lässt. So hofft man zumindest. Wie in solchen Fällen üblich, spielen sich die linken Akteure in Politik, Medien und Zivilgesellschaft gegenseitig den Ball zu. Der Bundespräsident meldet sich zu Wort und bezeichnet die Hausdurchsuchung als „höchst ungewöhnlich und irritierend". Er fordert eine „rasche und vollständige Aufklärung"[140], die deutschen Mainstreammedien verleihen dem Ganzen eine internationale Dimension: „Polizei soll unbefugt Dokumente über Rechtsextreme beschlagnahmt haben"[141], titelt Die Zeit. Es ist eine Art Stille Post, bei der die Faktenlage bei den gegenseitigen Zuflüsterungen immer weiter zugunsten der linken Agenda verzerrt und verändert wird. Am Ende steht in der Presse, was den Interessen der Regierungsgegner dient. Nachdem die Medien die Geschichte oppositionsgerecht aufbereitet haben, springen SPÖ, Neos und die Liste Pilz auf den Kickl-Zug auf. SPÖ-Chef Christian Kern sieht die Sicherheit der österreichischen Bürger gefährdet. Auch er glaubt an eine blaue Verschwörung: „Offensichtlich der FPÖ nahestehende Kräfte haben im Innenministerium die Gelegenheit am Schopf gepackt und Tatsachen geschaffen.“[142]

Doch die linken Verschwörungstheorien und Angriffe auf Kickl gehen zumeist ins Leere, weil der Innenminister selbst bei kreativster Faktenauslegung für diese Vorgänge keine Verantwortung haben kann. Zum einen ist er erst seit Dezember 2017 im Amt, die im Konvolut aufgelisteten Vorgänge im BVT liegen also vor seiner Amtszeit, zum anderen ist weder Kickl noch das Innenministerium für die Ermittlungen gegen BVT-Beamte und die Hausdurchsuchung zuständig.

Die BVT-Causa muss trotzdem zu einem internationalen Skandal aufgeblasen werden, der mit dem Rücktritt des Innenministers zu enden hat. Das ist der Plan. Nicht dass es einen Strippenzieher im Hintergrund gäbe oder es eine konzertierte Aktion wäre, aber Kickl ist für die Linken eine Reizfigur, er ist ein wichtiges Asset der Regierung und der FPÖ. Deshalb muss er weg, deshalb versucht die Opposition und deren medialen Helfershelfer, den BVT-Skandal für ihre politischen Ziele zu instrumentalisieren.

Nachdem man entsprechend Lärm in den Medien geschlagen hat, lautet der nächste Vorwurf, durch das Vorgehen des Innenministers und/oder der Justiz – in der medialen Aufregung wird zwischen den beiden Institutionen nicht mehr so genau unterschieden – sei das BVT zerstört worden, die ausländischen Partnerdienste hätten das Vertrauen verloren, weshalb die Sicherheit Österreichs nun hochgradig gefährdet sei. Dieser Vorwurf taucht in den führenden Medien immer wieder auf und wird so zur Selffulfilling Prophecy, weil diverse Experten, insbesondere jene, die aufgrund ihrer linkskonformen Meinung im öffentlich-rechtlichen TV Dauergast sind, ihre Informationen vor allem aus anderen linken Medien beziehen. Ein sich selbst aufschaukelnder Kreislauf, der ohne faktenbasierten Input auskommt. Linke Journalisten, Experten, Politiker, Kommentatoren und NGOs schaffen sich ihre eigene ihnen genehme Realität, indem sie sich gegenseitig in ihren Vorurteilen bestärken und die Halbwahrheiten und Interpretationen des jeweils anderen bereitwillig übernehmen, um sie erneut den politischen Erfordernissen anzupassen.

Innenminister Kickl suspendiert angesichts der erhobenen Vorwürfe BVT-Chef Peter Gridling, auch er wird von der Staatsanwaltschaft als Beschuldigter geführt. Die drei Oppositionsparteien berufen eine Sondersitzung des Nationalrats ein. Sie findet am 19. 3. 2018 statt. Kickl nutzt die Gelegenheit, um die „Verschwörungstheorie“[143] der Oppositionsparteien zu dekonstruieren. Er betont, dass alles rechtsstaatlich korrekt abgelaufen sei. Zur Anzeige sei das Innenministerium nach den Vorwürfen verpflichtet gewesen. Er erklärt auch, warum ausgerechnet die für Straßenkriminalität zuständige Polizeieinheit die Razzia begleitet habe, weil es nämlich zwischen ihr und dem BVT keine Berührungspunkte gibt. Klingt logisch. Aber was bedeutet das schon in einer solch aufgeheizten Stimmung.

Alle Versuche von Kickl, die Vorgänge zurechtzurücken und aufzuklären, scheitern, weil die Opposition an Argumenten, Fakten und der Wahrheit nicht interessiert ist. Sie braucht lediglich neue Munition, um gegen Kickl zu feuern. Diese Munition sind Halbwahrheiten, Verdrehungen, das Schüren von Ängsten und wilde

Verschwörungstheorien. Auch das Justizministerium müht sich vergeblich, linke Verschwörungstheorien und wilde Angriffe mit Fakten zu entkräften, die Legenden, die über die Medien verbreitet werden, zurechtzurücken. Fast schon verzweifelt klingt folgende Aussendung: „Die Justiz hat mittlerweile mehrfach und ausführlich erklärt, dass die Anordnung der Hausdurchsuchungen sich nicht primär auf den Verdacht der Weitergabe von Passrohlingen gründet, sondern auf die Gefahr einer Fernlöschung rechtswidrig nicht gelöschter vertraulicher Daten."[144]

Ganz vorne mit dabei, wenn es um Verschwörungstheorien geht, ist der selbst ernannte Aufdecker Peter Pilz, der nach seiner unappetitlichen Grapschaffäre wieder auf der politischen Bühne aufgetaucht ist und macht, was er am besten kann: die Aufdeckung von Verschwörungen, Komplotten und Skandalen anzukündigen. Diese Ankündigungen entpuppen sich regelmäßig als Luftnummern. Die Medien greifen die politischen Märchen von Pilz gerne auf, weil er einer der wenigen Politprofis der linken Opposition ist und es versteht, seine oft kruden Thesen spannend zu verkaufen.

Er ist eine der Triebfedern für einen parlamentarischen Untersuchungsausschuss[145]. Am 19. April gibt der Nationalrat grünes Licht für den Ausschuss. Ein erster von der SPÖ eingebrachter Antrag war gescheitert, weil ihn ÖVP und FPÖ mit der Begründung abgelehnt haben, es brauche einen konkreten Untersuchungsgegenstand und keinen „Kraut-und-Rüben-Antrag". Die SPÖ, die anderen Oppositionsparteien und die linken Medien versuchen aus dieser Ablehnung den Skandal im Skandal zu konstruieren bzw. als weiteren Puzzlestein in ihre Verschwörungstheorie einzubauen. SPÖ-Klubchef Christian Kern „schäumt" und spricht von einer „Orbánisierung", und Peter Pilz glaubt an eine Verschwörung der ÖVP: „Sie will verhindern, dass die schwarze Stasi im Innenressort aufgedeckt wird."[146] Peter Schieder, geschäftsführender SPÖ-Klubchef, wertet die Entscheidung als einen „schwarzen Tag für den Parlamentarismus".[147]

Der Grund für die Ablehnung ist weniger spektakulär. Die SPÖ hat es nicht zustande gebracht, einen vernünftigen Antrag, der die parlamentarischen Mindestanforderungen erfüllt, zu verfassen. Die SPÖ hat sich noch immer nicht mit ihrer Rolle als Oppositionspartei abgefunden. Das Verlangen sei „handwerklich schlecht gemacht"[148], urteilt FPÖ-Klubchef Walter Rosenkranz. Sein Urteil ist nicht unbegründet und basiert auf der Einschätzung des Rechts- und Legislativdienstes des Parlaments. Auch dieser Skandal verpufft, vor allem, weil es kurz darauf grünes Licht für den BVT-Ausschuss gibt.

Am 28. August 2018 ist die linke Reichshälfte gleichzeitig empört und in Jubelstimmung. Die Oppositionsparteien fordern lautstark den Rücktritt von Herbert Kickl. Die Grüne Alev Korun freundlich, aber bestimmt: „Ihr Rücktritt bitte, Herr #Kickl"[149] Peter Pilz fährt ebenfalls schwere Geschütze auf: „Herbert Kickl ist eine Gefahr für die öffentliche Sicherheit. Wenn er nach alter freiheitlicher Art jetzt weiter am Ministersessel kleben bleibt, gibt es nur eine Möglichkeit: den Misstrauensantrag im Nationalrat. Und dies so schnell und so breit unterstützt wie möglich."[150]

„Ein Innenminister, der Recht bricht, anstatt es zu schützen, muss gehen"[151], so SPÖ-Fraktionsführer im BVT-Untersuchungsausschuss, Jan Krainer. Was hat der böse blaue Bube diesmal angestellt? Das Oberlandesgericht Wien (OLG) hat die Hausdurchsuchung im BVT für rechtswidrig erklärt. Diese Durchsuchungen im BVT und in drei Privatwohnungen waren „unverhältnismäßig". Nur die Razzia in einer Wohnung wurde nicht beanstandet. Die Wirtschafts- und Korruptionsstaatsanwaltschaft (WKStA) hätte sich die Beweismittel nicht durch eine Razzia, sondern im Weg der Amtshilfe beschaffen müssen[152], so das OLG. Wie man diesen Ausführungen unschwer entnehmen kann, ist die Entscheidung des OLG eine Ohrfeige für die WKStA, nicht für das Innenministerium.

Die eingeleiteten Ermittlungsschritte gegen die BVT-Mitarbeiter waren rechtmäßig, die Hausdurchsuchungen aber unverhältnismäßig. Und wer hat diese Hausdurchsuchungen angeordnet, wer hat grünes Licht gegeben? Der Innenminister? Auf beide Fragen lautet die Antwort Nein. Journalist Andreas Unterberger bezeichnet die von der WKStA angeordnete Hausdurchsuchung gar als den peinlichsten Fehler der Staatsanwaltschaft während der letzten Jahre.[153] „Die WKStA trägt die Hauptverantwortung für die katastrophale Hausdurchsuchung beim Verfassungsschutz (BVT)"[154], so Unterberger. Die WKStA bzw. deren Chefin, Ilse-Maria Vrabl-Sanda, gerät ein Jahr später im Zusammenhang mit der Eurofighter-Affäre in die Schlagzeilen. Die WKStA hat bei einer Dienstbesprechung mit dem Ministerium und der Oberstaatsanwaltschaft rechtswidrig ein Tonband mitlaufen lassen und danach Justiz-Generalsekretär Christian Pilnacek angezeigt. Auch Pilnacek und Vrabl-Sanda begegnen wir in diesem Buch wieder. Österreich ist ein kleines Land und im verfilzten Politik-, Staats- und Medienbetrieb ist jeder mit jedem verbandelt und/oder verfeindet, wobei die Bruchlinien nicht immer entlang von Parteigrenzen verlaufen müssen. Der Wirtschaftsphilosoph Rahim Taghizadegan über diese Strukturen und Netzwerke: „Das Schöne an der neuen Kleinheit Österreichs, seinen verdichteten, stets widersprüchlichen Realitäten, ist die laborhafte Übersichtlichkeit. Jeder kennt jeden, Gerüchte und Intrigen schwirren umher, und wer Krisen wirklich verstehen will, findet in Österreich schon lange einen idealen Beobachtungsposten."[155] Was aber hat Herbert Kickl damit zu tun? Vor allem eines, er ist ein Fremdkörper in diesen Netzwerken der Macht. Man versucht Herbert Kickl für etwas verantwortlich zu machen, das überhaupt nicht in seine Kompetenz oder seine Amtszeit fällt.

Egal, Peter Pilz kommt nun so richtig in Fahrt. Er spricht vom „Kickl-Gate“ und definiert sein Ziel: „Kickl muss weg“.[156] Die Neos bringen die berittene Polizei ins Spiel: „Polizeipferde werden nicht ausreichen, um die Sicherheitslücke zu füllen, die da jetzt entstanden ist“[157], versucht sich Meinl-Reisinger erfolglos im Humorfach. Erneut versucht man aus einer Maus einen Elefanten zu machen. Aus einer „nicht verhältnismäßigen“ Hausdurchsuchung eine Staatsaffäre zu konstruieren, ist an sich schon überzogen, dazu kommt erschwerend hinzu, dass die Entscheidung des OLG nicht unumstritten ist. Hätte man die Daten und Akten, die für die strafrechtlichen Ermittlungen relevant wären, per Amtshilfeverfahren besorgen müssen, dann hätte man diejenigen darum bitten müssen, die in der Causa als Verdächtige geführt werden. Herbert Kickl nennt die Entscheidung des OLG deshalb auch „weltfremd“.[158]

Solche Argumente zählen in der erneut ausgebrochen Kickl-Hysterie nicht. Die Opposition beantragt eine weitere, bereits die dritten Sondersitzung zur BVT-Affäre und einen weiteren Misstrauensantrag gegen den Innenminister. Linke Medien und Oppositionsparteien sehen sich bereits kurz vor dem Ziel. Der Kurier titelt: „Warum für Kickl die Luft nun immer dünner wird“.[159]

Weil man zwar mit der Falschbehauptung, Kickl trage für die Hausdurchsuchung im BVT die Verantwortung, kurzfristig medialen Radau machen kann, auf Dauer aber nicht damit durchkommt, schon gar nicht mit seinen schrillen Rücktrittsforderungen, braucht es einen neuen Hebel. Der ist schnell gefunden. Zwar habe die Justiz die Razzia angeordnet und auch grünes Licht gegeben, aber nur deshalb, weil sie vom Innenministerium unter Druck gesetzt worden sei. Das ist die neue Argumentationslinie von Opposition und Presse. Außerdem hätte das Innenministerium Zeugen gebrieft und beeinflusst. Sobald sich ein Vorwurf gegen Kickl als Sackgasse oder unbrauchbar erweist, muss man schnell reagieren, umschalten und die Taktik ändern. Okay, das Innenministerium hat die Hausdurchsuchung zwar nicht zu verantworten, aber... Und wenn sich auch dieser Vorwurf als nicht haltbar herausstellt, hat man schon einen neuen Dreh gefunden. Das hat zudem den Vorteil, dass man die dünne Suppe ständig am Kochen halten kann, auch wenn am Ende nichts mehr übrigbleibt. Mit allen Mitteln muss der BVT-Skandal am Leben erhalten werden.

Peter Goldgruber, Generalsekretär im Innenministerium , soll die Staatsanwaltschaft „massiv“ unter Druck“[160]gesetzt haben, schreibt auch der Kurier. Als Beleg für diese These dient der Zeitung, dass Goldgruber das 39-seitige Konvolut persönlich bei der Korruptionsstaatsanwaltschaft abgeliefert hat. Doch Goldgruber braucht man in dieser Geschichte nur, um Kickl anzupatzen. Der Kurier, damals ein treues Medium der Alt-ÖVP, fährt einen beinharten Anti-Regierungskurs und kommt zu dem Schluss: „Bleibt Kickl als möglicher Verantwortlicher für das Debakel.“[161] Wer sonst.

Bei der dritten Nationalratssondersitzung zum BVT-Skandal versuchen die Oppositionsparteien, den Innenminister erneut als den „Drahtzieher“[162] der Hausdurchsuchungen dazustellen. Obwohl längst widerlegt, bleibt Krainer bei der Geschichte von der „brutalen“ Razzia. Daneben versuchen die linken Parteien und Medien einen Sicherheitsnotstand herbei zu phantasieren. Durch die Hausdurchsuchungen und den Trubel im BVT, den vor allem die Opposition veranstaltete, seien die Österreicher großen Gefahren ausgesetzt, weil ausländische Nachrichtendienste nicht mehr mit Österreich kooperieren würden.

So warnt etwa August Hanning, Ex-Chef des deutschen Bundesnachrichtendienstes (BND), in der Bildzeitung vor einem Informations-Austausch mit Österreich. „Die Geheimhaltung muss gewahrt bleiben. Das ist bei solchen Vorgängen wie in Österreich natürlich nun unglaublich schwierig“, sagt der pensionierte Nachrichtendienstmann. Peter Pilz vermutet zum gefühlt 379. Mal die Sicherheit Österreichs gefährdet und beruft den Nationalen Sicherheitsrat ein. Die Warnung Hannings sei „wie eine offizielle Stellungnahme zu werten“[163], so Pilz. „Es bestätigt sich wieder einmal, dass die versuchte Machtübernahme Kickls im BVT mit der Brechstange immer mehr zu einem echten Risiko für die Sicherheit der Bürgerinnen und Bürger in Österreich wird.“, versucht auch Stephanie Krisper von den Neos Panik zu verbreiten.

Eine weitere Granate gegen Kickl und die Regierung. Der ORF holt Hanning in die ZiB2. Doch der erweist sich als Blindgänger. Denn der Nachrichtendienstmann, der seit vielen Jahren im Ruhestand ist, gibt in der ZiB unumwunden zu, dass er seine Informationen über die Turbulenzen in Österreich nur aus den Medien habe. Diese Medien beziehen wiederum ihre Informationen von Pilz, Krisper und Co. Ein unendlicher politmedialer Kreislauf, der ohne echte Fakten und Belege auskommt, ein Kommunikationsprozess, an dessen Ende stets das rauskommt, was dem linken Netzwerk dienlich ist. Die Akteure dieser Blase schaffen sich ihre Realität und ihre politische Erzählung selbst. Alternative Fakten, denen die Qualitätsmedien mit ihrer schwindenden, aber in gewissen Milieus noch vorhandenen Reputation die notwendige Glaubwürdigkeit verleihen.

Von einer gestörten Zusammenarbeit zwischen BND und BVT hatte aber selbst der pensionierte Nachrichtendienstchef aus Deutschland nichts gehört. Damit haben Pilz und Co. mehr dazu beitragen, die Vertrauenswürdigkeit des BVT zu untergraben, als alle Hausdurchsuchungen, Ermittlungen und sonstigen Vorgänge zusammen. Doch darum geht es. Um Kickl loszuwerden, nehmen linke Politiker das gerne in Kauf. Die ins Treffen geführte Sicherheit der Bürger ist ihnen nicht nur egal, sie gefährden sie sogar, wenn es der Sache dient. Ganz abgesehen davon, dass es völlig absurd ist, wenn dieselben Politiker, die im Herbst 2015 verkündet haben, die unkontrollierte Masseneinwanderung aus der Dritten Welt stelle kein Sicherheitsrisiko für die Bevölkerung dar, nun vorgeben, die Österreicher seien aufgrund der BVT-Affäre in ernsthafter Gefahr.

Im BVT-U-Ausschuss zeichnet eine ehemalige BVT-Mitarbeiterin ein Sittenbild des österreichischen Staatsschutzes: Mobbing, Dilettantismus und Machtspielchen. Im Mai 2018 hebt das Bundesverwaltungsgericht (BvWG) die Suspendierung von BVT-Chef Gridling auf, die Kickl am 13. März ausgesprochen hatte. Auch diese Suspendierung hat die Opposition versucht als Skandal und Komplott darzustellen. Kickl hätte den unliebsamen Gridling loswerden wollen, so der Vorwurf. Aber auch er ging ins Leere, angesichts der Ermittlungen gegen Gridling musste Kickl reagieren. Die Suspendierung sei „bedauerlich“, aber „unausweichlich“ gewesen, es gehe um eine „rasche, vollständige und lückenlose“[164] Aufklärung des Falles durch die Staatsanwaltschaft, betonte Kickl damals.

Nur zwei Wochen nach Aufhebung der Suspendierung treten Kickl und Gridling gemeinsam vor die Presse. Das seit seiner Gründung umstrittene BVT soll reformiert werden. „Ziel sei es, sich wieder auf die Kernkompetenzen zu konzentrieren und Ordnung zu schaffen, wo Ordnung notwendig ist“[165], so Kickl. Mit dem Umbau des BVT hat Kickl den zurückgekehrten Gridling betraut.

Den Medien fällt es zunehmend schwerer, den Bürgern die Causa BVT als Skandal oder gar als FPÖ- bzw. Kickl-Affäre zu verkaufen. Der BVT-U-Ausschuss plätschert vor sich hin und bringt wenig neue Erkenntnisse. Was er zu Tage fördert, betrifft nicht Herbert Kickl oder die FPÖ, sondern in der Regel die ÖVP und ihre Verbindungen zu Mitarbeitern dieses Nachrichtendienstes. Die FPÖ-Jagdgesellschaft wirft ihre Netze nach Kickl aus, aber in den Netzen findet sich vor allem schwarzer Beifang. Kein FPÖ-Mann weit und breit.

Die Versuche, den Innenminister über das BVT zu stürzen, sind kläglich gescheitert. Kickl selbst über den Ausschuss: „Insgesamt war es so, dass in der Beurteilung und in der Zugangsweise beim BVT-Ausschuss die normale Welt oftmals auf den Kopf gestellt worden ist: Die Beschuldigten waren die Unschuldslämmer, der Geheimdienst, der ansonsten immer ein Feind der Linken war, wurde plötzlich zum Liebkind von Peter Pilz und Co. Die Zeugen wurden hingestellt wie Kriminelle, und das Gleiche galt für die Ermittlungsbehörden, also für die Staatsanwaltschaft und in dem Fall auch für einen Richter, der die Unterschrift für diese Hausdurchsuchungsanordnung gegeben hat. Wenn man das auf ein anderes Verfahren umlegt, da kann man nehmen welches man möchte, merkt man erst, wie absurd diese Vorgangsweise ist."[166] Ja, beim Kampf gegen Kickl und die FPÖ gelten eigene Regeln und Maßstäbe, erlaubt ist, was der Sache dient.

Das BVT rückt noch einmal ins Zentrum der Aufmerksamkeit, nicht so sehr bei linken Politikern und den Mainstreamjournalisten, sondern bei alternativen Medien und in diesem Buch. Denn bei der späteren Ibiza-Affäre führen einige Spuren zu diesem Nachrichtendienst, tauchen einige der in diesem Buch erwähnten Protagonisten wieder auf. Doch das ist interessanterweise für die Medien nicht nur kein Skandal, man ignoriert diese Indizien, Verbindungen und Hinweise. Dazu später mehr.

6. E-Mail-Affäre: Ohne Zuckerln keine Pressefreiheit

„Ich glaube, wir sind noch nicht auf dem Weg in eine Diktatur“[167], versucht Bundespräsident Van der Bellen die Gemüter etwas zu beruhigen. Das will etwas heißen, wenn der ehemalige Grünen-Chef ausreitet, um die hyperventilierenden Medien und linken Politiker auf den Boden der Realität zu holen. Die linken Meinungsmacher verkünden gerade lautstark das nahende Ende der Demokratie, Österreich am Vorabend einer faschistischen Diktatur. „Noch nicht“! Aber die Lage scheint ernst: „Österreichs Innenminister greift die Pressefreiheit an“[168], schreibt das deutsche Handelsblatt, und die Bildzeitung titelt: „Peinlich-Angriff auf Pressefreiheit: Kanzler Kurz rüffelt Bösi-Minister“.[169]

Die deutschen Journalisten sorgen sich um ihre bedrängten Kollegen, um die Presse- und Meinungsfreiheit in Österreich. Ausgerechnet. Dass man in Deutschland um die Pressefreiheit beim südlichen Nachbarn besorgt ist, entbehrt nicht einer gewissen Komik, schließlich hat dort der seinerzeitige rote Justizminister und nunmehrige Außenminister Heiko Maas mit seinem von ihm auf den Weg gebrachten Netzwerkdurchsetzungsgesetz und den auf seinen Druck hin installierten privaten Facebook-Löschteams flächendeckende Zensurmaßnahmen eingeführt – die natürlich nicht so genannt werden dürfen – , ohne dass sich die nun besorgten deutschen Journalisten sonderlich daran gestört hätten. Im Gegenteil, die linke Journaille begrüßte diese Einschränkungen der Meinungsfreiheit, wusste sie doch, all diese Maßnahmen gelten exklusiv für die „Rechten“, für AfD, Islamkritiker, EU-Skeptiker oder Klimaleugner.

Linksextremisten oder Hassprediger dürfen in Deutschland trotz dieser Regelungen weiter ungestraft und ungestört gegen andere Menschen und Gruppierungen hetzen.

Bei den Ösis gibt man sich besorgt. Worum geht es überhaupt? „Kickls Angriff auf die Medienfreiheit",[170] titelt das Profil. Welch dunkle Pläne des Innenministers sind da wohl aufgeflogen? Es geht um ein E-Mail. Ein Mail, das der Ressortsprecher des Innenministeriums, Christoph Pölzl, im September 2018 an alle Polizeipressestellen ausgesandt hat. Inhalt des Schreibens ist unter anderem der Umgang der Polizeipressesprecher mit den Medien. Armin Thurnher, Chefredakteur des Falter, fasst den Inhalt des Mails so zusammen: „Nieder mit den Feindmedien!!"[171]

Was steht also in dem E-Mail? Hier die wichtigsten Auszüge aus dem fünf Seiten langen Text:

> „Leider wird wie eh und je seitens gewisser Medien (z.B.: Standard, Falter), sowie neuerdings auch seitens des Kuriers, eine sehr einseitige und negative Berichterstattung über das BMI bzw. die Polizei betrieben. Mittlerweile zählen keine Fakten und Erklärungen mehr, bzw. werden diese einfach ignoriert, da der jeweilige Artikel jedenfalls negativ wird, wie zahlreiche Artikel in jüngster Vergangenheit zeigen. Ich darf daher bitten, bei Anfragen besonders Bedacht zu nehmen und die Auswirkungen mitzubedenken. Anfragen betreffend Ausbildung und andere Themen, die nicht nur euch betreffen können – hier werden wir auch gerne gegeneinander ausgespielt und die Anfrage mehrfach geschickt – bitte CC an mich zu schicken, sodass eine einheitliche Antwort erfolgen kann und wir uns nicht gegenseitig konterkarieren. Ansonsten erlaube ich mir vorzuschlagen, die Kommunikation mit diesen Medien auf das nötigste

(rechtlich vorgesehene) Maß zu beschränken und ihnen nicht noch Zuckerl, wie beispielsweise Exklusivbegleitungen zu ermöglichen, es sei denn, ihr seht darin einen echten Mehrwert bzw. die Möglichkeit einer neutralen oder gar positiven Berichterstattung. (…)

Sexualdelikte sind aus Opferschutzgründen ein heikles Thema, dennoch darf ich euch bitten, vor allem Taten, die in der Öffentlichkeit begangen werden, besondere Modi Operandi (z.B. antanzen) aufweisen, mit erheblicher Gewalteinwirkung oder Nötigung erfolgen, oder wenn zwischen TäterIn und Opfer keine Verbindung besteht, auch proaktiv auszusenden. Sollte dies aufgrund einer kleinen Ortschaft nicht möglich sein, so könnte man beispielsweise nur den Bezirk als Ortsangabe nennen. Wenn es sich um eine reine familieninterne Tat handelt, oder opfer- bzw. datenschutzrechtliche Bedenken bestehen, so kann selbstverständlich nach wie vor von einer Veröffentlichung abgesehen werden. (…)

Hinkünftig darf ich darum ersuchen, die Staatsbürgerschaft einer mutmaßlichen Täterin bzw. eines mutmaßlichen Täters in euren Aussendungen zu benennen. Zudem gegebenenfalls bei einer/einem Fremden deren/dessen Aufenthaltsstatus, bzw. ob es sich um eine Asylwerberin bzw. einen Asylwerber handelt. Dieses Vorgehen wird in der Regel aus einer datenschutzrechtlichen Betrachtung heraus möglich sein. Einige von euch machen dies bereits, die anderen darf ich nun dazu einladen (zumal diese Infos meist ohnehin telefonisch erteilt werden). Ebenfalls ersuche ich diese Sprachregelung auch in Interviews umzusetzen. Wichtig ist hier die eigenständige Beurteilung, wie viele Informationen in Kombination eine Zuordenbarkeit der in einer Aussendung genannten Personen zu einer konkreten Person ermöglichen. Eine solche Möglichkeit der Zuordnung ist jedenfalls zu vermeiden und wäre auch gesetzeswidrig."[172] [173]

Dieses interne Mail, diese Zeilen, die an die Medien gespielt wurden, sind für das nahende Ende der Demokratie in Österreich verantwortlich. Die Kernaussage, auf die sich die aufgeregten Medienberichte beziehen, ist dieser Satz: „ (…) erlaube ich mir vorzuschlagen, die Kommunikation mit diesen Medien auf das nötigste (rechtlich vorgesehene) Maß zu beschränken und ihnen nicht noch Zuckerl, wie beispielsweise Exklusivbegleitungen zu ermöglichen."

Medien, die seit Jahren einen verbissenen Kampf gegen die Polizei führen, Informationen zukommen zu lassen, wie es das Gesetz vorsieht, und diese nicht auch noch mit „Zuckerln", also mit Exklusiv-Infos, Hintergrundgesprächen etc. zu versorgen, ist also ein Angriff auf die Pressefreiheit, ist Zensur. „Innenministerium will Informationssperre für ‚kritische Medien'"[174], schreibt etwa Die Presse. Das sind Fake News. Genau das will der Ressortsprecher des Innenministeriums nicht.

Und warum Medien wie Falter, Standard oder der ORF bei weiten Teilen der Exekutive keinen besonders guten Ruf genießen, sollte man ebenfalls erwähnen. Es gehört etwa zu den Gepflogenheiten dieser Blätter bzw. Sender, bei gewalttätigen linken Demonstrationen das „brutale" Vorgehen der Polizei für die Eskalation der Gewalt verantwortlich zu machen. Die linksextremen Fußtruppen und Chaoten sind die Opfer, die Polizei der Täter, so das gängige Vorurteil, das diese Medien transportieren. Ein Beispiel: Bei einer Demo der Identitären Bewegung im Jahr 2014 kam es auf der linken Gegendemo zu Ausschreitungen. „Besonders tragisch: die Schwangere verlor nach dem Polizeieinsatz ihr Baby"[175], titelte Der Standard nach der linken Gewaltdemo.

Alle einschlägigen Medien, also genau jene, die sich selbst als seriös, kritisch, mutig und anspruchsvoll bezeichnen, übernahmen diese Informationen ungeprüft. Man machte sich zum Handlanger der Polizisten hassenden Linksextremisten. Das Erbe der 68er und deren Hass auf die „Bullenschweine" und das System sind in den linken Redaktionen nach wie vor allgegenwärtig.

Die Geschichte vom toten Baby hatten die Organisatoren der Demo frei erfunden. Sie diente ausschließlich dazu, die Polizei als besonders brutal und widerwärtig darzustellen. Viele Medien haben diese Falschmeldung ungeprüft übernommen, weil sie sie glauben wollten, weil die Geschichte ihre Vorurteile bestätigte und viele Journalisten mit den Linksextremisten und ihren Zielen sympathisieren. Aus ganz ähnlichen Gründen konnte Claas Relotius über Jahre seine frei erfunden Gutmenschenmärchen im Spiegel und andern Medien als Tatsachenberichte veröffentlichen.

Linksextreme und linke Medien gemeinsam gegen die verhasste Polizei. Das war und ist kein Einzelfall. Vor diesem Hintergrund ist dieses Mail zu verstehen. Was der Ressortsprecher des Innenministeriums hier als harmlosen Vorschlag an die Pressestellen der Landespolizeidirektionen versandt hat, ist überdies seit langem gängige Praxis. Nur eben unter umgekehrten Vorzeichen. Selbstverständlich wurden und werden Medien von Pressesprechern, Behörden oder Parteien bevorzugt, die den jeweiligen Institutionen ideologisch, politisch oder aufgrund persönlicher Beziehungen nahestehen.

Vor allem der Falter bekommt auffallend oft Informationen von Behörden, etwa von der vor allem in Wien sehr roten Justiz zugespielt, auch solche, die diese Behörden gar nicht herausgeben dürfen. Zuckerln für den Falter. Umgekehrt werden Medien abseits des linken Mainstreams von solchen Informationsflüssen fast völlig abgeschnitten. Sie bekommen in der Regel nicht einmal Interviews. Dass hingegen dezidiert linke Medien wie der Falter, der Standard oder das Profil mit Zuckerln, also mit Exklusivinfos und sogar mit solchen, die dem Amtsgeheimnis unterliegen, versorgt werden, gilt für die Profiteure dieses Informationssystems quasi als Gewohnheitsrecht. Dass sich das mit der Verschiebung der Machtverhältnisse ändert, wollen und können sie nicht akzeptieren. Das Innenministerium bzw. der Ressortsprecher hat allerdings einen großen Fehler gemacht, den Linke gemeinhin nicht begehen. Die deutsche FAZ hat es richtig erkannt: „Hauptsächlich aber hat der Verfasser eine österreichische Weisheit missachtet: ‚A Schriftl is a Giftl'".[176]

Solche schriftlichen Empfehlungen brauchen Linke erst gar nicht zu formulieren und versenden, weil angesichts der dichten Netzwerke und der jahrzehntelangen Praxis das Zusammenspiel der Genossen zwischen Medien, Politik, Justiz, Kultur und NGOs ganz ohne Anweisungen, Befehle oder Vorschläge funktioniert. Beim ORF müssen Grüne oder SPÖ keinen Druck ausüben, weil im öffentlich-rechtlichen Rundfunk ohnehin fast ausschließlich Gesinnungsgenossen werken, die alleine wissen, wie man welche Meldungen aufbereitet, wie groß man sie spielt und welchen Spin man ihnen gibt.

Journalist Andreas Unterberger zur E-Mail-Affäre: „Ein solches Verhalten unterscheidet das Innenministerium des Herbert Kickl absolut nicht von der Praxis des Hauses seit Jahrzehnten und quer durch alle Parteien. Eine Reihe von Polizeisprechern hat nun offen zugegeben, dass sie exklusive Aktionen (wie Einsatz-Begleitungen) immer schon nur mit gefügigen Journalisten gemacht haben."[177]

Die linken Medien heulen auf, weil sie weiter bevorzugt behandelt werden wollen und weil sie die Gelegenheit ergreifen wollten, Kickl als gefährlich, dilettantisch und untragbar hinzustellen. „Ein internes Mail aus dem Innenministerium Herbert Kickls zeigt ein beachtliches Ausmaß an Demokratieverachtung“[178], schreibt Falter-Herausgeber Armin Thurnher. Er kommt zu dem Schluss: „Herbert Kickl hätte nie auf diesen Posten gelangen dürfen.“[179]

Und weil das nicht nur die feste Überzeugung Thurnhers, sondern aller Linken ist, versuchen sie, dieses Mail als nächste Bombe zu zünden. Das Prozedere, das wir von den vorangegangenen „Skandalen“ kennen, beginnt erneut. Die immer gleichen Akteure beginnen mit ihrem Spiel, bei dem auch die linke deutsche Presse eine zunehmend wichtigere Rolle einnimmt. Jeder noch so kleinen und harmlosen Geschichte, die sich auch nur annähernd als Skandal verkaufen lässt, kann man so eine internationale Dimension verleihen, zumal Bundeskanzler Sebastian Kurz in Deutschland sehr gut ankommt und die bürgerlich-rechte Regierung in Wien dem Machtapparat in Brüssel, also Jean-Claude Juncker, Angela Merkel und Emmanuel Macron, ein Dorn im Auge ist.

„Dieser Innenminister schadet Österreich. Handeln Sie!“[180], ruft die SPÖ Bundeskanzler Sebastian Kurz zu. Bundespräsident Van der Bellen, der sich selten bis nie zu Skandalen aus dem roten oder grünen Umfeld zu Wort meldet, lässt Kickl aus New York ausrichten, wo er an einer UNO-Vollversammlung teilnimmt: „Die Freiheit der Meinungsäußerung, die Medien- und Pressefreiheit sind Grundpfeiler unserer liberalen Demokratie und unseres Rechtsstaates in Österreich. Jede Einschränkung von Pressefreiheit ist inakzeptabel.“[181] Auch der ORF ist bemüht, die E-Mail-Geschichte möglichst groß aufzublasen: „Auch außerhalb der österreichischen Grenzen hat die E-Mail aus dem Innenministerium über die Arbeit mit kritischen Medien am Dienstag für Aufregung gesorgt.“[182] Sogar der Chef der Industriellenvereinigung, Georg Kapsch, meldet sich – warum auch immer – zu Wort: „Ich glaube, Kickl hat wirklich eine Grenze überschritten. Wir wissen, dass das in der Vergangenheit immer wieder gemacht wurde, das passiert ja nicht zum ersten Mal. Aber dass er das so offiziell macht, ist neu."[183] Solange man seine Wünsche mündlich und in Hinterzimmern deponiert, scheint für Kapsch, der im großkoalitionären System sozialisiert worden ist, alles okay zu sein. Jetzt nutzt er dieses harmlose Mail, um einen Keil zwischen Kurz und die FPÖ zu treiben.

Die Journalisten-Gewerkschaft schreibt einen offenen Brief an den Bundeskanzler mit der Aufforderung: „Bitte handeln Sie, bevor noch weiterer Schaden angerichtet wird!"[184] Wenn zwei das Gleiche tun, ist das noch lange nicht dasselbe. Was in den Jahren der rotschwarzen Koalition Usus und für alle Beteiligten selbstverständlich war, ist plötzlich, weil die Zuckerln nun an andere Medien verteilt werden sollen, ein Skandal, eine Staatskrise. Noch einmal Andreas Unterberger: „Das ist absolut widerlich. Das tun aber alle. Und das wissen auch alle Beteiligten. Darum ist die Aufregung zwar berechtigt – aber zugleich bei allen, die da bisher mitgemacht haben und in der einen oder anderen Form profitiert haben, eine verlogene Heuchelei."[185]

Nun meldet sich auch Innenminister Herbert Kickl zu Wort: „Die Formulierungen bezüglich des Umgangs mit ‚kritischen Medien' finden nicht meine Zustimmung", schreibt er in einer Aussendung. Er habe zudem ein Gespräch mit Pölzl geführt und betont: „Die Pressefreiheit ist unantastbar und ein wesentlicher Grundpfeiler einer demokratischen Gesellschaft. Ein vertrauensvoller Umgang mit allen Medien ist mir wichtig, gerade angesichts der sensiblen Materien, mit denen wir im Innenressort zu tun haben. Eine Einschränkung der Pressefreiheit ist absolut undenkbar."[186]

Solche Klarstellungen, auch, dass das Mail nicht mit ihm, dem Innenminister, abgesprochen war, nützen nichts, die politische und mediale Empörungsmaschinerie läuft zu diesem Zeitpunkt längst auf Hochtouren. Nachdem bereits Anfang September die Oppositionsparteien im Zusammenhang mit der BVT-Affäre einen Misstrauensantrag gegen den Innenminister eingebracht haben, folgt nun der nächste, der insgesamt vierte.

Während der Sondersitzung im Nationalrat kommt es zu Tumulten und Schreiduellen.[187] Kickl nutzte die Sitzung zu einem Gegenangriff auf die Opposition: Das Mail sei keine Weisung gewesen, Pölzl habe als Ressortsprecher gar keine Kompetenz, Weisungen zu erteilen. Das erklärt auch der Tiroler Landespolizeidirektor Helmut Tomac, alles andere als ein Kickl-Freund, im Standard: „Grundsätzlich ändert dieses E-Mail gar nichts. Das wird jetzt etwas überbewertet, weil es im Polizeialltag eine Vielzahl solcher koordinierender Schreiben, die keinen Erlasscharakter haben, gibt. Zudem wurde ja schon erklärt, dass die Person des Pressesprechers des Ministeriums nicht weisungsbefugt ist."[188]

Kickl betont in seiner Rede vor den Abgeordneten , was in dem Mail stehe, sei das Gegenteil von Zensur, man erfülle vielmehr ein Transparenzbedürfnis. Was die linke Opposition an dem Mail ebenfalls erregt, ist der Vorschlag Pölzls, bei Sexualdelikten wieder die Staatsangehörigkeit des mutmaßlichen Täters und ob es sich um einen Asylwerber handle, bekanntzugeben. In den vergangenen Jahren haben die Pressestellen der Polizei ganz im Sinne der politischen Korrektheit solche Informationen unterdrückt. Kickl argumentiert zu Recht, dass dieses mehr an Information für die Medien das Gegenteil von Zensur sei, und Medien, die aus welchen Gründen auch immer ihren Lesern diese so wichtigen Informationen vorenthalten möchten, dies auch weiterhin tun können. Es liegt schließlich in ihrer Verantwortung. Kickl bzw. das Innenministerium wollen nach allgemeiner linker Darstellung die Pressefreiheit einschränken, indem sie Medien und Journalisten mehr Informationen zukommen lassen. Absurd.

Es nützt nichts, man hat Kickl zwar auch mit diesem Mail nicht zu Fall bringen können, aber erneut schwer getroffen, Kickl als Feind der Pressefreiheit und der Demokratie international gebrandmarkt: „Herbert Kickl von der rechtspopulistischen FPÖ, bekannt für seine markigen Sprüche, ist seit Antritt der konservativ-rechtspopulistischen Regierung im Dezember 2017 Innenminister. Seither hat die FPÖ mehrfach Journalisten gedroht und es insbesondere auf den öffentlich-rechtlichen ORF abgesehen“[189], resümiert der Spiegel nach der inszenierten Mail-Affäre.

Das klingt wirklich gruselig, das klingt so, als ob Armin Wolf und Florian Klenk um ihre Existenz bangen müssten, als ob in den TV-Comedys und auf den Kabarettbühnen aus Angst vor Repressalien nur noch Witze über Pamela Rendi-Wagner oder Peter Pilz gerissen würden. Tatsache ist, dass ORF, Falter und Co. auch unter Türkis-Blau den Ton an-, den Takt und die Richtung vorgeben. Die Leitmedien sind unter dieser Regierung sogar noch weiter nach links gerückt, haben ihren Ton gegen FPÖ und Kurz verschärft. Keine Spur von Angst, Verunsicherung oder Druck. Es sind die üblichen linken Opferlegenden, von den couragierten eigenen Leuten und dem monströsen, zu allem bereiten Klassenfeind.

In der linken Medienblase wird die Realität, werden die Machtverhältnisse auf den Kopf gestellt. Eine weitere wichtige Organisation des linken Netzwerkes, „Die Reporter ohne Grenzen“ unter der Leitung von Rubina Möhring, ehemals ORF-Frauenbeauftragte und erfolglose Buchautorin („Die Asylfalle. Wie Österreich mit seiner

Flüchtlingspolitik scheitert") stufen Österreich im internationalen Ranking der Pressefreiheit um fünf Plätze ab, hinter Jamaica und Costa Rica.[190]

Schuld daran ist unter anderem das E-Mail aus dem Innenministerium. Das ist lächerlich, verlogen und mies. Die Linken fürchten um ihre Hegemonie, Deutungshoheit, ihren Einfluss und nehmen im Kampf ums eigene Überleben ein ganzes Land in Geiselhaft, agitieren mit allen Mitteln gegen die türkis-blaue Regierung und damit gegen rund 60 Prozent der Österreicher. Sie sind die wahren Feinde von Demokratie und Pressefreiheit. Und es geht ihnen neben Macht und Einfluss vor allem um Geld: „Die Regierung kürzt dem Falter empfindlich öffentliche Inserate, weil wir regierungskritisch sind und die FPÖ bejubelt das. Zugleich kriegen rechte Hetzmedien Steuergeld-Inserate"[191], jammert Florian Klenk auf Twitter. Demokratie herrscht offenbar nur, wenn Linke die Zuckerln und Inserate bekommen. Fragt sich, wer hier ein Problem mit der Demokratie hat.

7. Asylreform: Wer hat wem zu folgen?

Die E-Mail-Affäre hat ihre Wirkung nicht verfehlt. Kickl hat – zumindest aus linker Perspektive – einen weiteren Schmutzfleck auf seiner ohnehin schon dreckigen Weste, und die BVT-Affäre kocht weiter vor sich hin. Der Kampf gegen Kickl scheint Ende 2018 etwas zu erlahmen. Erst kurz nach dem Jahreswechsel liefert eine Aussage des Innenministers den nächsten Anlass, um die linke Medien- und Kampagnenmaschinerie erneut hochzufahren und einmal mehr eine Staatskrise auszurufen. Diesmal geht es um jenes Thema, das die FPÖ und Kickl groß gemacht haben, das im Oktober 2017 wahlentscheidend war und das die Linke in eine tiefe Krise gestürzt hat: Die Einwanderungs- und Asylpolitik.

Kickl steht für eine vernünftige, an den Interessen des Landes und seiner Bürger orientierten Einwanderungspolitik. Der Schutz der Grenzen, des Landes und die Sicherheit der Bürger sind ihm ein Anliegen. Das ist der Grund, warum er von rund einem Drittel der Bevölkerung geschätzt und von den linken Multikulti-Utopisten gehasst wird. Beim APA/OGM-Vertrauensindex gaben im Dezember 2018 28 Prozent der Österreicher an, sie würden Kickl vertrauen.[192] Dass 54 Prozent der Befragten Kickl nicht vertrauen, ist angesichts der intensiven Propaganda, Desinformation und breiten Medienkampagnen weder verwunderlich noch ein besonders hoher Wert. Zum Vergleich: Peter Pilz, trotz Grapsch-Affäre Liebkind der linken Medien und vor allem des ORF, kommt auf 57 Prozent Ablehnung und Neos-Chefin Beate Meinl-Reisinger vertrauen gerade einmal 24 Prozent.

Kickl will strengere und transparentere Regeln für Asylwerber. Anfang des Jahres wird Österreich von einer Serie von brutalen Frauenmorden erschüttert. Innerhalb von nur zwei Wochen werden sechs Frauen im Osten des Landes ermordet. Nur einer der mutmaßlichen Täter ist Österreicher, alle anderen sind Ausländer oder haben Migrationshintergrund. Diese Serie ist nur der Höhepunkt einer Entwicklung. Im Jahr 2017 wurden in Österreich 77 Frauen ermordet bzw. Opfer eines Mordversuchs. Das ist trauriger EU-Rekord.

Vor allem ein Fall löst Erschütterung aus: Die 16-jährige Manuela K. wird am zweiten Sonntag des neuen Jahres in einem Park in Wiener Neustadt in Niederösterreich gefunden. Von der eigenen Mutter. Sie hatte ihre Tochter verzweifelt gesucht, nachdem sie von einer Lokaltour nicht heimgekommen war. Das Mädchen lag unter Blättern und Zweigen versteckt. Erwürgt. Der (mutmaßliche) Täter: ihr Exfreund, der sie wochenlang gestalked hatte. Ein Syrer, der mit der Einwanderungswelle nach Österreich gekommen ist. Selbst die Mainstreammedien kommen nicht umhin, diesen und die anderen Morde zu thematisieren und nicht im Lokalteil unter „Kurz notiert" zu entsorgen.

Obwohl die Faktenlage und die kausalen Zusammenhänge eindeutig sind, finden die linken Open-Border-Visionäre schnell eine Argumentationslinie, um von den Ursachen der Mordserie abzulenken. Sie erklären die Frauenmorde zu einem generellen Männerproblem, das mit der Zuwanderung aus dem islamischen Raum nichts zu tun habe. Die Feministin und ehemalige Grün-Abgeordnete Sigrid Maurer: „Das einende Merkmal bei Männern, die Frauen ermorden, ist, dass sie Männer sind. Das scheint für manche Kommentatoren so ein unvorstellbarer Umstand zu sein, dass sie sich die Gewalt mit Konstruktionen von Nationalität und Kultur zu erklären versuchen."[193] Dass die Frauenmörder aus einem bestimmten, gewaltaffinen Kulturkreis kommen, ist zwar keine Konstruktion, sondern Tatsache, aber was macht das schon im postfaktischen Zeitalter, wo jeder seine eigene ganz subjektive Wahrheit haben darf und wo Emotion, Moral und Ideologie die entscheidenden Kriterien sind.

In Maurers Kerbe schlagen all jene, die Multikulti predigen, die die Masseneinwanderung ermöglicht und bejubelt haben. Sie reduzieren die Ursachen und Hintergründe der Frauenmorde aus rein ideologischen Gründen auf zwei Punkte: das Geschlecht und die Täter-Opfer-Beziehung. Immer wieder wird von Experten und Journalisten hervorgehoben, dass die meisten Täter zu ihrem Opfer eine Beziehung gehabt hätten. Dieser Aspekt wird besonders hervorgehoben, um von den wahren Ursachen und Problemfeldern abzulenken und den Frauen die Angst zu nehmen, auch wenn diese sogenannte Beziehung nur darin bestand, dass das Opfer vom Täter gestalked wurde.

Faktoren wie Kultur, Religion, Traditionen, tribalistische Strukturen, Islamisierung, Sozialisation etc. werden ignoriert. Es ist offensichtlich, die linken Medien und Politiker wollen verhindern, dass die für sie unangenehmen Zusammenhänge zwischen Zuwanderung aus vormodernen und gewaltaffinen Gesellschaften und den Frauenmorden hergestellt werden. Von diesen argumentativen Nebelgranaten lässt sich die türkis-blaue Regierung nicht beeindrucken. Sie will aufgrund der Geschehnisse das Asylrecht verschärfen. Kickl hat die Rückendeckung der ÖVP: „Ja, es sollten alle Möglichkeiten ausgeschöpft werden, straffällige Asylwerber abzuschieben“[194], gibt Bundeskanzler Sebastian Kurz zu Protokoll.

Angesichts der Stimmung in der Bevölkerung und der Übereinstimmung mit dem Koalitionspartner betont Kickl, er werde alle Hebel in Bewegung setzen, um einen „nationalen Alleingang" durch Änderungen im Asylrecht zu ermöglichen: „Je niederschwelliger wir eingreifen, desto besser." Denn nach geltendem Recht kann anerkannten Flüchtlingen der Asylstatus nur entzogen werden, wenn sie ein schweres Verbrechen verübt haben, also Mord, Vergewaltigung oder Raub.

Zudem sind Abschiebungen für die Behörden alles andere als einfach. Asylindustrie, NGOs, Gerichte, Medien und lange Verfahren, die zumeist durch alle Instanzen gehen, verhindern und verzögern solche Abschiebungen; selbst von Mehrfachstraftätern. Es gilt die Faustregel: wer es bis nach Österreich geschafft hat, bleibt in der Regel auch da, egal ob es einen Fluchtgrund gibt, egal was er in seiner alten Heimat und in seinem neuen Gastland verbrochen hat. Seit Beginn des Syrien-Krieges hat es keine einzige Abschiebung von Österreich nach Syrien gegeben.[195] Wer sich als Syrer ausgibt, und das tun sehr viele[196], auch Afghanen, Tunesier, Marokkaner, Pakistani etc., der braucht sich um eine Abschiebung keine Sorgen mehr zu machen.

Das soll sich nun ändern. Kickl plant ein Abschiebeabkommen mit Syrien. Sollte dies zu lange dauern, will er auch in Drittstaaten abschieben. Ist eine Abschiebung nicht möglich, sollen straffällige Gewalttäter oder wiederholt straffällig gewordene Migranten in sogenannten Transitzonen untergebracht werden, die sie nur noch in Richtung Heimatland verlassen dürfen. Auch an seinem Plan, dass Flüchtlinge nicht mehr von privaten Anbietern wie der Caritas oder der Diakonie, sondern von der öffentlichen Hand betreut werden, hält er fest. Justizminister Josef Moser hatte Kickl diesbezüglich kurz vor Jahreswechsel ausgebremst. Mit diesen Vorhaben bringt Kickl die Asylindustrie – alleine die Caritas Österreich beschäftigt 16.000 Mitarbeiter – gegen sich auf, sie fürchtet um ihre fetten Umsätze, die sie im Bereich Asyl macht. Schließlich braucht die Asylbranche ständig Nachschub an neuer Kundschaft, also an zu Betreuende, zu Versorgende, zu Beratende, zu Integrierende etc. „Jobmotor Flüchtlingskrise“[197] schrieb etwa die deutsche Zeitung Die Welt. Ermordete und vergewaltigte Frauen sind dabei nur Kollateralschäden, die man in Kauf nimmt.

Angesichts der Stimmung in der Bevölkerung, angesichts der Serie an Frauenmorden versucht die SPÖ die Pläne Kickls nicht – wie sonst üblich – reflexartig abzulehnen, sondern betont, alle Maßnahmen müssten „der europäischen und internationalen Rechtslage“[198] entsprechen. Genau das ist das Problem. Die internationale Rechtslage und die Höchstrichter verhindern praktisch jede Verschärfung des Asylrechts. Viele derartige Versuche in Österreich oder anderen EU-Ländern sind bereits gescheitert. Die EU-Mitgliedsstaaten sind im Umgang mit Flüchtlingen und Asylwerbern in ein dichtes internationales Regelungsnetz eingebettet. Vor allem bei Abschiebungen besteht deshalb wenig Spielraum. So kommt etwa das Rechercheportal Addendum zu dem Schluss: „Das bestehende Asylsystem weist schwerwiegende Defizite auf. Darunter leiden sowohl die Flüchtlinge als auch die Bevölkerung im Zielland selbst.“[199]

Ähnlich denkt Herbert Kickl. Am 22. Januar 2019 wird er zu seinen Plänen in der ORF-Sendung Report von Susanne Schnabl befragt. Dabei fällt jener Satz, der die gesamte Republik und die halbe EU in Aufregung versetzt: „Denn ich glaube immer noch, dass der Grundsatz gilt, dass das Recht der Politik zu folgen hat, und nicht die Politik dem Recht.“[200] Weil die Medien, die Politiker und in deren Gefolge NGOs, Kabarettisten, Künstler und andere politisch korrekte Moralapostel, sich nur auf diesen Satz konzentrieren, hier die komplette Aussage Kickls, um den Kontext, in dem er gefallen ist, zu kennen:

„Selbstverständlich stehen wir alle auf dem Boden der Rechtsstaatlichkeit. Das ist ja eine Selbstverständlichkeit. Nur eines muss man auch immer dazusagen. Was ist denn die größte Gefahr für den Rechtsstaat? Die größte Gefahr für den Rechtsstaat ist, dass er missbraucht wird und quasi gegen sich selbst zur Anwendung gebracht wird. Dass man quasi über die eigenen Gesetze stolpert und handlungsunfähig ist. Und das ist die Situation, vor der wir jetzt stehen. Da brennt das Haus, dort liegt der Schlauch. Wir wissen genau, dass wir den Schlauch nehmen müssen, um das Feuer zu löschen. Und dazwischen gibt es irgendwelche seltsame rechtliche Konstruktionen. Teilweise viele, viele Jahre alt, aus ganz anderen Situation heraus entstanden, und die hindern uns daran, das zu tun, was notwendig ist. Und deshalb möchte ich eine Debatte darüber führen und mich auch anlegen mit diesen Regelungen, das hinterfragen. Denn ich glaube immer noch, dass der Grundsatz gilt, dass das Recht der Politik zu folgen hat, und nicht die Politik dem Recht. Und das wird eine spannende Auseinandersetzung. Denn ich glaube, dass es niemand Vernünftigen geben kann in diesem Land, der nicht dafür ist, dass wir bei Straffälligen und bei Straftätern, die Körperverletzungen begehen und andere Dinge, nicht einen Weg finden sollen, dass wir denen dann auch einen Asylstatus aberkennen und sie außer Landes bringen oder bei denjenigen, die sich überhaupt erst darum bewerben, dafür sorgen, dass das negativ ausgeht."[201]

Und auf Nachfrage von Schnabl antwortet Kickl: „Sonst hört sich ja die Politik auf. Wir können doch nicht mit Dingen aus den 50er Jahren herumtun unter völlig anderen Voraussetzungen."[202]

Die Kickl-Hysterie, die das Lager der politisch Korrekten seit Ende 2017 erfasst hat, erreicht einen neuen Höhepunkt. Wie schon in den vorangegangenen Kapiteln mehrfach beschrieben, beginnt die Empörungsmaschinerie hochzufahren. Es ist ein Medien-Ritual. Die immer gleichen Akteure erscheinen nacheinander auf der politmedialen Bühne, um ihren Part zu dem großen Spektakel beizutragen. Diesmal ist die Inszenierung noch lauter, noch schriller, noch aggressiver. „Kickl stellt rechtsstaatliches Prinzip in Frage"[203], schreibt das Profil, „Undenkbares, schmissig ausgesprochen", die Österreich-Chefin der Reporter ohne Grenzen, Rubina Möhring, im Standard.[204] Und die Vorarlberger Nachrichten titeln: „Kickl hinterfragt rechtsstaatliches Prinzip".[205] Der Tenor der Presse: Der Innenminister wolle den Rechtsstaat aushebeln und die Justiz knebeln. Wie bei jedem Kickl-Aufreger mischen auch die deutschen Linksvulgo Qualitätsmedien fleißig mit. Die ARD analysiert: „Je länger der ideologische Kopf und langjährige Ex-Generalsekretär der Rechtspopulisten, Innenminister Herbert Kickl, FPÖ, seine planmäßige Demontage des österreichischen Rechtsstaats in Wort und Tat fortsetzen kann – weitgehend ungestört vom umfrageverwöhnten, jedoch überwiegend schweigenden Bundeskanzler Kurz – desto deutlicher blättert von der türkis-blauen Hochglanz-Regierung der PR-polierte Lack ab."[206]

Der Bundespräsident meldet sich, wie bei jedem angeblichen Kickl-Fehltritt, zu Wort und mahnt: „Die Europäische Menschenrechtskonvention steht in Österreich seit 59 Jahren im Verfassungsrang. An ihr zu rütteln, wäre eine Aufkündigung des Grundkonsenses der Zweiten Republik."[207] Auch Justizminister Josef Moser, einst selbst bei der FPÖ tätig und dann über den Rechnungshof zur ÖVP gekommen, attackiert Kickl nun offen und belehrt ihn: „In einem Rechtsstaat steht das Recht an oberster Stelle."[208]

Kickl scheint überführt zu sein, er ist eine Gefahr für Demokratie und Rechtsstaat. Aber stimmt das auch? Steht das Recht in einem

Rechtsstaat tatsächlich an oberster Stelle, wie vom Justizminister behauptet? Der muss es doch wissen. Darf man an der Menschenrechtskonvention tatsächlich nicht rütteln, sie nicht neuen Entwicklungen und Umständen anpassen?

Zu Mosers Behauptung, das Recht stehe an oberster Stelle: Die österreichische Bundesverfassung ist in diesem Punkt eindeutig: Deren erster Artikel sagt unmissverständlich: „Österreich ist eine demokratische Republik. Ihr Recht geht vom Volk aus." Was steht also an oberster Stelle? Nicht das Recht, das Volk!

Das Recht wird nicht von der Politik, nicht von einer selbsternannten politmedialen Elite, nicht von Intellektuellen und Künstlern, nicht von der Regierung, nicht von der EU, nicht von internationalen Institutionen, nicht von Richtern und auch nicht von hohen Gerichtshöfen bestimmt. Andreas Unterberger: „Sie alle haben eine Rolle im Rechts- und Verfassungsstaat. Aber sobald sie diese Rolle nicht mehr als bloße Teilaufgabe in einem komplexen Prozess auffassen, sobald sie ihre Aufgabe nicht mehr mit dem notwendigen großen Ausmaß an Demut ausüben, sobald sie nicht mehr begreifen, dass sie jenen zu dienen haben, von denen einzig das Recht ausgeht, verletzen sie das alleroberste Prinzip der Bundesverfassung."[209]

Ja, auch Kickl hat sich unkorrekt ausgedrückt, er hat einen wesentlichen Aspekt des rechtsstaatlichen Prinzips ausgelassen, nämlich die zentrale Rolle des Volkes. Das Recht hat nicht der Politik, sondern der Gesetzgebung zu folgen. Die Entstehung von österreichischem Recht ist ein genau geregelter Vorgang, in dem Parlament und Bundesregierung als Vertreter des Volkes eindeutige Rollen und Aufgaben haben.

Josef Moser liegt mit seiner Einschätzung – und das ist für einen Justizminister ebenso erstaunlich wie peinlich – falsch. Würde das Recht tatsächlich an oberster Stelle stehen, könnten Recht und Verfassung nie mehr geändert werden, weil das Recht nur ändern kann, wer über ihm steht! Nochmals Andreas Unterberger: „Das würde eine absolute Diktatur jener bedeuten, die zu befinden haben, was denn eigentlich genau das Recht sei. Dann hätten wir eine Richterdiktatur."[210]

Auch Bundespräsident Van der Bellen liegt mit seiner Kritik falsch. Selbstverständlich kann und muss man die Europäische Menschenrechtskonvention (EMRK) ändern, den Erfordernissen der Zeit anpassen. Das ist in den vergangen Jahrzehnten auch mehrmals geschehen! Etwa im Jahr 2002, als das Verbot der Todesstrafe auch auf Straftaten, die zu Kriegszeiten oder bei drohender Kriegsgefahr begangen wurden, ausgeweitet wurde.[211]

Nein, die Menschenrechtskonvention ist nicht für alle Zeiten in Stein gemeißelt. Journalist Christian Ortner: „Es ist töricht und weltfremd, die Europäische Menschenrechtskonvention für gottgegeben und Änderungen in ihr daher zum Skandal zu erklären."[212] Doch solche handfesten Argumente und nachvollziehbaren Einwände gehen in der allgemeinen Kickl-Hysterie völlig unter. Kickl sei der Feind des Rechtsstaates, wird überall herausposaunt, so wie auch bei der E-Mail-Affäre, auch wenn man dabei kreativ mit den Fakten umgehen muss. Fakten sind bei dieser Auseinandersetzung oder besser Hetzkampagne Nebensache, was zählt, sind Gefühle und Emotionen. Und die sind gegenüber Kickl eindeutig. Nicht weil er ein Feind der Demokratie, des Rechtsstaates und der Menschenechte wäre, sondern weil er ein Feind der Linken und ihrer Gesellschafts-Utopien ist. Weil Linke sich und ihre politischen Glaubenssätze für sakrosankt halten, macht das für sie aber keinen Unterschied.

Bundeskanzler Kurz zitiert Kickl zu sich, um mit ihm ein klärendes Gespräch zu führen. „Ich habe ihm sehr klar meine Meinung gesagt"[213], so Kurz danach zur Presse. Die Welle der Empörung wird immer höher und breiter. Zu Wort melden sich die Richter, die sogenannte Zivilgesellschaft, also weit linksstehende Gruppierungen, und 215 österreichische Autoren fordern den Rücktritt von Innenminister Herbert Kickl. Darunter die üblichen Verdächtigen, Barbara Frischmuth, Elfriede Jelinek, Erni Mangold, Josef Hader, Gregor Seberg, Michael Köhlmeier, Lukas Resetarits, Peter Turrini, Peter Henisch, Erika Pluhar u.v.m.

Kickl betont nach dem kollektiven Aufschrei der linken Kunstszene auf Facebook für die ganz Begriffsstutzigen: „Ich habe zu keinem Zeitpunkt die Europäische Menschenrechtskonvention oder die Menschenrechte als solche in Frage gestellt. Genauso wenig geht aus meinen kritisierten Aussagen hervor, dass irgendjemandem die Menschenrechte abgesprochen werden sollen oder Österreich aus internationalen Verträgen austreten soll. Das hält auch das Regierungsprogramm fest, das ich nie in Zweifel gezogen habe."[214]

Es ist verlorene Liebesmüh und geht in der allgemeinen Kickl-muss-weg-Stimmung unter, zumal sich die Linken und Guten ohnehin sicher sind und sich darin gegenseitig bestätigen, dass Kickl, unabhängig davon was er sagt oder tut, nur Böses im Schilde führt. Die Opposition fordert einmal mehr den Abgang von Kickl. SPÖ, Neos und Liste Jetzt bringen zum x-ten Mal einen Misstrauensantrag gegen Kickl ein. Die permanenten Attacken verfehlen ihre Wirkung, zumindest bei den Bürgern. Veröffentlichte und öffentliche Meinung liegen während der türkis-blauen Regierungsperiode so weit wie nie zuvor auseinander.

In den Umfragen sind ÖVP und FPÖ stabil. Bei der Sonntagsfrage, welche Partei würden sie wählen, wenn nächsten Sonntag Nationalratswahl wäre, liegen am 16. Februar 2019 die ÖVP bei 32 Prozent und die FPÖ bei 25. Das ist, berücksichtigt man die Schwankungsbreite solcher Umfragen, der gleiche Wert wie bei der Nationalratswahl im Oktober 2017. Und das nach den permanenten und unablässigen Hetzkampagnen der Medien, der Kulturschaffenden und der sogenannten Zivilgesellschaft.

Türkis und Blau genießen weiterhin das Vertrauen der Österreicher. Was die Liste Jetzt, die sich bei diesen Angriffen immer besonders hervortut, nicht von sich behaupten kann. Sie kommt im Februar 2019 auf ein Prozent Wählerzustimmung. Das ist die Situation in Österreich Anfang des Jahres.

„Die Opposition bringt den nächsten Misstrauensantrag gegen den Innenminister in Stellung. Doch trotz Kickls zahlreicher Fauxpas dürfte er auch das dank der ÖVP überstehen", echauffieren sich Theo Anders, Katharina Mittelstaedt und Nina Weissensteiner im Standard, dem Zentralorgan der politischen Korrektheit. Sie übersehen dabei, dass diese „Fehltritte" linke Erfindungen, Spins und Inszenierungen sind. Warum also sollte Kickl das Vertrauen entzogen werden? Schließlich spiegelt der Nationalrat, so wie das in einer Demokratie üblich ist, die politischen Kräfteverhältnisse in der Gesellschaft wider. Die Standard-Journalisten ärgern sich, so wie die meisten ihrer Kollegen, vor allem darüber, dass sie trotz größter Anstrengungen die Bevölkerung noch immer nicht von ihrer Sicht der Dinge überzeugen konnten, dass sich die Österreicher nicht so einfach politisch indoktrinieren lassen. Der gemeine Journalist des Jahres 2019 sieht sich vor allem als Meinungsmacher, Volkspädagoge, Politaktivist und sozialistischer Weltverbesserer, nicht als Berichterstatter.

Weil man sachpolitisch nichts anzubieten hat, was den Wähler interessiert, weil die linken Parteien im demokratischen Wettbewerb der Ideen, Konzepte und Lösungen nicht mehr konkurrenzfähig sind, bleiben ihnen als letzte Mittel Schmutz- und Hetzkampagnen gegen die FPÖ und Herbert Kickl, als blauen Oberbösewicht.

8. Messerattacken: Wenn Waffengegner Waffenverbote kritisieren

Seit Kickl das Innenministerium übernommen hat, hat sich bei Opposition und Medien eine Faustregel, ein unumstößliches Gesetz etabliert: Ganz egal, was Herbert Kickl sagt, ankündigt, plant oder entscheidet, es ist immer falsch, gefährlich, muss kritisiert, verhindert und bekämpft werden. Das gilt ausnahmslos. Auch wenn es um Polizeipferde oder um Entscheidungen geht, die im Sinne der Linken sind.

Die europäischen Linken, die Gutmenschen in Politik, Medien und Kultur, sind in der Regel erbitterte Gegner privaten Waffenbesitzes. In den Mainstreammedien werden regelrechte Kreuzzüge gegen legalen Waffenbesitz geführt. Regelmäßig berichten sie über die Gefährlichkeit von bei den Behörden angemeldeten und registrierten Waffen und zeigen die Verbindung zwischen privatem Waffenbesitz und Kriminalität auf, auch wenn dieser Zusammenhang nicht nachweisbar ist. Immer wieder gab es von linker Seite politische Vorstöße, das österreichische Waffengesetz zu verschärfen bzw. privaten Waffenbesitz mehr oder weniger ganz zu verbieten. So hat Alexander Van der Bellen, als er noch Chef der Grünen war, ein generelles Verbot von Faustfeuerwaffen gefordert. 2016 drängten die Grünen gar auf ein generelles Verbot von Privatwaffen.[215] Keine Frage, Waffen und vor allem legaler Waffenbesitz genießen in diesen Kreisen einen zweifelhaften Ruf.

Wenn man aufgrund der Mehrheitsverhältnisse kein generelles Waffenverbotsgesetz durchdrücken kann, sollte man sich zumindest über Waffenverbotszonen freuen, also über Gebiete, wo das Tragen von Waffen bzw. Gegenständen, die als Waffen benutzt werden können, verboten ist. Sollte man meinen. Kommt dieser Vorschlag aber aus dem blauen Innenministerium, gilt die oben beschriebene Faustregel. Da muss man Prioritäten setzen.

Am 25. November 2018 fährt eine Gruppe junger Vorarlberger nach Innsbruck, um dort zu feiern. Als die neun Burschen zu nächtlicher Stunde ein Lokal in der sogenannten Bogenmeile verlassen, werden sie von einem Afghanen verfolgt. Dieser sticht plötzlich und ohne jede Vorwarnung einem 21-Jährigen in den Hals und flüchtet. Der junge Mann überlebt den Mordanschlag nicht und stirbt.[216]

Aufgrund dieses Verbrechens setzt die Landespolizeidirektion Tirol ein temporäres Waffenverbot in der Bogenmeile in Kraft. Betroffen davon sind mehrere Lokale unter einer Eisbahnlinie, das Gebiet gilt seit langem als „berühmt-berüchtigt"[217], wie die Kronen Zeitung schreibt. Außerdem weist Herbert Kickl alle Landespolizeidirektionen an, öffentliche Orte für weitere Waffenverbotszonen zu prüfen und gegebenenfalls auch per Verordnung einzurichten.

In solchen Verbotszonen dürfen keine Waffen und Gestände, die man als solche benutzen kann, bei sich geführt werden. Ausgenommen sind Personen, die das aus beruflichen oder sonstigen Gründen tun müssen, etwa Handwerker, Geldboten etc. In diesen Zonen darf die Polizei bei Verdacht auf einen Verstoß Personen, Fahrzeuge und Taschen durchsuchen und gegebenenfalls jemandem ein Messer abnehmen. Das Mitführen solcher Waffen oder gefährlicher Gegenstände in einer Verbotszone kann bis zu 500 Euro kosten.

Wer sich für ein liberales Waffenrecht einsetzt, könnte hier viele Einwände dagegen vorbringen, aber jene, die legalen Waffenbesitz ohnehin ablehnen, müssten solche Maßnahmen begrüßen und unterstützen. Weit gefehlt. Auch in Wien sollen zwei Waffenverbotszonen eingerichtet werden: Eine am berüchtigten Praterstern, die andere am Franz-Josefs-Kai rund um das Flex, einem Klub, der vor von der linken und der Drogen-Szene frequentiert wird. Ab 1. Februar 2019 treten die Verbotszonen in Kraft.

Die Wiener SPÖ ist mit dieser Maßnahme alles andere als glücklich. Weil sie sich als prinzipieller Waffengegner aber nicht gegen solche Zonen aussprechen kann, muss sie einen anderen Weg finden, um diese kicklsche Idee schlecht zu reden. Und das geht so: Diese Zonen seien willkürlich gewählt, es gebe keinen Grund, ausgerechnet in diesen Bereichen solche Zonen einzurichten.

Von den Grünen, die ebenfalls in der Wiener Stadtregierung sitzen, heißt es: „Singuläre Zonen, die nicht nachvollziehbar ausgewählt wurden, sind rein populistische Maßnahmen. Einzelmaßnahmen wie diese werden die Gewalt, besonders an Frauen, nicht verringern.“[218] Koalitionspartner SPÖ schlägt in dieselbe Kerbe: „Die Auswahl der Orte in Wien ist meines Erachtens nach reine Willkür“[219], so Angela Lueger, Sicherheitssprecherin der SPÖ. Diese Argumentation ist insofern skurril, weil ausgerechnet der SPÖ-Bürgermeister den Praterstern, nach einer langen Reihe von unschönen Vorkommnissen, darunter Schlägereien, Vergewaltigungen oder Pöbeleien, schon im April 2018 zur Alkoholverbotszone erklärt hat. Vermutlich auch völlig willkürlich. Jetzt ist es für die SPÖ völlig unverständlich, wie man an einem solch „netten“ Platz eine Waffenverbotszone einrichten kann. Bürgermeister Ludwig legt nach und fordert: Wenn schon denn schon. In seinen Worten: „Entweder gar nichts oder alles.“[220] Ganz Wien solle zu einer Waffenverbotszone werden, so die populistische Holzhammer-Forderung.

Erstens ist das nach geltender Gesetzeslage nicht möglich und zweitens in der Praxis kaum durchführbar. Wer mit seinem neuen Küchenmesser-Set von Ikea auf dem Nachhauseweg ist, muss aufpassen, dass er nicht von der Polizei erwischt wird. Und kann man einen Regenschirm nicht jemandem in den Bauch rammen? Dann doch lieber nass werden.

Zur Gesetzeslage. Die ist für Ludwig kein Problem: „Aber ich sage immer, Gesetze werden von Menschen gemacht und können auch von Menschen geändert werden."[221] Interessant. Rückblende zum vorangegangen Kapitel: Als Kickl genau das, nur mit anderen Worten, sagte. Richtig, Gesetze sind nicht in Stein gemeißelt, diese Selbstverständlichkeit darf aber nur ein linker Politiker wie Michael Ludwig erwähnen, Herbert Kickl ist das offenbar untersagt.

9. Ausreisezentren: Taferlstreit und rote Flügelkämpfe

„Herbert Kickl, hat sich offenbar zum Ziel gesetzt, alleine die gesamte Innenpolitik-Berichterstattung zu bespielen“[222], schreibt Presse-Chefredakteur Rainer Nowak. Es ist umgekehrt: Die gesamte Mainstream- und Boulevardpresse hat sich auf den Innenminister eingeschossen, er ist der Reibebaum, er ist das erklärte Feindbild. Die Regierung scheint für die Journalisten nur noch aus Innenminister Kickl zu bestehen. Selbst Kanzler Kurz und Vizekanzler Strache spielen in der Berichterstattung zweitweise nur Nebenrollen. Manche Regierungsmitglieder tauchen in den Meiden so gut wie gar nicht mehr auf. Selbst um Beate Hartinger-Klein, die anfänglich so hart attackierte blaue Sozialministerin, ist es ruhig geworden. Man konzentriert seine medialen Kräfte auf Kickl, weshalb er in Presse und Rundfunk omnipräsent ist.

Ein Skandal jagt den nächsten, auch wenn es sich dabei meist nur um mediale Blähungen, Unterstellungen und Verdrehungen handelt. Ja, auch Kickl trägt dazu bei, er weiß aus langjähriger Erfahrung, wie man Linke provoziert, wie man sie triggert und zur Weißglut treiben kann. Auf gewisse Themen und Vokabel reagieren sie wie pawlowsche Hunde auf ihr Glöckchen: Sofort läuft der Geifer.

Am einfachsten ruft man solche reflexartigen Reaktionen mit den Themen Asyl, Ausländer, Integration und Einwanderung hervor. Jeder, der hier das politisch korrekte Terrain verlässt, betritt ein weites Minenfeld, also jene Sphäre, in der sich Kickl seit Jahren bewegt. Natürlichen weiß er genau, wo sich die Tretminen der linken Moralapostel befinden, an welchen Knöpfen man drehen und drücken muss. Und weil Kickl das weiß, ist er in der Lage, die medialen und politischen Reaktionen bis zu einem gewissen Grad zu steuern, die Aufmerksamkeit dorthin zu lenken, wo er sie haben möchte.

Am 25. Februar 2019 präsentiert Kickl neue und schärfere Bestimmungen für Asylwerber. Kurz zuvor hat ein Verbrechen in Vorarlberg die Österreicher geschockt. Ein 34-jähriger amtsbekannter Türke hat in Dornbirn den 49-jährigen Leiter des Sozialamts mit mehreren Messerstichen ermordet.

Der (mutmaßliche) Täter ist Anfang des Jahres illegal nach Österreich eingereist. Sein Opfer, der Vorarlberger Beamte, Vater zweier Kinder, hatte zehn Jahre zuvor ein österreich- und EU-weites Aufenthaltsverbot gegen den mehrfach straffällig gewordenen Türken erwirkt. Soner Ö. dealte mit Drogen, beging mehrere Diebstähle, kassierte Anzeigen wegen Widerstands gegen die Staatsgewalt und schwerer Körperverletzung. Er saß zwischen 1999 und 2008 in Österreich mehrmals im Gefängnis. Insgesamt wurde er zu mehr als fünf Jahren Haft verurteilt. Eine echte Bereicherung für unser Land und unsere Gesellschaft. 2010 wurde Soner Ö. ausgewiesen, was ihn freilich nicht daran hinderte, erneut über die unkontrollierten Grenzen nach Österreich einzureisen, um sich hier auf Kosten der österreichischen Steuerzahler durchfüttern zu lassen.

Aus Rache an dem Beamten und weil die Mindestsicherung nicht schnell genug geflossen ist, hat der Türke den 49-jährigen Vorarlberger mit mehreren Messerstichen regelrecht abgeschlachtet. Kickl nimmt diesen Mordfall, der durch eine vernünftige Politik verhindert hätte werden können, zum Anlass, um das Asylsystem komplett umzustrukturieren, es den Realitäten nach der Masseneinwanderung des Jahres 2015 anzupassen und zu verschärfen. „Im Grunde genommen soll in Österreich niemand mehr einen Asylantrag stellen können. Außer er kommt unmittelbar aus einem Flugzeug oder ist sonst wie direkt nach Österreich gekommen. Schlicht und ergreifend, weil wir nur von sicheren Drittstaaten umgeben sind“[223], sagt Kickl. In diese Richtung sollen die neuen Regeln gehen:

- Die Rückkehrberatungen sollen forciert werden. Wer keine realistische Chance auf Asyl hat, dem soll die Ausreise nahegelegt werden.

- Asylaberkennungsverfahren sollen beschleunigt werden, von durchschnittlich rund 27 auf 20 Tage.

- Polizei und Staatsschutz sollen nach der Einreise das mögliche Gefahrenpotential von Asylwerbern analysieren.

- Wird eine Gefährdung festgestellt, soll der Asylwerber sofort in Haft genommen werden.

- Mehr Abschiebungen. Entsprechende Abkommen mit Staaten wie Syrien sollen ausgehandelt werden.

- Die Bundesbetreuungsagentur soll die Zahl der Beschwerdefälle in der ersten Instanz reduzieren.

- Aberkennung des Asylstatus auch bei weniger schweren Straftaten. Dazu soll es Initiativen auch auf europäischer Ebene geben.

- All jene, die über sichere Drittstaaten nach Österreich kommen, sollen hier keinen Asylantrag mehr stellen können.[224]

Das sind die wesentlichen Punkte. Jeder einzelne von ihnen ist für linke Multikulti-Apologeten ein Schlag ins Gesicht. Eine Maßnahme regt die politisch Korrekten in Politik, Medien und NGOs besonders auf. Viel mehr, als die hier aufgezählten Punkte, obwohl es nur ein symbolischer Akt ohne konkrete Auswirkungen ist.

Kickl macht aus den bisherigen Erstaufnahmezentren für Asylwerber Ausreisezentren. Diese Umbenennung löst in der linken Reichshälfte einen gewaltigen Aufschrei aus. Da Kickl für die Namensänderung keine gesetzlichen Änderungen benötigt, werden bereits am 1. März 2019 die Schilder an den ehemaligen Aufnahmezentren Traiskirchen in Niederösterreich und Thalham in Oberösterreich ausgetauscht. Die linke Twitterblase kocht vor Wut und Empörung über. Deren Anführer heizen die Stimmung an. Florian Klenk twittert: „Die Erstaufnahmezentren heißen jetzt Ausreisezentren. Man könnte Strafgerichte nun als Einsperrzentren bezeichnen. Oder das @BMI_OE als ‚Bundesministerium für die Identitäre Bewegung'. In diesem Sinne geben wir Cartoonfreiheit: Heil, Menschenrechte!"[225] Dazu hat Klenk eine Karikatur von Stefanie Sargnagl gepostet, einer Künstlerin, die mit ihren infantilen Provokationen zum Liebling der linken Kulturszene geworden ist.

[226]

ORF-Twitter-König Armin Wolf legt nach: „Die Umbenennung von Erstaufnahmestellen in ‚Ausreisezentren' ist einer der zynischsten Akte von Symbolpolitik, die ich in drei Jahrzehnten Politik-Journalismus gesehen habe."[227] Wolf und Klenk, die beiden österreichischen Social-Media-Führer, beide haben zusammengerechnet über 650.000 Follower auf Twitter[228], geben die Richtung vor, NGOs, Zivilgesellschaft und Co. folgen ihnen. Kardinal Christoph Schönborn, der stets dem linken Zeitgeist erfolglos nachhechelt, bezeichnet die Umbenennung als einen „Akt der Brutalität".[229] Klenk fordert zudem via Twitter auf, das neue Schild in Traiskirchen zu überkleben.[230] Wenn ein Klenk so etwas fordert, findet sich auch jemand aus seiner riesigen Twitter-Fangemeinde, der das in die Tat umsetzt. Im konkreten Fall ist es Andreas Pollak von SOS-Mitmensch, der medienwirksam das Schild überklebt. Der neue Text: „Asylsuchende herzlich willkommen".[231] Das Doppelpassspiel in der linken Nationalmannschaft funktioniert auch in diesem Fall hervorragend.

Neben solchen medienwirksamen Aktionen sorgt auch Kickls Plan einer Sicherungshaft für gefährliche Asylwerber für Aufregung und politische Turbulenzen. Die Oppositionsparteien warnen angesichts von Kickls Plan einmal mehr davor, Österreich werde dank seiner Machenschaften zu einem faschistischen Unrechtsstaat. Dabei betont der Innenminister von Anfang an, dass er zur Umsetzung seiner Pläne eine Verfassungsänderung und somit eine Zweidrittelmehrheit im Parlament benötigt. Er fordert deshalb SPÖ und Neos auf, mitzustimmen. Ohne Stimmen aus der Opposition sind Kickl die Hände gebunden.

Auf europäischer Ebene gibt es für solche Maßnahmen bereits entsprechende Regeln, die man in Österreich nur noch etablieren muss. Dem stimmt auch der Europarechtler Walter Obwexer zu:

„Die EU-‚Aufnahmerichtlinie' würde das ermöglichen, es müsste aber nach der Inhaftierung rasch eine Prüfung durch einen Richter erfolgen."[232] Obwohl Kickl für die Umsetzung seines Plans Stimmen von der Opposition braucht und obwohl auch seitens der EU nichts dagegenspricht, wüten vor allem die kleinen Oppositionsparteien, die Asylindustrie und die Kirchen. „Die Entwicklungen zu einem autoritären Unrechtsstaat werden wir mit Sicherheit nicht mittragen"[233], heißt es von der Liste Jetzt, und die Grünen schwingen wie so oft ihre Faschismuskeule: „Österreich befindet sich am Weg zum autoritären Staat."[234]

Wie in den meisten Fällen sind die Österreicher anderer Meinung als die linke politmediale Klasse. Eine überwältigende Mehrheit von 69 Prozent der Österreicher hält die Sicherungshaft für potenziell gefährliche, aber noch nicht straffällig gewordene Personen für überlegenswert. Das ist das Ergebnis einer Umfrage im Auftrag des Profil.[235]

Kickls Vorschlag zielt auf gefährliche Asylwerber ab, die ihre Haft jederzeit beenden können. Dazu müssen sie nur Österreich verlassen. Die empörten Gutmenschen aus allen Ecken der linken Reichshälfte können oder wollen das nicht verstehen. Die Bischofskonferenz warnt und Kardinal Schönborn schreibt: „In allen Diktaturen der Welt werden Menschen aus bloßem Misstrauen in Haft genommen. Morgen könnte es auch dich und mich treffen. Soweit darf es nicht kommen!"[236] Die SPÖ ist in dieser Frage gespalten. Die miesen Umfragewerte und die negative Stimmung im Land zwingen die Genossen, die berechtigten Ängste der Österreicher in Fragen der Zuwanderung ernst zu nehmen und nicht wie sonst üblich sofort als Rassismus oder Phobie zu verdammen und abzutun. Man muss zumindest so tun als ob.

Pamela Rendi-Wagner will sich nicht festlegen, eiert herum und fordert nach dem Motto: Wenn du nicht mehr weiter weißt, dann gründe einen Arbeitskreis, eine „Task Force“[237], die offene Fragen rund um die Sicherungshaft klären soll. Burgenlands Landeshauptmann Hans Peter Doskozil, vom rechten Flügel der SPÖ, versucht es mit dem gleichen Schmäh, den Bürgermeister Ludwig bei den Wiener Waffenverbotszonen erfolgreich angewandt hat: Alles oder nichts. Doskozil schlägt vor, Sicherungshaft auch bei gefährlichen Österreichern zu verhängen. „Wenn der Preis des Freiheitsentzugs ist, dass unmittelbar ein Leben gerettet wird, da verstehe ich diese Diskussion überhaupt nicht“[238], wischt Doskozil alle rechtlichen Bedenken zur Seite und geht damit viel weiter als Herbert Kickl. Laut Doskozil sollen unter anderem Psychologen entscheiden, ob jemand eine Gefahr für die Gesellschaft darstellt oder nicht. Doskozils Ideen sind demokratiepolitisch höchst bedenklich und gefährlich. Die Presse titelt: „Wenn Hans Peter Doskozil Herbert Kickl überholt“.[239] Der Verfassungsrechtler Bernd-Christian Funk zu Doskozils Überlegungen: „Das geht schlichtweg nicht. Das würde sämtliche Grundsätze, auf denen unser Rechtssystem beruht, auf den Kopf stellen.“[240]

Doskozil scheint den Regierungsplan zur Sicherungshaft für gefährliche Asylwerber nicht verstanden zu haben. Das sieht auch Kickl so: Er habe das Gefühl, Doskozil habe seinen Vorschlag nicht bis zum Ende durchgedacht, so der Innenminister, da die entsprechenden EU-Regeln die Möglichkeit einer Sicherungshaft für Asylwerber enthalten und es für Asylwerber stets die Perspektive der Außerlandesbringung gibt. Dies trifft auf österreichische Staatsbürger nicht zu.[241]

Obwohl Doskozils Vorstoß wesentlich weiter geht und auch gegen europäisches Recht verstoßen würde, ist die Aufregung um den SPÖ-Mann viel geringer als um Kickl. Zudem versucht die Opposition, dem Innenminister die Schuld an dem Mord in Vorarlberg in die Schuhe zu schieben. Der Täter hätte, so Neos, SPÖ und Liste Jetzt, auch nach bestehender Rechtslage eingesperrt werden können, so deren Behauptung.

Das erleichtert nicht nur ihr schlechtes Gewissen, damit haben sie auch einen – wenn auch fadenscheinigen – Vorwand gefunden, die Gespräche über Kickls Pläne zu boykottieren. Kickl braucht ja Oppositionsstimmen für eine Zweidrittelmehrheit. Damit ersparen sich SPÖ, Neos und Liste Jetzt der Bevölkerung direkt ins Gesicht sagen zu müssen, dass sie ihre Sorgen und Ängste wie gewohnt ignorieren. Dass solche Morde eben Kollateralschäden auf dem Weg in eine bessere, buntere, gerechtere, multikulturelle Gesellschaft sind.

SPÖ und Neos wollen, bevor sie derartige Gespräche über die geplante Sicherungshaft beginnen, dass der Fall Dornbirn „lückenlos" aufgeklärt wird. Es ist skurril und verlogen, dass jene politischen Kräfte, die seit Jahren alle Maßnahmen und Forderungen blockieren, die Abschiebungen oder Asylaberkennungsverfahren beschleunigen und erleichtern würden, die alle Mittel ausreizen, damit kein Zuwanderer aus der Dritten Welt Österreich wieder verlassen muss, nun Kickl unterstellen, er hätte den illegal eingereisten kriminellen Türken, der mit einem Aufenthaltsverbot belegt war, nicht eingesperrt. Die linken Open-Border-Freaks aus Politik, Medien und NGOs rufen laut „Haltet den Dieb!", um von ihrer eigenen Verantwortung abzulenken.

„Es muss alles getan werden, um derartige Straftaten zu verhindern. Der Schutz der Bürgerinnen und Bürger ist oberstes Gebot. Deshalb braucht es endlich Aufklärung und Maßnahmen auf Basis der Ergebnisse"[242], so SPÖ-Chefin Rendi-Wagner. Die Strategie ist klar, man gibt vor, Maßnahmen zu Erhöhung der Sicherheit nicht grundsätzlich abzulehnen, knüpft deren Umsetzung aber an allerlei

Bedingungen. Man setzt auf Zeit, in dem Wissen, dass der Mordfall in ein zwei Monaten längst aus der Berichterstattung verschwunden und damit vergessen sein wird. Die Vorwürfe an Kickl sind Nebelgranaten. Es waren die SPÖ und die Alt-ÖVP, die unter dem begeisterten Applaus der Medien und der linken Opposition 2015 die Grenzen öffneten, ohne die Österreicher um ihre Meinung gefragt zu haben. Die unkontrollierte Massenzuwanderung sei alternativlos, hieß es damals. Es war SPÖ-Chef Werner Faymann, der Angela Merkels wahnwitziger Willkommenspolitik blind folgte, es war Christian Kern, der als ÖBB-Chef zigtausende Einwanderer auf Kosten der Österreicher nach und durch Österreich transportierte, es war die ÖVP, die all das unterstützte und mittrug. Ein paar Jahre später, nachdem die linken Multikultiträume geplatzt sind und sich in Alpträume verwandelt haben, nachdem das meiste von dem eingetreten ist, wovor ein Kickl und viele andere gewarnt haben, versuchen sich die Willkommensjubler aus der Verantwortung zu stehlen.

Ihr Vorwurf, der mutmaßliche türkische Mörder hätte auch nach geltender Rechtslage eingesperrt werden können, ist zudem unter Juristen und Experten höchst umstritten. Der Kurier: „Laut EU-Recht können Asylwerber sehr wohl in Haft genommen werden, ‚wenn dies aus Gründen der nationalen Sicherheit oder der öffentlichen Ordnung erforderlich ist'. Allerdings müsste Österreich dafür die Haftgründe in der Verfassung um diesen Passus erweitern."[243] Damit bestätigt der Kurier, was Kickl betont hat.

Peter Pilz sind solche juristischen Feinheiten egal. „Kickl lügt und vertuscht Behördenversagen"[244], haut er in gewohnter Manier auf den Putz. Eines zeigt sich ganz klar: Weder Pilz noch SPÖ, Grüne oder Neos sind ernsthaft an wirksamen Maßnahmen interessiert, um das Problem der importierten Gewalt und Konflikte in den Griff zu bekommen. Man hält trotz aller negativen Entwicklungen stupide an seinen linken Utopien fest, ist weder willens noch in der Lage umzudenken und versucht, die Bürger wie gewohnt für blöd zu verkaufen.

Nein, Kickl und die FPÖ tragen für solche Morde wie in Vorarlberg, der Mordserie an Frauen oder der ausufernden Gewalt an heimischen Schulen definitiv keine Schuld. Im Gegenteil. Genau gegen solche Entwicklungen haben sie stets gekämpft. Dafür wurden und werden sie von den Gutmenschen aus Politik, Medien und Kultur ausgegrenzt und kritisiert, als dumme, hasszerfressene Ausländerhasser, als böse Rechte.

Auch die linke Zivilgesellschaft macht einmal mehr mobil. Unter dem Motto #aufstehn gegen Rassismus trommelt die Plattform für eine menschliche Asylpolitik zu einer Großdemo. Die üblichen Verdächtigen rühren die Werbetrommel. Unter anderem Erich Fenninger, gut bezahlter Chef der Volkshilfe Österreich, der sich mit seiner Schieberkappe gerne als Prolet verkleidet und die Regierungsmitglieder schon mal als „Oaschmenschen“[245] beschimpft, Anna Badora vom chronisch erfolglosen linken Volkstheater, Susanne „Oma gegen rechts“ Scholl und die Grünen. Gerade einmal 6.000 Menschen können die Berufsgutmenschen aus Politik, Kultur und Steuergeld-NGOs mobilisieren.

10. Kickl und die Identitären: Die rechte Weltverschwörung

Am 15. März 2019 sterben bei einem Terroranschlag in Christchurch in Neuseeland 51 Menschen, weitere 50 werden zum Teil schwer verletzt. Verantwortlich für das Massaker ist der Australier Brenton Tarrant. Er hat gezielt zwei Moscheen angegriffen und versucht, möglichst viele Menschen zu töten.

Der blutige Terror löst auch am anderen Ende der Welt, in Österreich, heftige Turbulenzen aus, als bekannt wird, dass Tarrant im Jahr 2018, also lange vor seinem Anschlag, 1.500 Euro an Martin Sellner, den Sprecher der Identitären Bewegung in Österreich, gespendet hat. Die Annahme dieser Spende von dem damals unbekannten Tarrant war nicht rechtswidrig. Dennoch löst sie eine wahre Hexenjagd auf die Identitären aus, die von Politik, Medien und Kultur stets als rechtsextrem bezeichnet werden. Wobei niemand genau weiß, was an den Identitären extrem oder verfassungsfeindlich ist.

Ihr Aktionismus ist gewaltfrei, sie rufen auch nicht zum Umsturz auf. Die Identitären bedienen sich jener Methoden, die Linke, Umwelt- und Tierschützer seit vielen Jahrzehnten erfolgreich und in der Regel unter dem Applaus der Medien anwenden. So befestigten sie am Dach der Parteizentrale der Grünen in Graz ein Transparent mit der Aufschrift „Islamisierung tötet“ oder störten 2016 eine Aufführung von Elfriede Jelineks Theaterstück „Die Schutzbefohlenen” im Audimax der Uni Wien.

Dieser Aktionismus war das Vehikel, um ihre Botschaften und Forderungen einer breiten Öffentlichkeit bekannt zu machen. Das gelang, zumal jede dieser Aktionen einen mittleren bis großen Skandal in den Mainstreammedien auslöste. Sie zogen sich den Hass der politisch Korrekten zu, weil sie mit ihren subversiven Aktionen die Linken, die sich als Revoluzzer, Progressive und Widerständige inszenieren, als das demaskierten, was sie tatsächlich sind: Verknöchertes Establishment, das auf Provokationen, politischen Widerstand und Aktionismus mit dem Ruf nach einer strengen Hand, nach hartem Durchgreifen durch Polizei und Justiz reagiert.

Während gewalttätige Linksextremisten oder aktionistische Tier- und Umweltschützer stets auf Unterstützung und Sympathien der linken Mainstreampresse rechnen dürfen, wurden die gewaltfreien Aktionen der Identitären stets skandalisiert und kriminalisiert.

Im Mai 2018 klagt die Staatsanwaltschaft Graz 17 Personen der Identitären Bewegung Österreichs (IBÖ) wegen Mitgliedschaft in einer kriminellen Vereinigung an. Die schwerwiegendsten Anklagepunkte: Verhetzung und Nötigung. „Nach umfangreichen Erhebungen sei man zu dem Ergebnis gekommen, dass es sich bei der IBÖ um eine kriminelle Vereinigung handle“[246], wird dieser Schritt seitens der Staatsanwaltschaft begründet. Störaktionen bei Theateraufführung und Uni-Vorlesungen, Transparente mit Botschaften gegen den politischen Islam, die Islamisierung und eine Politik der offenen Grenzen oder die Verhüllung von Heiligenfiguren: Das ist das Substrat, aus dem die Grazer Staatsanwaltschaft eine kriminelle Vereinigung konstruieren möchte. Der Sprecher der Staatsanwaltschaft Graz, Hansjörg Bacher: „Es soll zum Hass und zum Unmut angestachelt werden“. Insofern handle es sich um mehr als zulässigen Aktionismus.[247] Den Angeklagten drohen mehrjährige Haftstrafen.

Hier soll offenbar ein Exempel statuiert werden. Wer öffentlich die Dogmen der Multikulti-Ideologie kritisiert und hinterfragt, wer die unkontrollierte Massenzuwanderung aus der Dritten Welt nicht freudig beklatscht, ist ein Krimineller, gehört weggesperrt. Es riecht nach Gesinnungs- und Politjustiz. Das ist nach dem Geschmack der meisten Linken, die sich über die Aussicht freuen, die Identitären bald hinter Schloss und Riegel zu sehen. Sie pfeifen auf den Rechtsstaat, wenn es darum geht, ihre Interessen zu wahren und den politischen Gegner mundtot zu machen.

Es gibt aber genügend vernünftige Stimmen, auch im linken Lager, denen Rechtsstaat, Demokratie und Meinungsfreiheit nicht egal und tatsächlich ein Anliegen sind: „Da muss man sehr aufpassen, dass nicht die Gesinnung bestraft wird. Wenn es in erster Linie darum geht, Ideen zu verbreiten, ist das ein zu scharfes Schwert. Man sollte nicht mit Kanonen auf Spatzen schießen“[248], so die frühere OGH-Präsidentin und Neos-Justizsprecherin Irmgard Griss. Der renommierte Verfassungsrechtler Bernd-Christian Funk warnt vor einem „Gesinnungsstrafrecht“[249], und selbst SPÖ-Justizsprecher Hannes Jarolim ist besorgt: „Die Luft wird dünn im demokratischen Rechtsstaat Österreich.“ Jarolim vermutet, dass es das Anliegen von Kanzler Sebastian Kurz ist, „Gruppen, die ihn stören oder lautstark kritisieren, aus der Öffentlichkeit verschwinden zu lassen“.[250] Das ist natürlich Unfug, aber immerhin erkennt Jarolim, dass die Suppe äußerst dünn ist. Der Prozess wird für die Staatsanwaltschaft zum Debakel, die 17 Identitären werden in allen wesentlichen Anklagepunkten freigesprochen, der Versuch, sie zu kriminalisieren, ist fehlgeschlagen. Das war 2018, nun soll mit der rechtlich völlig unbedenklichen Spende ein neuer Anlauf unternommen werden. Dabei geht es diesmal in erster Linie nicht um die Identitären, sie dienen nur als Bande, als Mittel zum Zweck. Eigentliches Ziel ist die FPÖ. Sie soll auf diesem Weg als rechtsextrem und staatsfeindlich gebrandmarkt und in die Nähe von Terrorismus und eines Massenmörders gerückt werden.

Es gibt natürlich inhaltliche und weltanschauliche Überschneidungen zwischen Identitären und der FPÖ, es gibt eine gemeinsame Schnittmenge und Berührungspunkte, vor allem bei der Zuwanderungspolitik. So taucht etwa ein Foto auf, das Strache an einem Tisch mit einigen Identitären zeigt. Aufgenommen wurde es 2015 in Spielfeld, als Strache sich vor Ort von der Massenzuwanderung ein Bild machen wollte und dabei in ein Lokal an der Grenze einkehrte, in dem sich auch Identitäre aufhielten[251]. So etwas reicht im Fall eines FPÖ-Politikers bereits für einen Skandal.

Linke Politiker, Medien und die Twitterblase suchen, nachdem die Spende von Tarrant an Sellner bekannt geworden ist, intensiv nach möglichen Verbindungen und Berührungspunkten zwischen FPÖ und Identitären. Auch die Behörden mischen fleißig mit. Eine Spendenliste der Identitären wird – höchstwahrscheinlich widerrechtlich – an befreundete Medien gespielt. Auch eine lang zurückliegende Jugendsünde von Identitären-Chef Sellner taucht zum richtigen Zeitpunkt in den Medien auf. Amtsgeheimnis oder Datenschutz scheinen plötzlich keinen Wert und Bedeutung mehr zu haben. „Dass das höchstwahrscheinlich eine massive Rechtswidrigkeit jener Institutionen war, die theoretisch zur Sicherung des Rechtsstaats da sind, wurde von den meisten Medien völlig ignoriert"[252], schreibt etwa Journalist Andreas Unterberger. Wenn es gegen die FPÖ geht, wird selbst illegale Datenweitergabe zum Kavaliersdelikt, über das die linken Medien großzügig hinwegsehen.

Zurück zu Herbert Kickl. Man versucht nun die Kampagnen, Attacken und Vorwürfe der vergangenen Monate gegen Kickl zu bündeln, sie miteinander zu verknüpfen und gegen ihn zu verwenden.

Wir erinnern uns an den Kongress der „Verteidiger Europas“ in Linz aus dem ersten Kapitel. Kickls Teilnahme daran wurde ihm schon zu Beginn seiner Amtszeit als Innenminister von einigen Medien und vor allem von linksextremen Gruppen vorgehalten. Damals allerdings noch relativ dezent. Nun bietet sich die Gelegenheit, Kickl über seine Rede am Linzer Kongress mit den Identitären und diese wiederum über die Spende an Martin Sellner mit der Bluttat in Neuseeland in Verbindung zu bringen, so die linke Assoziationskette. Auch wenn es sich dabei um eine hanebüchene Konstruktion handelt, irgendetwas wird schon hängenbleiben, vor allem, wenn man laut und lange genug trommelt. Beim Kongress der „Verteidiger Europas“ waren wohl auch einige Identitäre anwesend. Mainstreampresse und Opposition versuchen aus diesem Umstand einen Kongress der Identitären zu machen, obwohl von den insgesamt elf Rednern in Linz kein einziger von der Identitären Bewegung war.[253]

„Hier wurde die Identitäre Bewegung, insbesondere deren Kopf Martin Sellner, als Billardkugel benutzt, um die Partei via ‚Kontaktschuld‘ zu versenken,“[254] analysiert der rechte Publizist Martin Lichtmesz. Linke Politaktivisten in Parteien und Medien wollen die Gunst der Stunde für ihre politischen Ziele nutzen und erschaffen ein internationales rechtsextremes Terrornetzwerk, dem auch der Innenminister angehören soll. Irgendwie. Man versucht, das Massaker von Neuseeland für seinen politischen Kampf zu instrumentalisieren, auch wenn das im wahrsten Sinne des Wortes weit hergeholt ist, und bedient sich dabei äußerst zweifelhafter Methoden.

Grünen-Chef Werner Kogler wirft Kickl ganz offen vor, Teil dieses von Linken ersonnenen Netzwerkes zu sein. Er erklärt den Innenminister zum Sicherheitsrisiko. Zu diesem rechten Netzwerk, von dem plötzlich überall die Rede ist, gehört jeder, der einwanderungskritische YouTube-Videos sieht, politisch unkorrekte Internetblogs liest, sich irgendwann einmal im selben Raum mit einem Identitären aufgehalten hat, ein Buch aus einem unerwünschten Verlag gelesen hat, der die selben Vokabel wie Identitäre benutzt oder in einigen Punkten mit den Ansichten dieser Bewegung übereinstimmt. Die linke Inquisition errichtet ihre Scheiterhaufen, auf denen all jene brennen sollen, die die politisch korrekten Glaubenssätze anzweifeln, die Multikulti, Islamisierung, Tribalisierung oder die unkontrollierte Masseneinwanderung nicht als Bereicherung und Fortschritt für die europäische Gesellschaft begreifen.

Jeder, der die linken Utopien in Frage stellt, sie gar öffentlich kritisiert, ist nach dieser Logik Teil dieses „Terrornetzwerkes". Damit hat man aus dem Nichts eine internationale Organisation des Bösen mit zigtausenden Involvierten erschaffen. Während der weltumspannende und tägliche islamistische Terror nach politisch korrekter Denkart niemals etwas mit dem Islam zu tun hat, sondern nur eine Reaktion auf Imperialismus, Neokolonialismus, Kapitalismus etc. ist, wird die Bluttat eines rechtsextremen Attentäters dazu instrumentalisiert, allen Rechten und Konservativen rund um den Globus eine Mitschuld an der Bluttat anzudichten. Wer ungeregelte Massenzuwanderung aus der Dritten Welt kritisiert und ablehnt, wird auf eine Stufe mit dem Massenmörder Tarrant gestellt. Jeder, der dasselbe Buch wie Tarrant gelesen hat, dieselben Internetseiten besucht hat, ist ein potentieller Terrorist. Das soll die Bürger abschrecken und die aufstrebenden rechtspopulistischen Bewegungen austrocknen.

Mit solchen Methoden kann man je nach Bedarf und Zielsetzung beliebig Netzwerke des Bösen konstruieren. Wenn es bereits ausreicht, in einigen Bereichen mit jemandem inhaltlich übereinzustimmen oder ähnliche Ansichten zu haben, kann man ebenso problemlos ein weltweites linkes Terrornetzwerk konstruieren, dem neben Nicolas Maduro, Pamela Rendi-Wagner, der Schwarze Block, Heinz Fischer, Kim Jong-un, Christian Klar, Julia Herr und Doris Bures angehören. Nach Polizeipferden, dem Gebrauch von anrüchigen Vokabeln und bösen Tafeln glaubt die Linke, nun endlich den richtigen Hebel gefunden zu haben, um Kickl endgültig loszuwerden. Martin Sellner ist das Bauernopfer.

SPÖ und Liste Jetzt berufen den nationalen Sicherheitsrat ein. Sie begründen diesen Schritt mit den „möglichen Verbindungen des Christchurch-Attentäters nach Österreich und die aufgedeckten internationalen rechtsextremen Netzwerke im Nahbereich der Sicherheitsapparate."[255] Die Grünen können sich an dieser Aktion nicht beteiligen, weil sie aus dem Nationalrat geflogen sind, doch Werner Kogler versucht vom Rand des politischen Spielfeldes, den Innenminister als Terrorpaten hinzustellen: „Kickls Teilnahme im nationalen Sicherheitsrat macht den Bock zum Gärtner (...) Der FPÖ-Mann könnte höchstens als Kronzeuge oder gar als Verdächtiger dort einen Beitrag leisten, aber nicht als der für die Sicherheit zuständige Innenminister."[256]

Die Liste Jetzt nicht minder alarmistisch: „Wie sich in den vergangenen Wochen herausgestellt hat, gibt es ein globales rechtsextremes Netzwerk, dessen Verbindungen von Christchurch bis nach Österreich reichen."[257] Nebenbei erwähnt, löst der wesentlich blutigere Terroranschlag wenige Tag später in Sri Lanka in Österreich keine nennenswerten Reaktionen aus. Ob es hier Verbindungen zu österreichischen Islamisten gibt – und zwar echte – und ob sie eine Gefahr für Österreich darstellen, interessiert niemanden. Das zeigt, bei der Aufregung um Kickl und die Identitären geht es nicht um nationale Sicherheit und den Schutz der Bürger, sondern ausschließlich um Partei- und Machtpolitik. Dass mit der unkontrollierten Masseneinwanderung aus dem islamischen Raum auch Gotteskrieger,

Islamisten, Glücksritter, Folterknechte, Hassprediger und Kriminelle ins Land geströmt sind, hat weder die SPÖ noch die Grünen bisher beschäftigt.

Nun kommen auch das BVT und die angeblich von Kickl beschlagnahmten Dateien über Rechtsextreme in Spiel. Dieses gesamte Package aus Neuseelandterror, Linzer Kongress und Identitären scheint genügend Gewicht zu haben, um Kickl ernsthaft in Bedrängnis zu bringen. Der Kurier sieht bereits sein nahes Ende: „Kritik prallt an Herbert Kickl für gewöhnlich ab. Er ist der Innenminister mit der Teflonschicht. Dieses Schutzschild scheint nun Risse zu bekommen. Zusehends kommt der Innenminister (…) unter Druck."[258]

Aus allen Ecken der linken Reichshälfte ertönt nun der Ruf: Kickl muss weg! „Kanzler Kurz muss endlich seine Verantwortung wahrnehmen und FPÖ-Innenminister Kickl aus der Regierung entfernen."[259] Bundeskanzler Kurz schnappt sich das Stöckchen und schießt mehrere Breitseiten gegen die FPÖ und Kickl ab: „Ich dulde keinen schwammigen Umgang mit dieser rechtsextremen Bewegung. Daher erwarte ich, dass die FPÖ klar Position bezieht, und wenn es hier Verbindungen gibt, auch durchgreift und diese trennt. Jede Art der Verflechtung zu den Identitären gehört aufgelöst. Wegschauen geht nicht."[260]

Er versucht, Kickl zu demütigen und verlangt, dass die Geheimdienste, die im Innen- und im Verteidigungsministerium angesiedelt sind, künftig direkt an die Staatsspitze berichten müssen. Ein Ausdruck des Misstrauens gegenüber Kickl, so politische Kommentatoren unisono.

Obwohl es nicht nur inhaltliche Berührungspunkte zwischen der FPÖ und den Identitären gibt, distanzieren sich sowohl Vizekanzler

Strache als auch Innenminister Hebert Kickl: „Die Identitären sind ein Verein, mit dem die FPÖ nie etwas zu tun gehabt hat. Ich kenne weder den Herrn Sellner noch andere, die dort in Funktionen tätig sind“[261], so Strache.

Um zu demonstrieren, dass man auf dem rechten Auge nicht blind sei, führt das Innenministerium eine Razzia im rechtsextremen Milieu durch und durchsucht die Wohnungen und Häuser der Besucher eines Skinheadkonzerts. Weil aber diese Szene offenbar weit kleiner und ungefährlicher ist als sich das die Medien, die linke Opposition und in diesem Fall auch das Innenministerium wünschen, fällt das Ergebnis dieser Razzia ziemlich erbärmlich aus. Man präsentiert stolz seine Fundstücke der Öffentlichkeit, unter anderem Fotos von einem Messer und einem Samurai-Schwert. So ein Schwert gibt es in jedem China-Shop für ein paar Euros zu kaufen. Illegal ist es ebenfalls nicht. Auch ein Poster, das bemützte Ku-Klux-Klan-Mitglieder zeigt, wird als Ausbeute präsentiert. Das veranlasst Armin Wolf in der ZiB2 ernsthaft nachzufragen, ob die Verdächtigen denn Kontakt zum Ku-Klux-Klan hätten.[262]

Die große Bedrohung unserer Sicherheit, Demokratie und Freiheit stellt man sich jedenfalls spektakulärer vor. Der Versuch des Innenministers, die Linken mit dieser Razzia milde zu stimmen, scheitert erwartungsgemäß. Die lassen sich durch eine solch durchschaubare Aktion nicht von ihrem Ziel abbringen, Kickl zu stürzen und die Koalition zu sprengen. Also geht die Kampagne gegen den Innenminister unvermindert weiter.

Bundeskanzler Kurz will zudem prüfen lassen, ob und wie man die Identitäre Bewegung auflösen oder verbieten könne. In der allgemeinen Hysterie versucht man, alle Rechten und vermeintlich Rechtsextreme für vogelfrei zu erklären. Wenn der Bundeskanzler oder die Regierung missliebige Vereine verbieten wollen, offenbart das ein seltsames Rechtsverständnis. Es ist in einem Rechtsstaat selbstredend Sache der Justiz, Vereine, die gegen Gesetze verstoßen, aufzulösen. Dazu braucht es keine Zurufe aus der Politik. Vereine, die gegen keine Gesetze verstoßen, deren einziges Vergehen ist, unliebsame Meinungen zu vertreten, können und dürfen in einem Rechtsstaat nicht verboten werden. Es war ein weiterer Versuch, diese Bewegung zu kriminalisieren.

Alle dürfen unserer Meinung sein. Das ist im Kern die Einstellung der Grünen zur Meinungsfreiheit. Deshalb unterstützt Grünen-Chef Kogler ein Verbot der Identitären: „Seit Jahren fällt die rechtsextreme, nationalistische, ausländer- und menschenfeindliche Gruppe mit ihren grenzüberschreitenden Aktionen auf. Jetzt, wo alle Alarmglocken schrillen (…) meldet sich Türkisen-Chef und Kanzler Kurz zu Wort und will ein Verbot dieser Organisation prüfen lassen (…).Auch schon aufgewacht, Herr Kurz?“[263]

Wer mit „grenzüberschreitenden Aktionen“ auffällt, soll laut Kogler verboten werden. Wer ist hier eigentlich die größere Gefahr für Demokratie und Rechtsstaat? Hinter der grünen Maske verbirgt sich oftmals die Fratze des Totalitarismus. Die Reaktionen von Kurz auf die Spende an die Identitären zeigen, dass er sich zunehmend von der FPÖ distanziert, sich nicht mehr, wie bisher, gegen die Angriffe der Linken stellt, sondern auf ihren Kurs einschwenkt.

Der Bruch der Koalition zeichnete sich ab. Der Druck aus Berlin und Brüssel spielt dabei vermutlich eine entscheidende Rolle, zumal der junge Kurz und die türkis-blaue Regierung auch in konservativen deutschen Kreisen extrem populär sind. Im Gegensatz zur EVP-Parteikollegin Angela Merkel, die die CDU im Laufe ihrer Kanzlerschaft weit nach links geführt hat. Nachdem Merkel, Juncker und Co.

bisher erfolglos gegen den verhassten Victor Orbán vorgegangen sind, können sie eine weitere populäre und erfolgreiche rechtskonservative Regierung nicht gebrauchen. Deutschland mischt sich immer öfter und offensiver in die österreichische Innenpolitik ein.

So berichtet die deutsche Bild-Zeitung unter der Schlagzeile: „Keine Geheim-Infos für Ösi-Minister".[264] In dem Artikel wird der CDU-Außenexperte und Merkel-Vertraute Elmar Brok zitiert: „Wir müssen uns insbesondere in Deutschland fragen, welche sicherheitsrelevanten Daten mit einem Innenminister der FPÖ geteilt werden können, der einst Vorträge vor diesen rechten Kadern gehalten hat."[265] Wie schon so oft, wird der Ball über das Ausland gespielt, wie so oft wird die in Brüssel ungeliebte rechtskonservative Regierung von außen unter Druck gesetzt. Man versucht, Türkis-Blau international und national in die Zange zu nehmen.

Die linke Opposition in Österreich versucht, diesen Elfmeter aus Deutschland zu verwandeln. Der Bild-Bericht ist ein Grund für SPÖ und Liste Jetzt, einmal mehr den nationalen Sicherheitsrat einzuberufen. Das Nachrichtenmagazin Profil kann sogar einen britischen Abgeordneten auftreiben, der die FPÖ nicht mag. Tom Tugendhat sagt: „Es ist sehr schwierig, eine Organisation wie das österreichische Innenministerium wohlwollend zu betrachten, wenn es von einem FPÖ-Mitglied geleitet wird."[266] Tugendhat ist ein Abgeordneter, der unabhängig vom BVT ein generelles Problem mit der FPÖ hat, trotzdem macht das Profil daraus folgende Schlagzeile: „Großbritannien zweifelt an Verlässlichkeit des österreichischen Innenministeriums".[267] Als ob ein einzelner Abgeordneter das gesamte Vereinigte Königreich repräsentieren würde. Absurd.

Das hat mit Information nur noch wenig zu tun, das ist klassische Propaganda, Desinformation. Trotz vereinten Kräften, viel Kreativität und bösem Willen versandet auch dieser bisher heftigste Angriff auf Kickl, weil das weltumspannende rechte Terrornetzwerk eben nur in den Köpfen linker Paranoiker existiert, die Identitären trotz aller hysterischen Anschuldigungen und Berichte keine Terrororganisation sind und Kickl, so oder so, nichts mit ihnen zu tun hatte. Nach solchen Aktionen hat sich vor allem auch im Ausland der Eindruck verfestigt, Kickl sei ein Problem, ein Sicherheitsrisiko, jemand, dem man nicht vertrauen könne. Also war die Anstrengung nicht ganz umsonst.

11. Kickl bei Stöckl: Wenn die Twitterblase kocht

Gegen Kickl werden an der linken Front nicht nur schwere mediale und politische Geschütze aufgefahren, man versucht als begleitende Maßnahmen alles, was der Innenminister plant, sagt und fordert, politisch zu verwerten, allem einen negativen Spin zu geben. Wenn die Geschichte gar keine Substanz hat, sich nicht einmal für einen Mini-Skandal eignet, zieht man sie ins Lächerliche.

Dabei schrecken die Kämpfer für das Gute auch nicht vor persönlichen Angriffen, teilweise auch unter der Gürtellinie, zurück. Dass Strache etwa nur ein dummer Zahntechniker und damit ohnehin nicht ernst zu nehmen sei, gehört quasi zum argumentativen Standardrepertoire des gemeinen heimischen Linken. Ein Beispiel: „‚Die Verantwortung und das Gedenken an die Opfer des Holocaust sind uns Verpflichtung und Verantwortung in der Gegenwart und für kommende Generationen. Wer das anders sieht, soll aufstehen und gehen. Antisemiten sind bei uns nicht erwünscht!‘ (…) Hatte der zotige Zahntechniker das wirklich gerade gesagt?“[268] In diesem Fall versucht Profil-Journalist Rainer Nikowitz Straches Haltung zu Antisemitismus und zu den Verbrechen der NS-Vergangenheit mit dem Hinweis auf den Zahntechniker zu entwerten und ins Lächerliche zu ziehen.

Dem ehemaligen Taxifahrer, Bundeskanzler und SPÖ-Chef Werner Faymann wurde seine fehlende Berufsausbildung und der lückenhafte Lebenslauf nie groß angelastet, und dass die zweite Nationalratspräsidentin Doris Bures vor ihrer Politkarriere Zahnarzthelferin war, hat in linken Kreisen sogar einen gewissen klassenkämpferischen Charme.

Zu Zeiten des Meinungs- und Haltungsjournalismus alles nur eine Frage der Parteizugehörigkeit. Was sich irgendwie gegen Kickl verwenden lässt, wird an die Öffentlichkeit gezerrt und medial ausgeschlachtet, auch wenn man dabei die Grenzen des Anstands und des Journalismus überschreiten muss. Die Linke bedient sich dabei jener Methoden, die sie ihrem politischen Gegner unterstellt und anlastet. Man hetzt, hasst, trickst, manipuliert, übertreibt, verschweigt. Alles im Namen von Anstand, Moral und Demokratie. Zum Leidwesen der linken Jagdgesellschaft bietet Kickl auf persönlicher Ebene wenig Angriffsflächen. Er tritt in der Öffentlichkeit nur als Politiker in Erscheinung und vermeidet es, sich und sein Privatleben zu inszenieren. Im Gegensatz zu Politikern vom Typus eines Christian Kern, Heinz-Christian Strache oder einer Beate Meinl-Reisinger, die sogar ihre Kinder für Publicity und Sympathiewerte missbrauchen.

Für Untergriffe und persönliche Unterstellungen ist vor allem die Twitter-Blase, das sogenannte urbane, weltoffene Milieu, also das halbgebildete geisteswissenschaftliche Prekariat, das linke Fußvolk, zuständig. Arbeitsteilung im linken Netzwerk. Facebook, Twitter und Onlineforen wie jene des Standard spielen hier eine zentrale Rolle. Über diese Kanäle können die politisch korrekten Influencer die linke Herde steuern, Ängste und Hass schüren und all das transportieren, was man in den offiziell als seriös geltenden Medien wie Falter, ORF oder Standard nicht unterbringen kann, obwohl man auch hier gerne und oft die Grenzen überschreitet.

Was ein Armin Wolf in seiner ZiB2 nicht sagen kann oder ein Florian Klenk sich selbst im Falter nicht zu schreiben traut, verbreiten sie als Privatpersonen ungeniert und ohne Streuverluste direkt an ihre

Fans und Follower. Da betätigt sich etwa Wolf auf seinem Blog als hemdsärmeliger Küchenpsychologe und analysiert Straches Kindheit.

In den sozialen Medien und Online-Foren, in den digitalen Kloaken der Gutmenschen, fallen auch die letzten Hemmungen. Und weil Hass und Hetze immer nur von rechts kommen, brauchen linke Hater und selbsternannte Nazi-Jäger auch juristisch nichts zu fürchten. Sperren von Facebook und Co. riskiert man mit Hetze gegen alles was politisch rechts von Rendi-Wagner angesiedelt ist, jedenfalls nicht. Im Gegenteil, wer gegen die FPÖ und Kickl hetzt, verstößt nicht gegen Gemeinschaftsstandards, der setzt neue und steigt im informellen Social-Credit-System der Gutmenschen in ungeahnte Höhen.

Nazi-Anspielungen gehören zum guten Ton, Unterstellungen, Beleidigungen und Gerüchte sind die ständige Begleitmusik zu den großen von den Medien gespielten Skandalen. Badboy Kickl auf allen Kanälen: Flächendeckende Propaganda, Desinformation und Häme.

Für diesen subversiven Propagandateppich eignet sich praktisch alles, was Kickl sagt und politisch umsetzt. Schließlich sind in der linken Twitterblase vor allem Menschen aktiv, die „irgendetwas mit Medien machen": Journalisten, Marketing- und Werbemenschen, PR-Leute, Kommunikationsexperten, Berater etc. Sie kennen sich aus, wie man etwas medial aufbereitet, wie man einer Geschichte den richtigen Spin gibt, wie man einen Shitstorm entfacht und Andersdenkende mit Dreck bewirft. Mundwerksburschen. Neu sind solche Methoden freilich nicht.

In der berüchtigten Richtlinie Nr. 1/76 des Ministeriums für Staatssicherheit der DDR aus dem Jahr 1976 heißt es: „(...) systematische

Diskreditierung des öffentlichen Rufes, des Ansehens und des Prestiges auf der Grundlage miteinander verbundener wahrer, überprüfbarer und diskreditierender, sowie unwahrer, glaubhafter, nicht widerlegbarer und damit ebenfalls diskreditierender Angaben."[269]

Was zu DDR-Zeiten noch von oben angeordnet und organisiert werden, wofür man sogenannte Inoffizielle Mitarbeiter (IM) einsetzen musste, klappt im politisch korrekten Zeitalter ohne Druck von ganz alleine, ohne dass man jemanden dazu extra auffordern müsste. Die Akteure der linken Blase entfachen Shitstorms gegen Andersdenkende aus eigenem Antrieb und eigener Überzeugung, um dazuzugehören, die Methoden sind allgemein bekannt. Die Twitter-Leithammel stacheln auf, markieren die Beute, geben die Richtung vor, die Herde folgt begeistert.

Weil Kickl im links-intellektuellen Milieu als Persona non grata und rechter Untermensch gilt, macht sich jeder verdächtig, der ihn wie einen gewöhnlichen Menschen behandelt. Er überschreitet eindeutig eine rote Linie. So ein Verhalten ist für Gutmenschen unverzeihlich und wird mit sozialer Ächtung, Marginalisierung und Hass bestraft. Toleranz, Brückenbauen und Dialog sind nur Worthülsen. Wer sie inflationär verwendet, tut zumeist das Gegenteil. In der politisch korrekten Presse wird häufig die Frage gestellt: Soll man mit Rechten reden? Wobei die Frage nur eine rhetorische ist. Der rote Vordenker, Christian Kern-Berater und Standardjournalist Robert Misik gibt die Antwort: „Den durchgeknallten Meinungsmüll in die öffentliche Debatte einer Demokratie zu integrieren heißt zugleich, ihn zu legitimieren."[270]

Daraus folgt: Die einzig legitime Art mit Rechten à la Herbert Kickl zu kommunizieren, ist, sie zu attackieren, sie auszugrenzen, sie zu denunzieren und die sachliche Ebene, den Austausch von Argumenten zu meiden. In der journalistischen Praxis bedeutet das, dass jedes Interview mit einem Rechten oder Rechtspopulisten als Zweikampf in der Meinungsarena zu führen ist. Es geht also nicht darum, Informationen, Meinungen oder Pläne abzufragen, sondern ausschließlich darum, den Gegner vorzuführen, und nach Möglichkeit zu besiegen.

Wer das für übertrieben hält, sollte sich auf YouTube ORF-Interviews mit Herbert Kickl ansehen. Sie werden fast ausnahmslos als Zweikampf oder als Verhör geführt. Von linken Kommentatoren, Experten und Journalisten werden sie ebenfalls so gesehen und auch bewertet.

Wer die ungeschriebenen Gesetze des politisch korrekten Meinungs-Journalismus nicht ganz verstanden haben dürfte, ist Claudia Stöckl. Eine unverdächtige und biedere ORF-Moderatorin, die, bis auf die in diesen Kreisen obligate politisch korrekte Grundhaltung, nicht sonderlich politisch ist. Ihr Metier sind die Promis, die Society, das Zwischenmenschliche. Stöckl moderiert seit vielen Jahren die sonntägliche Radiosendung „Frühstück bei mir". Ein morgendliches Geplaudere mit Promis aus allen gesellschaftlichen Bereichen, vom Politiker, Schriftsteller, Musiker über Sportler und Wissenschaftler. Im Mittelpunkt steht dabei der „Mensch". Ein menschelndes Wohlfühlformat. Kein Polit-Talk. In den vergangenen 22 Jahren waren unzählige Prominente bei Stöckl zu Gast. In all den Jahren hat sich nie jemand über die Auswahl der Gäste echauffiert. Das ändert sich schlagartig, als am 24. März 2019 Herbert Kickl mit Claudia Stöckl auf Ö3 frühstückt. In den sozialen Medien und Foren, also am virtuellen Stammtisch der guten Menschen, ist plötzlich der Teufel los. Auf Twitter und Facebook schlagen die Wellen der Empörung meterhoch gegen die Blasenwand. Der Standard meldet: „In 22 Sendungsjahren gab es noch nie so viele Reaktionen wie nach dem Gespräch mit dem Innenminister."[271] Die Reaktionen haben in ihrer „Heftigkeit" auch Ö3-Moderatorin Claudia Stöckl „überrascht".[272]

Auf Twitter sind Postings zu lesen, wie: „Volksempfänger 2.0, weil Innenreichsführer #Herpferd #Kickl stundenlang direkt in die Wohnzimmer hetzen darf".[273] Der linke Kommunikationswissenschaftler vom Wiener Publizistik-Institut und ORF-Hausfreund Fritz Hausjell ist ob der Einladung Kickls nur noch „ratlos"[274], und immer wieder ist vom türkis-blauen „Regierungsfunk" zu lesen. Im Standardforum bezweifelt User wolf_vienna das Menschsein Kickls.[275] Was ist er: ein Dämon, ein Untermensch, ein Ork? Man weiß es nicht.

Was die Twitter-Meute in Wallung bringt, ist einzig und allein die Tatsache, dass Stöckl Kickl eingeladen, ein für dieses Format normales Interview geführt und durchaus auch kritische Fragen gestellt hat. Kein Kickl-Bonus, keine blaue Propaganda, kein Hauch einer Bevorzugung, keine Gefälligkeitsfragen, wie das bei linken Politikern und Promis im ORF Usus ist, wo es auch kein Problem darstellt, wenn rote Spitzenpolitiker und ORF-Interviewer dicke Urlaubskumpel sind. Stöckl: „Wenn etwa jemand wie der Innenminister für seine restriktive Asylpolitik bekannt sei, scheint es mir schon wichtig, sein Mitgefühl, seinen Glauben zu hinterfragen: Wie kann er die Haltung, die er hat, mit seiner Politik vereinen?"[276]

Der Skandal besteht einzig und allein darin, dass Stöckl Kickl eingeladen hat, ihm eine Bühne abseits der stets tendenziösen politischen Berichterstattung geboten hat, dass Kickl einmal auch im ORF über sich und seine persönlichen Einstellungen und Vorlieben sprechen, dass er seine Gedanken oder ein Argument darlegen konnte, ohne – wie das bei ORF-Interviews mit FPÖ-Politikern ansonsten üblich ist – unterbrochen zu werden. So sagt Kickl in dieser Sendung: „Ich bin ja auch bestätigt worden. Die Frage, ob das Recht der Politik folgt, haben wir in ganz anderen Diskussionen erleben können. Wenn eine Kuh einen Touristen in Tirol zu Tode trampelt und ein Urteil ausgesprochen wird, das die Almwirtschaft in Bedrängnis bringt und der Tourismus zu leiden beginnt, und eine Gesetzesänderung auf dem Fuß folgt, dann sieht man, wie schnell das Recht der Politik folgt."[277]

Wer Kickl ausreden lässt, wer Kickl nicht mit Vorwürfen bombardiert, wer Kickl nicht direkt oder indirekt vorwirft, er sei ein zynischer Menschenfeind und Faschist, macht sich verdächtig, der ist selbst ein halber Nazi. Alle Rechtfertigungsversuche von Stöckl fruchten nichts: „Das Format ist kein politischer Talk, ich bin nicht Susanne Schnabl und auch nicht Armin Wolf." Ihr gehe es darum, „Persönlichkeiten zu hinterfragen: Wie tickt dieser Mensch sonst?" Mit solchen Argumenten lässt sich eine geifernde Twitter-Meute nur schwerlich besänftigen. Dass die Linke angesichts eines solchen Interviews sofort schreit, der ORF sei nun endgültig zum „Regierungsfunk" mutiert, zeigt, wie verzerrt die Wahrnehmung und wie aufgeheizt die Stimmung in diesem Milieu zu jener Zeit ist.

Wenn der ORF mit seinen vier TV-Kanälen, zwölf Radiosendern und den vielen Online-Angeboten, auf denen rund um die Uhr linke Propaganda und FPÖ-Bashing läuft, auf einem dieser Kanäle für zwei Stunden sein übliches Programm unterbricht und mit dem Innenminister so spricht, wie das halbwegs objektive und unabhängige Medien mit Politikern jedweder Couleur tun, beginnen einige Linke in den sozialen Medien verbal zu randalieren. Wenn Kickl vom linken öffentlich-rechtlichen Rundfunk einmal ausnahmsweise wie ein normaler, sprich: linker Politiker interviewt wird, sorgt das für Hysterie in einschlägigen Kreisen.

Diese Leute haben sich über Jahrzehnte an die linke Dauerpropaganda und den Meinungsjournalismus des ORF derart gewöhnt, dass viele ihn tatsächlich für objektiv und neutral halten, zumal auch die Printmedien kein echtes Korrektiv darstellen. Es übersteigt offenbar ihre Vorstellungskraft, was es bedeuten würde, wäre der ORF tatsächlich ein türkis-blauer Regierungsfunk: Wenn plötzlich kein grüner oder roter Politiker mehr einen ganzen Satz im ORF aussprechen könnte, ohne von einem mit den Augen rollenden Moderator unterbrochen zu werden. Wenn in jeder TV-Diskussion ein zerzauster Sozi gegen mindestens vier blaue und türkise Politiker antreten müsste. Wenn in jeder Kabarettsendung und jedem Comedy-Format halblustige Staatskünstler fast ausschließlich Witze über die deppperten Grünen und Roten reißen und man sich bei der Regierung mit freundlich-devoten Schmähs anbiedern würde. Wenn in jedem SOKO- oder Tatort-Krimi der Täter eine vegane Gender-Lesbe, ein übergewichtiger Gewerkschafter, ein roter Rolex-Bonze oder ein grüner Öko-Dödel wäre. Wenn jeder der unzähligen SPÖ-Wien Skandale über Wochen groß und breit ausgeschlachtet werden würde.

Die Hysterie rund um dieses Ö3-Interview zeigt, wie groß die Angst der Linken ist, FPÖ und FPÖ-Politiker wie Herbert Kickl könnten als das wahrgenommen werden, was sie sind: gewöhnliche Politiker, gewöhnliche Menschen, die eine nichtlinke politische Meinung haben, und keine rechten Monster. Deshalb schreibt der Kurier nach dem Ö3-Talk: „10 Dinge, die wir über Herbert Kickl nie wissen wollten."[278] Kickl darf keine menschliche Seite haben. Die Darstellung, die linke bis linksextreme Kreise bevorzugen, ist so wie diese von der Linkswende:

„Kickl ist mit seiner Abschottungspolitik und Kriminalisierung von NGOs mitverantwortlich für den Massenmord an Flüchtlingen im

Mittelmeer. Er lässt Menschen in Kriegsgebiete wie Afghanistan deportieren und betreibt widerliche Hetze gegen Muslime. Er tritt die Pressefreiheit mit Füßen. Er baut den Staat nach seinem Gutdünken um (Stichwort Skandal im Verfassungsschutz) und setzt seine antisemitischen Burschenschafter in führende Positionen. Kickl ist der Strippenzieher der FPÖ-Propagandamaschine, der ‚Nachfolgepartei der österreichischen NSDAP' (Anton Pelinka), (…)."[279]

Kickl, der Massenmörder, der Nazi, der Hetzer. Mit so jemandem spricht man nicht. Die Mainstreamjournalisten würden es nicht so deutlich und plump formulieren, inhaltlich stimmen sie mit der Einschätzung der Linkswende jedoch zu 100 Prozent überein. Dass Abschottungspolitik keine Menschenleben kostet, sondern rettet, hat Australien mit seiner No-Way-Politik bewiesen. Die australische Regierung konnte mit ihrer restriktiven Einwanderungspolitik die Zahl der Ertrunkenen auf null reduzieren. Aber im postfaktischen, politisch korrekten Zeitalter zählen bekanntlich nur Moral, Gesinnung, Ideologie und Gefühle.

Ein weiteres Beispiel dafür, dass wirklich alles, was Kickl tut, angesichts solcher Einstellungen und der vorherrschenden Stimmung im Lager der linken Gesinnungsethiker skandalisiert und in der Dreck gezogen wird: Am 13. Mai startet unter der Leitung des Innenministeriums eine dreitägige österreichweite Krisenübung. 100 Vertreter von Bundesministerien, Ländern, Einsatzorganisationen und anderen Einrichtungen sind beteiligt. Es geht um ein Blackout, also um einen großflächigen, langanhaltenden Stromausfall. Der ORF berichtet in der ZIB1, der wichtigsten TV-Nachrichtensendung des Landes, über diese Übung.

Die ORF-Redakteure versuchen die Katastrophenübung ins Lächerliche zu ziehen. Schon die Anmoderation des Beitrags über Helios, so der Name der Übung, ist bemüht lustig: Man solle heuer nicht auf Urlaub fahren, sondern lieber zuhause campieren, so ZiB1-Moderator Tarek Leitner. Außerdem wird eine ebenfalls halblustige Frage von Nachrichtensprecherin Nadja Bernhard vom Beginn der Sendung im Beitrag aufgelöst: „Welche Uniform hat heute Herbert Kickl getragen?“[280]

Beschwingt geht es nach der Anmoderation weiter. Der TV-Beitrag wird vom Uraltschlager von Paul Hörbiger, „Stell dir vor es geht das Licht aus“, untermalt. Dazu eine launige Off-Stimme: „Alle sind stolz“. So lustig, wie der ORF diese Notfallübung darstellt, ist die Sache aber nicht. Die Gefahr ist alles andere als abstrakt. Erst im Jänner titelte der Standard: „Europas Stromnetz stand am Rande des Totalausfalls“. Es war nicht das erste Mal, dass ein Blackout gerade noch verhindert werden konnte. Ein tagelanger, großflächiger Stromausfall hat dramatische Folgen. Die Kommunikation bricht zusammen, ebenso die Versorgung mit Lebensmitteln und – woran viele nicht denken – auch die Wasserversorgung, was unter anderem zu großen Problemen bei Hygiene und der Entsorgung von Fäkalien führt. Ein Blackout legt alles lahm, hat weitreichende Konsequenzen, führt zu riesigen Problemen und Chaos, vor allem in Ballungszentren.

Der ORF findet das lustig. Er macht dieses Problem, diese Katastrophenübung zur Lachnummer. Hauptsache man kann dem verhassten Innenminister eins auswischen. Dafür lässt man die Bevölkerung über Folgen und Tragweite eines Blackouts im Unklaren, stellt einen Notfall, der auch Menschen das Leben kosten kann, als Witz dar. Die ZiB1 sehen vor allem alte Menschen, die von einem Blackout in besonders hohem Maße betroffen sind und von denen viele die ZiB1 noch immer für eine seriöse Informationsquelle halten. Was, wie dieser ORF-Beitrag gezeigt hat, ein großer Fehler ist.

Die Medien und die Twitterblase sind voll mit Schlagzeilen und Postings, weil Kickl anlässlich der Übung in einer Uniformjacke vor die Presse getreten ist: „Kickl kam in Uniform zum Ministerrat. Oida, geht‘s jetzt los?“[281] schreibt Falter-Journalistin Andrea Dusl. Der mehr schlecht als recht als Satiriker getarnte linke deutsche Politaktivist Jan Böhmermann, der 2019 immer öfter Wortspenden zur österreichischen Innenpolitik abgibt, schreibt: „Unterdessen im vollkommen normalen Österreich: Der Bundesinnenminister tritt in einer Fantasieuniform vor die Presse.“[282] Und auch die heimischen Zeitungen sind voll mit solchen Schlagzeilen: „Das steckt hinter Kickls Uniform-Auftritt“.[283] Dass Verteidigungs- oder Innenminister in Uniform auftreten, ist nicht außergewöhnlich, aber wenn es Kickl tut, ist es Gegenstand von Spekulationen, Nazi-Anspielungen, Satire und Häme. Kickl: „Da gibt es einen Innenminister, der hat eine Freude an Uniformen. Wenn es nicht so wäre, wäre es problematisch. Und da geht es mir um Wertschätzung für die Polizistinnen und Polizisten.“[284] Genau damit haben jene, die sich über einen Uniform tragenden Innenminister lustig machen, ein Problem. Wenn bereits solche Banalitäten und Alltäglichkeiten zu hysterischen und überzogenen Reaktionen führen, was wäre, wenn sich Kickl tatsächlich einen Fehltritt oder eine Fehlentscheidung leisten würde?

Noch einmal zu „Frühstück bei mir“. Dort zitiert Kickl geradezu prophetisch einen seiner Amtsvorgänger, den ebenfalls von den Linken angefeindeten „rechten“ SPÖ-Innenminister Karl Schlögl, der einmal bemerkte: „Innenminister bist du immer nur von einem Tag zum nächsten, weil da können Dinge passieren, für die du zwar nicht verantwortlich bist, aber für die man dich verantwortlich macht.“[285]

12. Ein Euro 50 Cent: Der blaue Sklaventreiber

So, als ob es noch eines letzten Beweises bedurft hätte: Jetzt hat sich Kickl nach Ansicht der Linken endgültig als das geoutet, was sie ihm täglich in den Medien attestieren. Kickl ist ein widerlicher Menschenfeind und Ausländerhasser. Das ist fix. Medien, NGOs und die anderen üblichen Verdächtigen sind ob eines neuen Vorschlags des Innenministers entsetzt bis entrüstet. „Kickl will Asylwerbern maximal 1,50 Euro pro Stunde zahlen"[286], lauten die Schlagzeilen der einschlägigen Medien.

Einen Euro und fünfzig Cent, für eine Stunde Arbeit. In Österreich. Was für ein Affront. Dafür bekommt man nicht einmal eine gut belegte Wurstsemmel. In der Tiroler Tageszeitung schreibt Michael Sprenger in einem Leitartikel: „Kickls bislang letztes Meisterstück passt in seine Politik des Zynismus. Der Stundenlohn für Asylwerber soll auf 1,50 Euro beschränkt werden."[287]

So viel Zynismus, ein solcher Sklavenlohn, das sollte selbst eingefleischten Kickl-Fans zu denken geben. Ist es da nicht berechtigt, wenn Vorarlbergs ÖGB-Chef Norbert Loacker von „Nazi-Methoden"[288] und der Politikwissenschaftler Thomas Schmidinger von „Zwangsarbeit"[289] sprechen? Die grüne Tiroler Landesrätin Gabriele Fischer bezeichnet Kickls Plan als „Mix aus Populismus und Abschreckungspolitik, der eine Gesellschaft nachhaltig spaltet". Und weiter: „Da geht es einfach darum, denjenigen noch etwas wegzunehmen, die eh nichts haben."[290] Und Wiens Soziallandesrat Peter Hacker verkündet, Kickl trete wieder einmal „ganz nach unten durch".[291]

„Was sind schon 1,50, davon kann ja niemand leben", sagt eine empörte Passantin ins Mikrophon des privaten TV-Senders Puls4.[292] Was die Dame offenbar nicht weiß, und das ist ihr auch nicht vorzuwerfen: Keiner der Asylwerber muss von diesem mickrigen Stundenlohn leben. Denn die Aufregung um die einen Euro und 50 Cent ist eine inszenierte, man lässt, wie auch die oben zitierten Aussagen und Schlagzeilen belegen, im Stil der Lückenpresse, wesentliche Fakten einfach unter den Tisch fallen oder erwähnt sie nur am Rande, so, dass die meisten Menschen sie gar nicht mitbekommen. Es geht also nicht darum, die Bürger über eine Maßnahme von Herbert Kickl zu informieren, sondern gegen Herbert Kickl Stimmung zu machen. Mit journalistisch mehr als zweifelhaften Methoden.

Es geht bei diesem Stundenlohn von 1,50 Euro nämlich nicht um Erwerbsarbeit, sondern um gemeinnützige Tätigkeiten. Also um Arbeiten, die Asylwerber freiwillig für die Kommunen und damit für die österreichische Gesellschaft durchführen. Diese Asylwerber werden vom Staat mit allem, was sie brauchen, bestens versorgt. Es handelt sich bei dem sogenannten Stundenlohn in Wahrheit um einen Anerkennungsbeitrag, ein Dankeschön. Asylwerber können sich mit freiwilliger, gemeinnütziger Tätigkeit bei dem Land erkenntlich zeigen, das sie aufgenommen hat und sie mit allem versorgt, was sie brauchen. Man denke daran, wie viele Österreicher sich, obwohl sie mit ihren zum Teil exorbitant hohen Steuerleistungen und Abgaben schon viel für das Gemeinwohl – um einen neosozialistischen Terminus zu verwenden – beitragen, freiwillig in ihrer Freizeit bei Rettungsorganisationen oder Feuerwehren engagieren, ohne auch nur einen Cent dafür zu bekommen. Oftmals investieren sie sogar noch Geld – etwa in Ausbildung, Ausrüstung oder Kleidung – und manchmal riskieren sie bei Einsätzen sogar ihr Leben.

Das Argument, das Herbert Kickl anführt, ist absolut nachvollziehbar. Derzeit bekommen Asylwerber für ihre gemeinnützigen Tätigkeiten wesentlich mehr Geld als Zivildiener. Es ist weder fair noch einzusehen, warum Asylwerber bessergestellt sein sollen als Zivildiener oder ehrenamtliche Helfer. Und wie so oft, wenn sich linke Reichshälfte und Asylindustrie über Kickl ereifern, tun sie das entgegen der Mehrheitsmeinung der Österreicher. 52 Prozent geben bei einer Umfrage an, die 1,50 Euros seien „ausreichend" für Asylwerber, die vom Staat ohnehin versorgt werden.[293]

Man muss die Frage nur korrekt stellen und die Bürger korrekt informieren, die linken Medien versuchen aber den Eindruck zu erwecken, die Asylwerber müssten von diesem Geld tatsächlich leben. Kickl versucht erfolglos auf diesen Umstand hinzuweisen: „Asylwerber bekommen in der Grundversorgung alles, was sie zu ihrer Lebensführung benötigen. 1,50 Euro pro Stunde sind ein ‚adäquater Betrag' für freiwillige Leistungen, der dem etwa von Grundwehr- und Zivildienern entspreche. Das ist eine Frage der Fairness."[294]

Auch Bundeskanzler Kurz fand diesen Anerkennungsbeitrag von 1,50 Euro gerecht und unterstützte Kickl. Anfänglich. Die schwarzen Landeskaiser aus Westösterreich, die gerne dem linken Zeitgeist hinterherhecheln, hatten wie so oft, die gleiche Meinung wie ihre Spezis von der SPÖ. Im Laufe des Jahres 2019 werden die Spannungen zwischen den Herz-Jesu-Marxisten der Alt-ÖVP und Sebastian Kurz immer größer. Kurz wendet sich in Folge immer öfter gegen seinen Koalitionspartner. Vorarlbergs Landeshauptmann Markus Wallner bezeichnet Kickls Verordnung als „Provokation"[295], obwohl auch Kurz diesem Vorschlag zugestimmt hatte. Es liegt etwas in der Luft. In den sozialen Medien wird das Gerücht gestreut, die ÖVP bereite sich hinter den Kulissen längst auf Neuwahlen vor, ein Vorwurf, den später übrigens auch Peter Pilz erhebt, zudem macht Kurz immer mehr Zugeständnisse an die Alt-ÖVP. Auch hier zeigt sich einmal mehr, in der politischen Auseinandersetzung geht es nicht mehr um Fakten, Sachargumente oder Vernunft, SPÖ und Alt-ÖVP fürchten um ihren Einfluss, ihre Macht und vor allem um ihren Zugang zu den staatlichen Futtertrögen. Herbert Kickl über diese Phase: „Vielleicht bereiten sie wirklich etwas vor, um aus strategischen Gründen, wenn es passt, den Schalter umzulegen, und sagen, jetzt geht's mit der FPÖ nicht mehr. Das begann, als man immer weniger über Fakten geredet hat als über Moral bzw. das was man dafür hält. Diese roten Linien, was nicht alles widerlich ist, also nichts Messbares, sondern subjektive Wahrnehmung, um sein Gegenüber in eine Situation zu bringen, wo es sich dauernd erklären muss. Und dann hat es ja nicht mehr lang gedauert."[296]

Es war deshalb auch ein Signal an die Alt-ÖVP und die Linken, dass Eckart Ratz, der die Amtsgeschäfte von Kickl wenig später interimistisch übernehmen sollte, als eine seiner ersten Amtshandlungen die 1,50-Euro-Verordnung unter Beifall der ÖVP, der Medien, der NGOs und der Kirchen zurückgenommen hat. Nach dem heuchlerischen Motto: Jetzt kehrt wieder Menschlichkeit und Moral in die Politik ein. Was es tatsächlich bedeutet, wussten die Profiteure des alten Systems, also jene, die von „Moral" und „Menschlichkeit" gut leben: Jetzt sind wieder wir am Zug, die Steuergelder werden wieder großzügig umverteilt. Und zwar an die richtigen Leute.

13. Ibiza-Skandal: Kickl muss weg

Am 17. Mai 2019 hat sich Österreich verändert. An diesem Freitag um exakt 18:00 Uhr platzt eine politische Bombe. Mit einem Schlag ändert sich die Geschichte eines Landes, Österreich taumelt in eine Staatskrise, die türkis-blaue Ära ist überraschend zu Ende. Um 18:00 schalten die beiden renommierten deutschen Printmedien Der Spiegel und die Süddeutsche Zeitung auf ihren Internetseiten das mittlerweile berühmt-berüchtigte Ibiza-Video frei, dessen genauer Inhalt in diesem Buch nicht abgehandelt und beschrieben wird. Er ist ohnehin bekannt. Die Aufnahmen blamieren Vizekanzler Heinz-Christian Strache und seinen Freund, den Wiener Vizebürgermeister und FPÖ-Klubchef Johann Gudenus, bis auf die Knochen. Nach der Veröffentlichung dieser kompromittierenden Aufnahmen ist die politische Karriere der beiden FPÖ-Politiker – zumindest vorerst – beendet.

Die Ibiza-Tapes werden gezielt in der heißen Phase der richtungsweisenden EU-Wahl veröffentlicht. Die etablierten Parteien in vielen Staaten Europas sind zu diesem Zeitpunkt äußerst beunruhigt: „Zugewinne für Rechtspopulisten, Verluste für europafreundliche Parteien: Fünf Wochen vor der Europawahl legen Umfragen schwierige Mehrheitsverhältnisse im nächsten EU-Parlament nahe“[297], schreibt die linke deutsche Wochenzeitung Die Zeit im April.

Keine guten Aussichten für die beiden großen Machtblöcke, die EVP und die europäischen Sozialisten/Sozialdemokraten. Sie zittern vor einem dramatischen Stimmen- und damit Machtverlust.

Sie kämpfen gemeinsam mit den ihnen nahestehenden Medien gegen die patriotischen und EU-kritischen Kräfte, zu denen auch die FPÖ zählt. Diese stehen, wie alle Umfragen bestätigen, vor einem großen Erfolg, Europa vor einem politischen Kurswechsel. Die alten Parteien mit ihrem zentralistischen EU-Kurs fürchten um Macht, Einfluss, Posten und Pfründe. „Europawahl könnte Denkzettelwahl werden“[298], titelt der Kurier. Wenige Tage später platzt die Ibiza-Bombe.

Gezündet von zwei großen deutschen Medienhäusern, die stets auf politisch korrektem EU-Kurs segeln, unterstützt von der weit linksstehenden Wiener Wochenzeitung Falter, die vor allem mit Inseraten aus dem Umfeld der SPÖ finanziert wird.[299] Der Spiegel hatte zuvor mit seinem Star-Schreiber Claas Relotius und dessen frei erfundenen Gutmenschen-Märchen eindrücklich bewiesen, dass er es mit journalistischer Ethik und journalistischen Regeln wie Check, Re-Check, Double-Check nicht sehr genau nimmt, solange die Geschichte linke Klischees und Vorurteile transportiert, die Blattlinie stützt und den eigenen gesellschaftspolitischen Zielen dient. Auch bei der Veröffentlichung der Ibiza-Videos verstößt man gegen journalistische und ethische Grundprinzipien. Wenn es um den Kampf gegen sogenannte Rechtspopulisten geht, heiligt der Zweck die Mittel.

Die zwei Jahre alten illegalen Aufnahmen von Strache und Gudenus sollen nicht nur die türkis-blaue Regierung sprengen, der FPÖ einen politischen Tiefschlag versetzen, der die Partei so schwer beschädigt, dass sie auf Jahre für eine Regierungsbeteiligung nicht mehr in Frage kommt, sie sollen zudem weit über die Grenzen Österreichs hinaus den Erfolgslauf der verhassten Rechtspopulisten stoppen oder zumindest bremsen. Den Zeitpunkt der Veröffentlichung haben die beiden mächtigen deutschen Medienhäuser genau gewählt:

Freitagabend, eine Woche vor der EU-Wahl. Und nur wenige Stunden nach der Veröffentlichung, am Samstagvormittag, treffen sich auf Einladung des neuen europäischen Politstars, Italiens Innenminister Matteo Salvini, in Mailand die aufstrebenden politischen Kräfte Europas. Auch die FPÖ ist dabei.

Das Treffen der Rechtspopulisten in Italien wird vom Ibiza-Skandal überschattet. In allen EU-Ländern werden nun den rechten und patriotischen Bewegungen die Verbindungen und die Zusammenarbeit mit Strache und der FPÖ vorgeworfen. Das mit kriminellen Methoden fabrizierte Schmuddel-Video wird in ganz Europa medial und politisch ausgeschlachtet, um die EU-Wahl zu beeinflussen. Es ist für die beiden angezählten europäischen Machtblöcke Rettung in letzter Sekunde. „Die Blitz-Kampagne hob an, als sämtliche Umfrage-Institute in ganz Europa den traditionellen, in ihrer EU-Beweihräucherung erstarrenden, nichts gegen die Masseneinwanderung nach Europa vorkehrenden Parteien schwere Verluste in den bevorstehenden EU-Wahlen voraussagten“[300], schreibt das Magazin Schweizerzeit.

Die rechtskonservative österreichische Regierung war dem Juste Milieu in Brüssel schon lange ein Dorn im Auge, mit ihren anhaltend hohen Beliebtheitswerten in der Bevölkerung und ihrem konsequenten Kurs in Asyl- und Einwanderungsfragen. Türkis-Blau war ein permanentes Ärgernis für Jean-Claude-Juncker und seine politischen Verbündeten. Die FPÖ stand und steht für ein Europa der Nationen, für die EU-Zentralisten ein absolutes No-Go. Die Regierung in Wien diente vielen patriotischen Parteien als Vorbild. Österreich war unter Kurz und Strache zum Vorzeigeland für die rechtspopulistischen Bewegungen geworden. Trifft man die türkis-blaue Regierung, trifft man all diese Bewegungen.

Das ist auch der Grund, warum die Videos von zwei großen deutschen Medien und nicht von auflagenschwachen linken Blättern in Österreich veröffentlicht wurden. Nur so konnten sie in so kurzer Zeit ihre Wirkung europaweit entfalten. Der Chefredakteur der Schweizer Weltwoche, Roger Köppel: „Natürlich war der Angriff auf den Mann vor allem ein Angriff auf seine Partei, auf sein Programm. Mit Strache sollte auch eine wichtige politische Kraft getroffen werden, die sich in Europa gegen maßlose Zuwanderung, gegen Asylchaos und gegen EU-Zentralismus in Brüssel einsetzt."[301]

Ziel der Veröffentlichung war unter anderem zu zeigen, dass die Christlichsozialen bzw. sozialdemokratischen Parteien mit ihrer desaströsen Einwanderungs-, Umverteilungs- und Klimapolitik trotz allem alternativlos sind, da die Rechtspopulisten – so die Botschaft – korrupt, gefährlich, demokratiegefährdend und damit nicht in der Lage sind, einen Staat zu lenken. Oder anders: Die Ibiza-Videos sollten den Wählern beweisen, dass die anderen noch größere politische Versager, Abstauber und Gauner sind.

Man musste zu solch destruktiven Mitteln greifen bzw. sie für seine Zwecke nutzen, weil man zu konstruktiver Politik und fairer Auseinandersetzung kaum noch in der Lage ist. Weil den EU-Zentralisten die Wähler in Scharen davonlaufen. Weil sie mit ihren Programmen, Ideen und Konzepten nicht mehr reüssieren können. Weil die Alltagserfahrungen der Bürger nicht mehr mit der politisch korrekten Propaganda kompatibel sind. Weil sich diese Politkaste von den Bürgern weit entfernt hat. Weil die Machthaber in Brüssel für die Krisen und Fehlentwicklungen, unter denen Europa leidet, die Verantwortung tragen. Weil sie nicht in der Lage sind, die großen Krisen zu bewältigen und weitermachen wollen wie bisher. Noch einmal Roger Köppel von der Weltwoche: „Die Affäre zeigt: Nicht die bösen Rechten, sondern ihre Gegner greifen im politischen Kampf zu verbrecherischen Methoden."[302]

Zeitpunkt und Ort der Veröffentlichung, Interpretation, die mediale Aufbereitung, Verwertung und das zugrunde gelegte Narrativ sollen die aufstrebenden rechtspopulistischen Kräfte schwer treffen und die EU-Wahl beeinflussen. Jene Kräfte und Gruppen, die vom Brüsseler Machtapparat und dessen Politik profitieren, erkennen die Chancen, die ihnen das Video bietet und nutzen sie. Eine Strategie, die aber nur bedingt aufgeht. Man kann zwar den Gegner anschießen, ihn desavouieren, doch man scheitert, die eigene Ideenlosigkeit, Verknöcherung, das massive Personal- und Imageproblem zu kaschieren oder gar zu beheben. Man trifft mit dem Ibiza-Video den politischen Gegner, das ändert aber nichts an der eigenen Krise und Orientierungslosigkeit.

Dass mit der Veröffentlichung dieses illegal produzierten Videos die Wahl in der EU beeinflusst wird, und zwar im Sinne der Machthaber, dessen waren sich Spiegel und SZ stets bewusst. Die beiden Medien waren Komplizen oder zumindest Handlanger jener Kräfte, die die Wahl zugunsten der beiden alten Machtblöcke manipulieren wollten. In Österreich erreicht die FPÖ 17,2 Prozent. In den Umfragen lag sie im April noch bei 22.[303] Das ist zwar ein Rückschlag, aber bei weitem kein Absturz, wie viele linke Medien verwundert feststellten. Sie hätten sich von dieser Polit-Bombe eine weit größere Sprengkraft erhofft. In den sozialen Medien stellten sich viele aus der linken Blase die Frage, was müsse noch passieren, damit die FPÖ komplett vernichtet werden könne. Illegale Videos reichen offenbar nicht aus. Was kommt also als nächstes? Roger Köppel: „Schüttet man einem Orbán, einer Le Pen oder einem Salvini Gift in den Kaffee, weil man ihnen sonst nicht beikommt?"[304] Und die Schweizerzeit warnt: „Alarmierend für die Öffentlichkeit muss deshalb auch sein, was für Mittel Brüssel einzusetzen bereit ist, um den in der Öffentlichkeit in allen Ländern Europas wachsenden Widerstand gegen die Willkommenspolitik legalen und insbesondere auch illegalen Einwanderern gegenüber zu ersticken."[305]

Die ÖVP war der große Gewinner der EU-Wahl, fuhr mit 34,55 Prozent (ein Plus von 7,57 Prozentpunkten) das beste Ergebnis ein, das sie je bei einer EU-Wahl erzielt hat. Weder die SPÖ noch die Grünen konnten vom Ibiza-Video profitieren, beide müssen gegenüber der EU-Wahl 2014 leichte Verluste einstecken.

Anders in Deutschland, wo das Ibiza-Video sofort zur Waffe gegen die AfD umfunktioniert wurde. In der letzten Woche vor der Wahl dreht sich der deutsche Wahlkampf ausschließlich um den Kampf gegen die verhassten Rechtspopulisten und um das Ibiza-Video. Der in Deutschland allgegenwärtige Kampf gegen rechts, das letzte große Thema und die letzte Existenzberechtigung linker Parteien, wurde durch das Ibiza-Video erneut befeuert.

In den deutschen Talk-Shows und Diskussionssendungen geht es um nichts anderes. Die AfD kommt bei der EU-Wahl auf 11 Prozent. Man hatte sich mehr erwartet. Der Medienhype um das Ibiza-Video hat der AfD eindeutig geschadet, den beiden Regierungsparteien, Union und SPD, aber nicht genutzt. Sie müssen herbe Niederlagen einstecken, große Gewinner sind die Grünen. Die Hetzkampagne gegen Rechtspopulisten hat sich für Union und SPD zum Bumerang entwickelt. Bürger, denen man via Medien erfolgreich einbläut, AfD und Rechtspopulisten seien die größte Gefahr für Gesellschaft und Demokratie, tendieren eher zu den Grünen und nicht zu Annegret Kramp-Karrenbauer oder in diesem Fall zu Manfred Weber. Im Kampf gegen rechts sind die Grünen der Schmied, Union und SPD nur der Schmiedl. Das scheint man bei der CDU nicht begriffen zu haben.

Mit dem medial gehypten, illegal hergestellten Video konnte der Erfolgslauf der rechtspopulistischen Parteien in Österreich und Deutschland gestoppt werden, die linken Parteien konnten aber nicht profitieren. Dieses Video entwickelt sich sogar zum Bumerang für SPÖ und ÖVP. Deshalb von Anfang an: Der Inhalt der Ibiza-Tapes ist nur eine Seite des Skandals. Er ist in Wahrheit nicht einmal sonderlich spektakulär. Der Philosoph Rahim Taghizadegan: „Das Ibiza-Video enthüllte wenig Überraschendes, aber im pseudo-diskreten Österreich, in dem jeder weiß, was eigentlich niemand wissen darf, ist eben die Enthüllung der Tabubruch, nicht die Kenntnis."[306]

Ja, Strache und Gudenus haben in dieser Sommernacht im Juli 2017 auf Ibiza in einer verwanzten und mit Kameras vollgestopften Villa ihre Dummheit zur Schau gestellt, haben vor einer attraktiven Blondine wie Teenager geprahlt und von Dingen geträumt, die jene politischen Kräfte, die seit langem an der Macht sind, real tun. Straches schlichte Machtphantasien und Prahlereien werden zum großen Skandal aufgeblasen. Der Philosoph Konrad Paul Liessmann: „Das österreichische Wasser wollen auch andere privatisieren, in die ‚Kronen-Zeitung' hat sich schon ein Unternehmer mit besten politischen Verbindungen eingekauft, und dass gute Kontakte zu russischen oder zentralasiatischen Potentaten so manchem sozialdemokratischen Politiker über das Schlimmste hinweggeholfen haben, wissen wir. Die Häme der Kritiker paart sich auch in diesem Fall mit Heuchelei."[307]

Außerdem sollte man berücksichtigen: Die veröffentlichten Ausschnitte wurden aus einer rund sieben Stunden lange Aufnahme gezielt ausgewählt, aus dem Kontext gerissen und so zusammengestückelt, dass am Ende jene Wahrheit herauskommt, die man für seine politischen Zwecke braucht. Es sind, wie auch die Redakteure von

SZ und Spiegel betonen, die politisch brisantesten und schlimmsten Aussagen. Alles was die beiden FPÖ-Politiker entlastet, wird der Öffentlichkeit vorenthalten. Ein vollständiges Bild kann sich nur machen, wer das ganze Video kennt. Obwohl viele Personen aus Politik, Medien und Wirtschaft behaupten, sie würden das komplette Video kennen oder sogar in dessen Besitz sein, ist es noch immer nicht veröffentlicht worden.

Spiegel und SZ versuchten ihre manipulativen Praktiken – was für eine Heuchelei – mit ethischen und journalistischen Beweggründen zu rechtfertigen. „Es sind viele entlarvende, manche eklige und etliche fast mitleiderregende Sequenzen. Die meisten davon sind privater Natur"[308], so der Chefredakteur der Süddeutschen Zeitung, Kurt Kister, der vorgibt, Straches Privatsphäre aus Edelmut schützen zu wollen, damit aber in erster Linie nur den manipulativen Polit-Aktivismus der SZ zu rechtfertigen versucht. Dabei tritt Kister auch noch auf den „ekeligen" und „mitleiderregenden" Strache nach. Und das geht bei den Kollegen als engagierter, mutiger und verantwortungsvoller Journalismus durch.

Mit seinen Anspielungen auf Szenen „privater Natur", heizt Kister die Spekulationen und die Phantasien der aufgestachelten Meute an, was in jener Sommernacht nicht noch alles vorgefallen sei. Im Kampf gegen den politischen Gegner ist jedes Mittel erlaubt. Anständigkeit, Menschlichkeit und journalistische Mindeststandards sind im Kampf gegen Rechtspopulisten unnötiger Ballast. Man feiert sich als investigative Journalisten[309], denen ein toller Coup gelungen ist. In Wahrheit hat man nichts aufgedeckt, nichts ausgeforscht, sondern war mit der Veröffentlichung dieser Videoschnipsel nur das letzte Glied einer langen Kette und hat lediglich die Arbeit von Kriminellen bzw. im rechtlichen Graubereich Agierenden vollendet. Darauf ist man mächtig stolz.

Mit der Auswahl bestimmter Szenen im Sinne der Schöpfer und Drahtzieher dieses Videos machte man sich zu deren Komplizen. Selbstverständlich und offiziell nur im „Interesse der Öffentlichkeit". Man setzt den Bürgern ausgewählte Szenen und Aussagen vor, die Strache so darstellen sollen, wie ein korrupter Rechtspopulist laut linkem Narrativ zu sein hat. Man stoppelt sich wenige Minuten aus sieben Stunden Material zusammen. Mindestens genauso interessant und relevant sind jene Szenen, die die Mainstreammedien den Bürgern vorenthalten.

Philosoph Konrad Paul Liessmann: „Seltsam auch, dass die sonst so gern ausgesprochene Warnung vor einer manipulativen Präsentation von Videomaterial in diesem Fall keine Beachtung fand. Wer aus einem siebenstündigen Gespräch einige wenige Sätze herausschneidet und so zusammenfügt, dass sie ein kompaktes Ganzes zu ergeben scheinen, müsste sich zumindest die Frage nach dem Zusammenhang gefallen lassen."[310]

Unberücksichtigt bleibt auch, dass die beiden FPÖ-Politiker von Profis mit Geheimdiensterfahrungen in eine Falle gelockt, vermutlich unter Drogen[311] gesetzt und mit Suggestivfragen bearbeitet wurden. Sieben Stunden lang. Stellt man das in Rechnung, ist die Ausbeute des veröffentlichten Worst-of-Strache dürftig. Es ist eine mediale Inszenierung, zumal entlastende Aussagen nicht veröffentlicht wurden. Strache soll mehrmals betont haben, dass alles, was er plane, legal sein müsse. Solche Ausschnitte hätten die Botschaft verwässert, konterkariert und die EU-Wahl nicht im gewünschten Ausmaß beeinflusst. Allein diese Tatsache beweist, dass es allen, die an dem Video beteiligt waren, von den Finanziers, Drahtziehern, Produzenten bis zu den veröffentlichenden Medien, entweder um Geld oder um die Erreichung politischer Ziele gegangen ist. Alles andere, vom oftmals erwähnten öffentlichen Interesse bis zum

„zivilgesellschaftlich motivierten Projekt"[312] sind nur Weihrauch, um die wahren Motive zu verhüllen und die mafiaartigen Methoden zu rechtfertigen.

Weil das Video mit mehr als fragwürdigen und vermutlich kriminellen Methoden eingefädelt und produziert worden ist, hätten Spiegel und SZ aus medienethischer und vielleicht auch aus juristischer Sicht die Drahtzieher und deren Motive offenlegen müssen. Haben sie aber nicht. Österreichs Bundespräsident Alexander Van der Bellen hat mit solchen schmierigen Methoden kein Problem. Im Gegenteil. Er lobte dezidiert die Vorgehensweise der Medien: „Die Vierte Macht hat ihre Verantwortung voll wahrgenommen"[313], so der ehemalige Grünen-Chef und das nunmehrige Staatsoberhaupt. Selbst kriminelle oder anrüchige Machenschaften sind für Van der Bellen gerechtfertigt, wenn es die Richtigen trifft. Das sollte nicht überraschen, Van der Bellen ist auch der Meinung, dass man „notfalls die Unwahrheit sagen darf"[314].

„Wenn ein Privatgespräch bei einem Glas Wein öffentlich im Radio gesendet wird, was heißt das anderes, als dass die Welt sich in ein KZ verwandelt hat?", schreibt Milan Kundera in seinem berühmten Roman „Die unerträgliche Leichtigkeit des Seins". Solche Bedenken plagen das deutsche Zentralorgan der linksgrünen Mittelschicht, Die Zeit, nicht. Sie feiert die Veröffentlichung der Ibiza-Video-Schnipsel als einen „Triumph der Aufklärung".[315] Demgegenüber stellt der Philosoph Konrad Paul Liessmann fest: „Die Selbstverständlichkeit, mit der die von dubiosen Hintermännern gestellte Videofalle zu einem legitimen Akt zivilgesellschaftlichen Engagements hochstilisiert wird, verwundert dann doch etwas."[316]

Die entscheidenden Fragen, die die Ibiza-Affäre aufwirft, interessieren weder den Bundespräsidenten noch den Rest der politisch korrekten Klasse:

- Wer waren die Drahtzieher und Hintermänner?

- Welche und wie viele Personen waren an den Vorbereitungen, an der Falle, an der Produktion und dem Verkauf des Videos beteiligt?

- Wie groß ist der Kreis der Mittäter und Mitwisser?

- Wer hatte die Idee zu dieser Aktion?

- Wer hat sie geplant?

- Wer hat sie finanziert?

- Wer hat den Auftrag gegeben?

- Welchen Personen, Medien, Parteien und Gruppen wurde das Video angeboten?

- Wer hat das Video vor seiner Veröffentlichung gesehen?

- Wer ist aktuell im Besitz der siebenstündigen Fassung?

- Welche Rolle spielen die Geheimdienste, insbesondere das BVT?

- Wie wurden die Täter auf die bereits verwanzte und bei Geheimdiensten bestens bekannte Villa auf Ibiza aufmerksam?

- Was ist auf den nicht veröffentlichten sieben Stunden zu sehen?

- Warum wurde das Video erst zwei Jahre nach der Erstellung verkauft?

- Was war die (ursprüngliche) Motivation, diese Falle zu stellen?

- Welche Rolle spielen das Zentrum für Politische Schönheit und Jan Böhmermann in der Ibiza-Affäre?

- Was wissen Spiegel und Süddeutsche, wer hat mit ihnen verhandelt?

- Wer hat welche Summe an die Video-Produzenten bezahlt?

Diese und weitere Fragen sind essenziell und müssen lückenlos aufgeklärt werden. Hier kommen wir zum spannendsten und entscheidenden Teil der Ibiza-Affäre. Zum eigentlichen Skandal. Die Mainstreammedien, die selbst ernannten investigativen Journalisten, die linken Parteien und auch die Behörden, also Justiz und Exekutive, zeigten von Anfang an wenig bis kein Interesse, diesen Fragen mit Nachdruck nachzugehen und sie zu beantworten. Der Fokus der Berichterstattung lag von Beginn an fast ausschließlich auf dem Inhalt des Videos und wie man ihn möglichst effektiv politisch verwerten und instrumentalisieren kann. Rezente Mainstreamjournalisten begreifen sich nicht als Berichterstatter, sie sehen sich als Politaktivisten, als aktive Player im Spiel der politischen Kräfte und handeln entsprechend. Der linke Standard wirbt sogar stolz mit dem Slogan „Der Standard – Der Haltung gewidmet".[317] Information war gestern, Haltung bzw. (linke) Gesinnung sind angesagt. Dieses Selbstverständnis tritt in der Ibiza-Affäre ungeschminkt zu Tage.

Haltungs- und Meinungsjournalismus hat die klassische Information und Berichterstattung abgelöst. Die Menschen sollen sich nicht selbst ein Bild von Strache machen, sich ihre eigene Meinung bilden, die bekommen sie fix und fertig von den Medien geliefert. Wer sie nicht teilt, sie kritisch hinterfragt, macht sich verdächtig. Es geht nach der Veröffentlichung der Ibiza-Tapes ausschließlich darum – da sind sich fast alle Journalisten einig –, Strache und die Rechtspopulisten auszuschalten. Debatten ohne Sprech- und Denkverbote sind unerwünscht. Weil sich die Bürger bei der Nationalratswahl 2017 „verwählt" haben, braucht man andere Mittel, einen Plan B.

Deshalb konzentriert sich die Berichterstattung in den großen Medien auf die Aussagen Straches. Man recherchiert sofort und intensiv, ob es tatsächlich Vereine gibt, deren Zweck die Finanzierung der FPÖ ist, ob es tatsächlich Milliardäre gibt, die die Freiheitlichen aus politischem Kalkül oder in Erwartung von Gegenleistungen unterstützen und fördern. Dabei ist es von Anfang an für jeden halbwegs neutralen Beobachter offensichtlich, dass Strache geprahlt, übertrieben, angegeben und Namedropping betrieben hat, dass er das Gesagte – schon gar nicht in dieser intellektuellen Schlichtheit – in die Realität umgesetzt hat und auch nicht umsetzen würde. Man jagt von Anfang an ganz bewusst einem Phantom nach. Das gehört zur medialen Inszenierung. Nachdem sich der erste mediale Pulverdampf gelegt hat, sagt auch der im Video erwähnte Industrielle Hans Peter Haselsteiner: „Strache wollte einfach angeben."[318]

Aufdeckungsjournalist Prof Gert Schmidt über Straches unmoralische Angebote in dem Ibiza-Video: „Der ‚Trinkwasser-Kauf' in Österreich entpuppte sich als eine lange am Markt befindliche, Eingeweihten lange bekannte, Investitionsmöglichkeit in eine südburgenländische Mineralwasser-Marke, welche klarerweise eine eigene Quelle besitzt. Auch der amateurhaft vorgetragene Merger mit der KRONE war 2017 in politischen, wirtschaftlichen und medialen Kreisen ein alter Hut: Die deutsche Funke-Gruppe hat ihre Anteile an der Kronen-Zeitung zu dieser Zeit, Mitte 2017, ganz offen angeboten – erreichbar für fast jedermann, der das Kapital dazu hat.

Benko hat dann zwei Jahre später zugeschlagen. Ziemlich fantasielos war auch die Aufzählung der sogenannten ‚Spender' für politische Vereine oder Parteien: nachzulesen im TREND-Register der Reichen in Österreich. Mehr ist H.-C. in dieser Situation nicht wirklich eingefallen – mit sehr fatalen Folgen und viel Arbeit für die Behörden und jede Menge Lesestoff für die Medien."[319]

Obwohl sich politische Kenner bewusst sind, was von Straches Prahlereien zu halten ist, versuchen die Medien, SPÖ und auch ÖVP Strache und vor allem der FPÖ Parteienfinanzierung und Unterstützung im rechtlichen Graubereich anzulasten. Das erweist sich allerdings als Schuss ins eigene Knie. Man dürfte in der ersten Haudrauf-Stimmung vergessen haben, dass man selbst bei der Finanzierung von Wahlkämpfen äußerst kreativ vorgeht. Mit Personenkomitees, Vorfeldorganisationen, Vereinen, Institutionen und Verbänden werden die eigenen Wahlkämpfe unterstützt. Gerade SPÖ und ÖVP haben ein enges Netzwerk und viel Know-how in diesem Bereich aufgebaut. Sie haben es darin zur Meisterschaft gebracht. Strache ist in diesem Metier – wie er im Video beweist – bestenfalls ein Lehrbub, der davon träumt, auch einmal Part of the Game zu sein. Abgesehen davon, dass solche Konstruktionen „am Rechnungshof vorbei" zumeist völlig legal sind.

Die SPÖ hat in Wien über Jahrzehnte ein Geflecht an Vereinen, Firmen und Institutionen aufgebaut, durch das hunderte Millionen an Steuergeldern gepumpt werden. Die Mainstreammedien interessieren sich kaum dafür. Nur ab und zu poppt – zumeist eher versehentlich – ein Skandal auf. Ein Beispiel: Die Wiener Kinder- und Jugendbetreuung, ein Verein, der zur 100 Prozent von der Stadt Wien finanziert wird, diente der Geschäftsführerin Brigitte Kopietz, Ehefrau von Harry Kopietz, einem Wiener SPÖ-Granden, quasi als Selbstbedienungsladen. Die Krone berichtete: „Die Auszahlung von freiwilligen Jubiläumsgeldern ab 2010 bewirkte eine finanzielle Mehrbelastung des Vereins um 790.000 Euro – und damit letztlich auch der Steuerzahler. (…)Mit kreativem Geschick schraubte sie ihr ohnehin üppiges Salär kräftig nach oben."[320]

Während des aktuellen Wahlkampfes suchen nicht nur die Parteien nach Leichen im Keller der politischen Gegner, auch die Justiz wird im Zuge der Ibiza-Ermittlungen auf diverse Vereinskonstruktionen aufmerksam. So geraten auch SPÖ- und ÖVP-nahe Vereine ins Visier der Ermittler. Was überhastete Aktivitäten bei Volkspartei und Sozialdemokraten zur Folge hat. Die ÖVP löscht zwei Vereine, den „Heimatverein Pro Patria – Für Niederösterreich", der auch in der BVT-Affäre aufgetaucht ist, und den „Verein zur Förderung bürgerlicher Politik".[321] Die SPÖ tritt die Flucht nach vorne an und zahlt einen unrechtmäßig erhaltenen Betrag des Wiener Kulturservice, das ist jener Verein, der das Wiener Donauinselfest mitorganisiert, zurück. Das Wiener Kulturservice hat laut einem Rechnungshof-Rohbericht seine öffentlichen Gelder nicht nur für das Donauinselfest, sondern auch für Parteiwerbung ausgegeben.[322]

Das Nachrichtenmagazin Profil deckt auf, wie die Gewerkschaften die SPÖ im Wahlkampf 2017 unterstützt haben, obwohl SPÖ-Geschäftsführer Thomas Drozda behauptet hatte: Im Wahlkampf 2017 sei kein Cent von der FSG an die SPÖ geflossen.[323]

Damit hat Drozda sogar Recht, denn die SPÖ hat sich beim Umgehen des Rechnungshofes als äußerst kreativ erwiesen: „Dieser Verein ist eine rote Umgehungskonstruktion. Um zu vermeiden, dass die FSG im Rechenschaftsbericht der SPÖ aufscheint, strich die Partei die FSG von der Liste der roten Vorfeldorganisationen. Das brachte aber ein Problem mit sich: Die FSG hätte dann keine Delegierten mehr auf SPÖ-Parteitage schicken können und innerparteiliche Macht eingebüßt. Daher gründete die FSG den Verein ‚GewerkschafterInnen in der SPÖ', der nun offiziell als rote Vorfeldorganisation gilt und dem dieselben Funktionäre wie der FSG angehören. Dank diesem Kunstgriff müssen die Finanzen der FSG nicht an den Rechnungshof gemeldet werden, über den Verein bleibt die FSG trotzdem in der SPÖ verankert."[324]

Gegen solche kreativen Konstruktionen nehmen sich Straches Ibiza-Träume tatsächlich äußerst schlicht aus. Ebenfalls nicht vergessen sollte man den millionenschweren Bundespräsidentschaftswahlkampf von Ex-Grünen-Chef Van der Bellen. Dabei sind Gelder aus vielen Quellen, auch von „parteiunabhängigen" Unterstützern, geflossen. Die SLE Schuh GmbH spendete 150.000 Euro, Hans-Peter Haselsteiner und Johannes Baillou je 100.000 Euro, Gerhard Zeiler 50.000 Euro. Dazu kommen finanzielle Zuwendungen von den Grünen über 500.000 Euro und Sachspenden von 300.000 Euro sowie von der SPÖ Wien Sachspenden von knapp 40.000 Euro.[325] Das ist nicht illegal, aber in der medialen Aufregung um Strache und das Ibiza-Video ist es gut zu wissen, wer die Wahlkämpfe anderer Parteien und Politiker finanziert.

Die FPÖ scheint trotz des Ibiza-Skandals diesbezüglich weit weniger Leichen im Keller zu haben als SPÖ und ÖVP. Allerdings genießt vor allem die SPÖ, im Gegensatz zu den Freiheitlichen, das Wohlwollen der großen Medien und der anderen heimischen Meinungsmacher. Was bei ihr noch als Kavaliersdelikt und halb so schlimm durchgeht, siehe etwa das 500 Millionen-Desaster KH Nord, hätte für die FPÖ ungleich dramatischere Auswirkungen.

Ja, es ist wichtig dem nachzugehen, was Strache in jener Nacht auf Ibiza angedeutet hat. Wer sich aber nur auf diesen Aspekt der Affäre konzentriert, alles andere mehr oder weniger ausblendet, verfolgt eine politische Agenda, macht sich zum Handlanger und Komplizen jener, die diese Falle gestellt und das Video produziert haben.

Die Nutznießer der Ibiza-Affäre wollen nicht wissen, wer das Video gedreht hat, ob es illegal war oder, wie der Drahtzieher, Rechtsanwalt R. M., sagte, ein „zivilgesellschaftlich motiviertes Projekt"[326] gewesen ist. Nach dem Motto: Einem geschenkten Gaul schaut man nicht ins Maul. Halb Österreich, insbesondere die linken Influencer, jubelten und freuten sich, dass man ihnen Strache auf dem Silbertablett serviert hatte. Wie und mit welchen Methoden, wollten sie nicht wissen.

Die österreichischen Haus-und-Hof-Polit-Experten machten sich sogar über Strache lustig, weil dieser versucht habe, sich als Opfer einer Verschwörung zu inszenieren. Er gehe mit Verschwörungstheorien hausieren, so der Tenor. Was heißt hier Theorie? Dass sich hier mehrere Täter zusammengetan, einen Plan geschmiedet, Gelder aufgetrieben und eine Falle gestellt haben, mit dem Ziel, Strache zu schädigen und zu stürzen, ist keine Theorie, sondern Tatsache.

Der „Populismusexperte" Walter Ötsch argumentiert in dieselbe Richtung: „Dazu komme die Fokussierung der Freiheitlichen auf die Hintergründe des Videos. Es geht also nicht mehr um das, was zu sehen ist, sondern primär um ‚den Feind von außen, ein Netzwerk, eine Verschwörung'. Die FPÖ versuche sich in altbewährter Manier wieder in die Opferrolle zu begeben. Ötsch: ‚Das ist eine großartige Umdeutung.'"[327] Umdeutung? War FPÖ-Chef Strache und damit auch seine Partei etwa nicht das Opfer einer aufwendigen und von langer Hand geplanten Videofalle?

Die politisch korrekten Kräfte, die ihre Moral, ihren Anstand, ihr Engagement für Demokratie und Menschlichkeit wie eine Monstranz vor sich hertragen, die bei jedem Rülpser eines kleinen blauen Funktionärs die medialen Alarmglocken läuten, sind plötzlich weitgehend desinteressiert, wenn eine Gruppe von Menschen mit zweifelhaften Methoden Einfluss auf die Politik und den Staat Österreich nimmt und eine bis dahin erfolgreich arbeitende Regierung stürzt. Alle Mittel sind erlaubt, um die linke Hegemonie wieder lückenlos und am Wähler vorbei herzustellen.

Wie sehr hier mit unterschiedlichen Maßstäben gemessen wird, demonstriert unter anderem der ORF. Auf dem Informationssender Ö1 widmet sich nach dem Auffliegen der Silberstein-Affäre im Jahr 2017 das Medienmagazin „#doublecheck" unter dem Titel „Wenn Aufdecker zum Werkzeug werden"[328] der Frage, inwieweit sich jene Medien, die als erstes über die unappetitlichen Aktionen der SPÖ zur Beeinflussung des Nationalratswahlkampfes berichtet haben, zum Werkzeug der politischen Gegner der Sozialdemokraten gemacht haben. Hauptkritikpunkt des ORF: Profil und Die Presse hätten ihre Quellen und Informanten nicht genannt.

Der linke Medienwissenschaftler Fritz Hausjell von der Universität Wien schlägt in dieselbe Kerbe: „Investigativer Journalismus hätte den Umstand, dass hier die jeweils politisch gegnerische Seite massiv ihre Finger im Spiel hatte, thematisieren müssen. Das ist nicht erfolgt. Daher müssen sich die betreffenden Medien den Vorwurf der Instrumentalisierung gefallen lassen."[329]

Wenn es die politischen Freunde und Weggefährten trifft, reagieren linke Medien, Experten und Wissenschaftler hochsensibel, stecken die Grenzen dessen, was Journalismus darf und was nicht, ganz eng ab. Das ist ebenso skurril wie entlarvend. Bei der Ibiza-Affäre werden solche Bedenken und Vorwürfe in den Medien nicht laut. Medienwissenschaftler und Journalisten sind sich weitgehend einig, dass man die Quellen, obwohl im Fall von Ibiza mit mafiaartigen Methoden vorgegangen wurde, nicht zu nennen brauche. Es dient schließlich der guten Sache, sei im öffentlichen Interesse. Bei der Silberstein-Affäre haben Profil und Presse lediglich Insider-Informationen nach eingehender Prüfung und Recherche veröffentlicht. Trotzdem hatte der ORF seine liebe Not damit. Noch deutlicher kann man seine Parteilichkeit und sein gestörtes Verhältnis zum Journalismus nicht zum Ausdruck bringen.

Mit dem demonstrativen Desinteresse an der Aufdeckung der Hintergründe des Ibiza-Videos legitimiert man solche kriminellen, mafiaartigen Methoden, macht sie zu einem akzeptierten Mittel der politischen Auseinandersetzung. Die Botschaft ist klar: Wer die politisch korrekte Zone verlässt, wer die Dogmen der herrschenden Ideologie in Frage stellt, wer sich mit den Netzwerken der Macht anlegt, ist zum medialen Abschuss freigegeben. Der darf auch mit kriminellen oder zumindest dubiosen Mitteln zur Strecke gebracht werden.

Man bedient sich jener Methoden, die man vorgibt zu bekämpfen. Man kämpft mit Lockvögeln und verwanzten Villen für den Rechtsstaat, engagiert sich mit undemokratischen Mitteln für die Demo kratie, hetzt gegen angebliche Hetzer, hasst die angeblichen Hater. Den Widerspruch darin sehen diese Kräfte nicht. Unter anderem deshalb, weil die Linken in den Medien mehr oder weniger unter sich sind. Wer sollte die linken Meinungsmacher also kritisieren? Die Parteienpräferenz deutscher Journalisten laut Statista: 26,9 Prozent Grüne, 15,65 Prozent SPD, 9 Prozent Union, 7,4 Prozent FDP und 4,2 Prozent Die Linke.[330] Der Rest hatte keine Angaben gemacht. Selbst wenn man unterstellt, dass die Merkel-CDU eine konservative Partei wäre, steht das Verhältnis zwischen linken und konservativ-liberalen Journalisten 3 zu 1. Auch in Österreich sieht es nicht anders aus.

Genauso linkslastig wie die Journalisten ist auch deren Berichterstattung, ist die medial vermittelte Realität. Dass die Medien wenig bis kein Interesse daran zeigen, die Hintermänner des Ibiza-Videos ausfindig zu machen, liegt auf der Hand. Ihnen ist vor allem wichtig, Rechtspopulisten zu bekämpfen, sie nicht durch die Aufdeckung der Hintermänner auch noch zu Märtyrern zu machen. Man ist denen, die Strache gestürzt und die Regierung indirekt gesprengt haben, dankbar. Sie sollen dafür nicht auch noch bestraft werden. Es ist ein eindeutiges Signal, das da medial ausgesendet wird: Wer so etwas durchzieht, hat von uns nichts zu befürchten. Und tatsächlich, niemand ist bisher für die Machenschaften rund um das Ibiza-Video zur Verantwortung gezogen worden, die Medien wollen Gras über die Sache wachsen lassen. In ein, zwei Monaten bzw. spätestens nach der Wahl interessiert sich ohnehin kaum noch jemand dafür, wer hinter der Ibiza-Aktion steckt.

Was man bisher weiß, sind die Täter extrem unvorsichtig vorgegangen, so, als wäre man sich sicher, dass man ohnehin nichts zu befürchten hat. Einer der mutmaßlichen Videoproduzenten, „Detektiv" Julian H., ist sogar in dem Video zu sehen. Dass H. bei einem anderen Prozess, der im Zusammenhang mit dem Ibiza-Video steht, nicht einmal persönlich vor Gericht erscheinen musste, sondern über Skype einvernommen werden sollte[331], ist – formulieren wir es so – sonderbar. Die Presse: „Die Skype-Einvernahme von H. ist äußerst ungewöhnlich, ein derartiges Entgegenkommen eines Gerichts ist ansonsten typischerweise nur dann zu erwarten, wenn es für einen Zeugen mit unverhältnismäßig großem Aufwand verbunden wäre, vor dem Richter zu erscheinen."[332] Haben Julian H. und seine Kumpane gar irdische Schutzengel? „Hat jemand seine schützende Hand über die Detektive gehalten, womöglich aufgrund der jahrelangen engen Zusammenarbeit mit den Behörden?"[333], fragt sich die deutsche Die Zeit.

Es verfestigte sich der Eindruck, als ob Justiz, Medien und ein Teil der Politik nach der Veröffentlichung der Videos nur wenig Anstalten machen, den Tätern, Drahtziehern und Finanziers auf die Spur zu kommen. Am Tag der Veröffentlichung des Ibiza-Videos gibt der umstrittene Justiz-Generalsekretär Christian Pilnacek bekannt: „Die Oberstaatsanwaltschaft wurde bereits mit der Prüfung beauftragt.“[334] Noch am Wochenende beginnt die Oberstaatsanwaltschaft Wien zu arbeiten und prüft die strafrechtliche Relevanz des Ibiza-Videos. Am Montag heißt es, „dass auf Basis der kolportierten Inhalte des Videos das Vorliegen eines Anfangsverdachts nicht abschließend beurteilt werden kann.“[335] Es geht dabei wohlgemerkt nur um den Inhalt der Videoausschnitte. Das verwundert auch Herbert Kickl: „Das habe ich nicht verstanden. Die Oberstaatsanwaltschaft Wien hat am Wochenende nach der Veröffentlichung des Ibiza-Videos sogar eine Art ‚verklausulierte Weisung‘ gegeben, nicht aktiv zu werden, weil keine Ermittlungsnotwendigkeit bestünde.(…) Dass man dort am Wochenende plötzlich aktiv wird und auf gut Deutsch sagt „Ermittelt‘s nicht!“, ist für mich seltsam.“[336]

Während die Beamten bereits am Wochenende in eine Richtung aktiv werden, scheint man in die andere nicht nur am Samstag und Sonntag, sondern tagelang weitgehend untätig zu bleiben. Man lässt sich auffallend Zeit, zeigt wenig Interesse, Licht ins Dunkel zu bringen, obwohl innerhalb kurzer Zeit ein engagiertes alternatives Internetmedium die Produzenten des Videos ausforscht. Selbst als bereits Namen in einigen Medien kursieren, werden von Seiten der Justiz kaum Aktivitäten bekannt. Die FPÖ ist alarmiert: „Obwohl bereits mutmaßliche Drahtzieher und Hintermänner des illegal gedrehten Ibiza-Videos sogar in zahlreichen Medienberichten bekannt geworden sind, laufen noch immer keine Ermittlungen seitens der Behörden. Hier bahnt sich möglicherweise ein handfester Justizskandal an“[337], schreibt FPÖ-Generalsekretär Christian Hafenecker.

Tatsächlich, in Österreich scheinen weder die Vierte Macht, also die Medien, noch die Justiz oder die Parteien, mit Ausnahme der FPÖ, daran interessiert zu sein, diesen Kriminalfall schnell zu lösen, die Drahtzieher dieses Staatstreiches ausfindig zu machen. Bundespräsident Van der Bellen hat das Video als „verstörendes Sittenbild"[338] bezeichnet. Ein weit verstörenderes Sittenbild geben nun jene ab, die an einer Aufklärung dieses Kriminalfalls bzw. Staatsstreiches nicht interessiert sind. Rechte Politiker sind offenbar vogelfrei. Kickl: „Und da wundert's mich bis zum heutigen Tag, dass dort nicht sofort der Zugriff der Ermittlungsbehörden, und zwar von Polizei und Justiz, stattgefunden hat. Nur dort kann ich feststellen, wo der ursprüngliche Auftrag herkommt, wer es finanziert hat. Von dort kann ich Spuren weiter verfolgen in eine Richtung, wer das Video möglicherweise zum Einsatz gebracht haben könnte."[339]

Trotz dieses fragwürdigen Verhaltens und Desinteresses werden die Produzenten und zumindest einer der Drahtzieher schnell ausgeforscht. Das ist vor allem einem Mann zu verdanken: Prof Gert Schmidt. Er betreibt nicht nur die kleine Nachrichtenseite eu-infothek.com, sondern auch eine Firma, die sich mit der Aufklärung von illegalem Glücksspiel beschäftigt. Schmidt verfügt über Spezialisten wie Forensiker, die sich nun an die Aufklärung des Ibiza-Kriminalfalls machen.

Schmidt ist ein Bekannter von Gudenus und setzt sich zum Ziel, möglichst rasch Licht in die Affäre zu bringen. Mehr oder weniger im Alleingang enttarnt er die an dem Video beteiligten Männer. Seine Enthüllungen sind den großen Medien offensichtlich unangenehm. Sie haben nicht mit der schnellen Ausforschung der mutmaßlichen Täter gerechnet.

Obwohl es im ganzen Land nur ein Gesprächsthema gibt, berichten ORF, Kurier, Kleine Zeitung und Co. nur zaghaft, widerwillig und lückenhaft über das, was Schmidt recherchiert und über seine EU-Infothek publiziert. Manchmal nicht einmal das.

Gert Schmidt und sein Nachrichtenportal treiben die großen Medien und die Behörden vor sich her, die nur widerwillig aufgreifen, was ihnen frei Haus geliefert wird. Der Kurier versucht ebenso wie die Süddeutsche Zeitung Schmidt anzupatzen, seine Glaubwürdigkeit in Frage zu stellen: „Hinter der EU-Infothek steht der ‚Privatier' und ‚Geschäftsmann' (Was jetzt? Beides geht ja wohl nicht. A.d.V.) Gert Schmidt. Schmidt betreibt ein Luxushotel in Thailand, vertreibt Unterwäsche für Frauen und bezeichnet die Homepage, auf der viele Enthüllungen zum Ibiza-Video publiziert worden sind, als sein ‚Hobby'. Die politische Grundausrichtung des Portals ist am rechten Rand. In Kommentaren wird Viktor Orbán bisweilen verteidigt"[340], so der Kurier. Merke: Wer Orbán „bisweilen verteidigt" ist ein Rechtsextremer. Die Süddeutsche Zeitung, die das Ibiza-Video veröffentlicht hat, schreibt ein extrem unhöflich und aggressiv formuliertes Mail an Schmidt, mit dem er offenbar eingeschüchtert werden soll.[341]

Schmidt macht sich mit seinem investigativen Journalismus und seinen Enthüllungen in gewissen Kreisen und Medien unbeliebt. Vor allem, weil er bei seiner Arbeit vorsichtig, gewissenhaft und transparent vorgeht. Keiner der Enttarnten hat Schmidt bisher verklagt, zumindest ist nichts darüber bekannt.

Nur die Medien von Wolfgang Fellner agieren anders. Auf dem Fernsehsender OE24-TV und seinen anderen Medien berichtet Fellner immer wieder über die Recherche-Fortschritte von eu-infothek.com. Fellner interviewt Prof. Schmidt und einen ehemaligen Geschäftspartner der mutmaßlichen Ibiza-Täter und nennt von Anfang an die vollen Namen der Verdächtigen. Fellners Medienimperium sorgt mit seiner Reichweite dafür, dass das, was Schmidt recherchiert, auch einer breiten Öffentlichkeit zugänglich gemacht wird, er übt damit auch einen gewissen Druck auf die anderen großen Medien und die Behörden aus.

Wieder zum Thema des Buches, zu Herbert Kickl. Kurz nachdem das Video veröffentlicht wird, sind sich Bundeskanzler Kurz, alle linken Oppositionsparteien und die meisten Medien einig: Kickl muss weg. Obwohl er mit der Ibiza-Affäre nichts zu tun hat. „Genug ist genug“, sagt Kurz einen Tag nach der Veröffentlichung der Videos und kündigt die Koalition auf.

Wie es zum Bruch der türkis-blauen Koalition gekommen ist, darüber gibt es zwei unterschiedliche Versionen: Die Kurz‘sche und die FPÖ-Version. Zunächst der chronologische Ablauf: Nachdem Freitagabend die Videos veröffentlicht worden sind, treffen sich Samstagvormittag Vizekanzler Strache und Kanzler Kurz. Ein paar Minuten nach 12:00 Uhr gibt Strache bei einer Pressekonferenz seinen Rücktritt als Vizekanzler, Bundesminister und FPÖ-Bundes- und Landespartei-Obmann bekannt. Wenig später tritt auch Johann Gudenus von allen politischen Ämtern zurück. Auf dem Heldenplatz versammeln sich knapp 5.000 Regierungsgegner. Die für den frühen Nachmittag angesetzte Pressekonferenz des Bundeskanzlers wird mehrmals nach hinten verschoben. Erst Stunden später, um 19:45 Uhr, tritt Kurz vor die Presse und spricht von „immer wiederkehrenden Einzelfällen“, dass bei der FPÖ der Wille nicht vorhanden sei, die Partei „auf allen Ebenen zu verändern“, weshalb er die Koalition beendet und Neuwahlen zum schnellstmöglichen Zeitpunkt anstrebt.[342]

Was davor geschehen ist beschreibt Herbert Kickl in einem Interview mit der Jungen Freiheit so: „Es gab am betreffenden Freitag und Samstag Gespräche zwischen Sebastian Kurz, seinem Berater Stefan Steiner, H.-C. Strache und mir. Darin ging es um den Rückzug Straches aus allen Funktionen und um die Weiterführung der Regierung mit Norbert Hofer als Vizekanzler sowie um ein ‚Transparenz-Paket', das man auch als eine Art moralischen Kompass bezeichnen könnte. Dass ich aus dem Innenministerium weichen sollte, war nicht einmal ansatzweise Thema. Dem Bundeskanzler war merkwürdigerweise nur wichtig, dass H.-C. Strache in seiner Rücktrittsrede nicht sagen soll, dass er aus allen Ämtern zurücktritt, damit die erfolgreiche Regierungsarbeit weitergehen kann. Strache hat seine Erklärung – wie vereinbart – Samstagmittag abgegeben. Auf die Erklärung des Kanzlers, die unmittelbar danach folgen sollte, haben wir dann gewartet und gewartet – aber sie kam bis zum Abend nicht. Dafür wurde im Verlauf des Samstags von Sebastian Kurz die Forderung gestellt, ich muss das Innenministerium verlassen und es dürfe mir auch kein anderer Freiheitlicher nachfolgen."[343]

Die Version von Sebastian Kurz, wie er sie im Sommergespräch im TV-Sender Puls4 erzählt hat: „Da ist irrsinnig viel auf einmal passiert. Es war einmal für uns am Anfang zentral, alles zu tun, um Informationen zu sammeln. Wir wussten ja nicht sofort, ist das Video echt, ist es nicht echt, gibt es da noch mehr. Das waren einige Minuten, die man da zu sehen bekommen hat und vielmehr ist uns ja nicht hingeworfen worden. Wir wussten ja auch nicht die Vereine, von denen da gesprochen wurde, die illegale Parteifinanzierung, hat die stattgefunden oder nicht. Und insofern haben wir versucht, zunächst einmal Informationen einzusammeln. Und ich hab mit dem Bundespräsidenten gesprochen, ich hab mit dem Koalitionspartner gesprochen und ich hab dann am Abend noch ein Gespräch mit dem Heinz-Christian Strache gehabt, wo ich ihm klar gesagt hab, dass ihm aus meiner Sicht nichts anderes übrigbleiben wird, als sofort zurückzutreten. Er hat da, glaub ich, noch ein bisschen mit sich selbst gerungen, war natürlich auch aufgewühlt in dem Moment, was man ihm menschlich auch nicht vorwerfen kann.

Und hat dann sehr klar entschieden, dass er zurücktreten wird. Wir haben bei mir im Team uns natürlich Gedanken gemacht, ist es überhaupt sinnvoll darüber nachzudenken, dass das fortgesetzt werden kann oder nicht. Und dann war für uns klar, das Minimum wäre als Basis eine lückenlose Aufklärung. Und ich hab daher mit Norbert Hofer und anderen in der FPÖ telefoniert, um einfach auch zu sehen, gibt es dort die notwendige Sensibilität, ist man sich der Tragweite bewusst, gibt es ein Bewusstsein in der FPÖ, wie sehr das unserer internationalen Reputation schadet als Republik Österreich. Und da gab's einige, bei denen war das Bewusstsein vorhanden, aber leider Gottes bei Innenminister Herbert Kickl war es das genaue Gegenteil. Der hat sehr aggressiv reagiert. War eher darauf aus, gleich in den Gegenangriff überzugehen. Da war dann sehr schnell klar, ohne eine unabhängige Aufklärung im Innenministerium, ohne Sensibilität dafür, was da zu sehen ist, diese offene Bereitschaft mit Korruption zumindest zu liebäugeln – formulieren wir es mal so – dass das etwas ist, wo man nicht einfach zur Tagesordnung übergehen kann. Insofern, ich wollte nie Neuwahlen, ich wollte nie diese Koalition beenden, aber es war wie gesagt kein Wunsch, sondern dann sehr schnell eine Notwendigkeit."[344]

Fest steht, Kurz und die ÖVP hatten es extrem eilig, Kickl aus dem Innenministerium zu entfernen. Obwohl Kurz klar sein musste, dass der Rauswurf des mit Abstand wichtigsten FPÖ-Ministers das sofortige Ende der Koalition und das Ende einer erfolgreichen politischen Zusammenarbeit für Österreich bedeuten würde. Es kam, wie es kommen musste. Die FPÖ bestand auf Kickl als Innenminister, die blaue Regierungsmannschaft trat geschlossen zurück. Kurz konnte mit seiner um Experten erweiterten Regierung nicht mehr bis zu den geplanten Wahlen im September weitermachen, am 27. Mai entzog ihr der Nationalrat mit den Stimmen von SPÖ, FPÖ und der Liste Jetzt das Vertrauen.

Politische Beobachter, wie etwa Georg Vetter, ehemaliger ÖVP-Abgeordneter, vermuten, dass Kurz der Rauswurf Kickls aus dem Innenministerium nach der Veröffentlichung des Videos wichtiger war als der Fortbestand der Koalition: „Daher bestand sie (die ÖVP A.d.V.) auf dem Wechsel an der Spitze des Innenministeriums und nahm Neuwahlen in Kauf."[345]

Auch alle anderen Parteien drängen sofort auf die Abberufung Kickls: „Bundeskanzler Kurz muss handeln. Die blauen Minister – insbesondere Innenminister Kickl – müssen aus der Regierung raus. Entweder sie treten zurück oder sie werden ausgetauscht"[346], so Grünen-Chef Werner Kogler. Die Neos und die SPÖ fordern ebenfalls vehement die Absetzung Kickls und der blauen Minister. Nach so vielen Fehlversuchen, den Innenminister abzuschießen, will man sich diese Gelegenheit, obwohl Kickl nichts mit der Ibiza-Affäre zu tun hat, nicht entgehen lassen. Die eineinhalbjährige Treibjagd auf Kickl sollte endlich erfolgreich mit einem medialen Blattschuss abgeschlossen werden.

Auch deutsche Politiker mischen sich, als wäre Österreich ihre Kolonie, massiv in die inneren Angelegenheiten des Landes ein. Die damals Noch-SPD-Chefin Andrea Nahles: „In Österreich muss es Neuwahlen geben."[347] Grünen-Chef Robert Habeck: „Es muss ein Schlussstrich gezogen werden."[348] Und Justizministerin Katarina Barley (SPD) fordert Kurz offen auf, die Koalition zu beenden. Der Druck, der auf Kurz an diesem Freitag und Samstag ausgeübt wird, muss enorm gewesen sein. Dazu der grölende und feiernde linke Mob auf dem Heldenplatz vor dem Bundeskanzleramt. Für einen so jungen Politiker muss das eine große Belastung, ein enormer Stress sein.

Hat ihn die Wucht der Geschehnisse überfordert? War es – angesichts der sich überschlagenden Ereignisse – eine Fehlentscheidung, die er möglicherweise wenig später bereut hat, war es der Druck der wieder Oberwasser gewinnenden Alt-ÖVP oder war es von Anfang an seine Strategie, war es Kalkül?

Was bei der Opposition nachvollziehbar ist, sie kämpft – wie in diesem Buch ausführlich beschrieben – seit Kickls Amtsantritt mit allen Mitteln gegen ihn, wirft bei Kurz Fragen auf. Warum ist es der ÖVP bzw. Kurz nach der Veröffentlichung des Videos so wichtig gewesen, Kickl loszuwerden, obwohl es dafür keinen triftigen Grund gibt, obwohl die Koalition nach wie vor die Zustimmung einer deutlichen Mehrheit der Österreicher genießt? Das fragt sich auch der Betroffene. Kickl in einem Interview wenige Tage nach seiner Absetzung: „Was hat die ÖVP zu befürchten?“[349]

Die offiziellen Begründungen der ÖVP sind wenig glaubhaft: Kickl sei 2017, als das Ibiza-Video gedreht wurde, Generalsekretär der FPÖ gewesen und müsse daher als Innenminister zurücktreten, weil sein Ressort die Ermittlungen rund um die seit dem Ibiza-Video vermutete verdeckte Parteienfinanzierung führen werde.[350]

Die Begründung ist in mehrerlei Hinsicht Unsinn. Zum einen leitet die Ermittlungen die Staatsanwaltschaft, also die Justiz, zudem wäre im Innenministerium im Zusammenhang mit Korruptionsvorwürfen ÖVP-Staatssekretärin Karoline Edtstadler bzw. ihr Nachfolger zuständig gewesen. Außerdem war Kickl als Generalsekretär nicht für die Finanzen der Partei zuständig, und es wäre nicht das erste Mal, dass unter einem Innenminister Ermittlungen gegen aktive oder ehemalige Politiker, die derselben Partei wie der Innenminister angehören, durchgeführt worden wären. Etwa im Fall von ÖVP-Mann Ernst Strasser, der ebenfalls einem Lockvogel auf dem Leim gegangen war und der – im Gegensatz zu Strache – tatsächlich illegale Machenschaften anbot und dafür auch hinter Gitter musste.

Nein, aus den von Kurz und der ÖVP vorgeschobenen Gründen musste Kickl nicht von einem Tag auf den anderen das Innenministerium räumen. Das ist offensichtlich. Warum dann? Schauen wir uns nochmal an, wer und was hinter dem Ibiza-Video steckt. Prof. Schmidt hat nicht nur einige direkt Beteiligte an der Videofalle aufgespürt, im Zuge seiner Recherchen haben sich ein weit verzweigtes Netzwerk, zahlreiche Kontakte und Verbindungen aufgetan. Während die linken Medien und Politiker nach dem Christchurch-Terror versucht haben, möglichst viele Berührungspunkte und Verbindungen zwischen Identitären und der FPÖ zu finden, zeigen sie im Ibiza-Kriminalfall keinerlei Interesse oder Aktivitäten, hier Verbindungen zur Politik herausfinden zu wollen. Auch das hat seine Gründe.

Was im Zuge der Ermittlungen durch eu-infothek.com und ein paar andere Medien ans Licht kommt und derzeit bekannt ist: Der Wiener Anwalt Dr. M., der als einer der Drahtzieher gilt, was er über seinen Anwalt zugegeben hat[351], soll bereits 2015 versucht haben, belastende Fotos bzw. Filme über Heinz-Christian Strache an den Mann zu bringen. M. ist in der politmedialen Wiener Szene bestens vernetzt. Er war zwei Jahre lang – von 2002 bis 2004 – Rechtsanwaltsanwärter in der Kanzlei von Dr. Gabriel Lansky. Lansky ist ein SPÖ-naher Anwalt, dessen Name öfter in Zusammenhang mit politischen Affären auftaucht. Etwa im BVT-Skandal oder in der kasachisch-österreichischen Aliyev-Affäre, die mit dem mysteriösen Selbstmord Aliyevs, ehemaliger kasachischer Vize-Außenminister und Schwiegersohn von Präsident Nursultan Nasarbajew, endete. Lansky hat unter anderem eine Wahlkampfplattform für Ex-SPÖ-Bundeskanzler Alfred Gusenbauer geleitet.[352] Die Presse bezeichnet ihn als „Linksanwalt“[353], Die Zeit als „Wiener Strippenzieher, der den Sozialdemokraten nahesteht“.[354]

Auch Gusenbauer, der seit seinem Abschied aus der Politik in Osteuropa und Asien Geschäfte macht, war ebenfalls für den kasachischen Diktator Nasarbajew tätig und soll für die Ukraine lobbyiert haben. „Der ehemalige SPÖ-Bundeskanzler Alfred Gusenbauer ist der bekannteste Lobbyist Österreichs – und der umstrittenste“[355], schreibt etwa das Magazin News. Es war auch Gusenbauer, der der SPÖ den berühmt-berüchtigten Berater und Dirty-Campaigning-Spezialisten Tal Silberstein empfohlen haben soll. Silberstein war im Nationalratswahlkampf 2017 für die SPÖ tätig. Die Sache flog auf und ging für die SPÖ nur deshalb relativ glimpflich aus, weil die linkslastigen Medien, allen voran der ORF, über den Skandal rund um Facebook-Hetz-und-Lügen-Seiten äußerst zurückhaltend berichteten. Auch Sebastian Kurz sagte am selben Wochenende, als die Ibiza-Videos veröffentlicht wurden: „Möglich, dass Silberstein dahintersteckt.“[356] Kurz bringt später auch die Rechtsanwaltskanzlei Lansky mit der Ibiza-Affäre in Verbindung[357], was Lansky vehement bestreitet. Er will Kurz klagen, was er nach einer Aussprache mit ihm aber nicht tut. Ob Kurz einen konkreten Verdacht hatte, einfach nur auf den SPÖ-Schmuddel-Wahlkampf von 2017 anspielte oder wovon auch immer ablenken wollte, sei dahingestellt.

Zurück zu Gusenbauer: Er arbeitet auch für die STRABAG, jenen Konzern von Hans Peter Haselsteiner, der von Strache im Ibiza-Video des Öfteren genannt wird – vermutlich, weil ihn der Lockvogel mit seinen manipulativen Fragen dazu gedrängt hat – und dessen staatliche Aufträge Strache in jener Ibiza-Nacht streichen wollte, sollte er an die Macht kommen. Konzernchef Haselsteiner ist ebenfalls bestens vernetzt, er ist Förderer der Neos, unterstützt sie finanziell äußerst großzügig. Die Neos haben ebenfalls die Dienste Silbersteins in Anspruch genommen. Haselsteiner bringt sich auch aktiv in Wahlkämpfe ein. Etwa bei der Wahl des Bundespräsidenten, als er nach eigenen Angaben „mehrere 100.000 Euro" in eine Anti-Norbert-Hofer-Kampagne investierte. „Der Industrielle Hans-Peter Haselsteiner setzt seinen privaten Feldzug gegen den FPÖ-Präsidentschaftskandidaten fort"[358], schrieb die Kleine Zeitung.

Haselsteiner macht, wovon Strache in Ibiza träumt. Der Milliardär[359] unterstützt – aus welchen Gründen auch immer – direkt und indirekt Parteien, Politiker bzw. politische Kampagnen. Das ist auch legal. Das Ibiza-Video ist sehr früh der STRABAG, Haselsteiners Firma, zum Kauf angeboten worden. Anwalt M. wollte das Video im Sommer 2017 einem Lobbyisten der STRABAG um fünf Millionen Euro verkaufen[360]. Dieser lehnte ab.

Haselsteiner selbst will es aber nicht gesehen haben. Tatsache ist, dass die STRABAG viele staatliche Aufträge bekommt. So ist die STRABAG bei der Asfinag, der staatlichen Autobahnen- und Schnellstraßen-Finanzierungs-Aktiengesellschaft, einer der größten Auftragnehmer.[361] Der STRABAG SE-Konzern hat im Geschäftsjahr 2018 über 16 Milliarden Euro erwirtschaftet.[362]

Gusenbauer arbeitet nicht nur für die STRABAG, er ist auch ein Vertrauter eines anderen sehr reichen Österreichers, von René Benko. Der junge Immobilien-Multimilliardär ist ebenfalls bestens vernetzt. Er pflegt gute Kontakte zu Sebastian Kurz. Das Rechercheportal Addendum: „Das muss an sich kein Widerspruch sein, immerhin hat Alfred Gusenbauer seinerzeit gleichzeitig sowohl seinen Nach-Nachfolger als Kanzler und Parteichef, Christian Kern, als auch den gerade die ÖVP übernehmenden Außenminister Sebastian Kurz beraten. Österreich eben."[363]

Österreich eben! Benko hat sich über eine deutsche Mediengruppe bei der Kronen Zeitung und im Kurier eingekauft. Seither tobt ein Machtkampf um die größte und einflussreichste Tageszeitung des Landes. Benko will mehr, die Herausgeber-Familie Dichand wehrt sich dagegen. Chefredakteur Christoph Dichand schreibt in seiner Zeitung: „Journalistische und wirtschaftliche Unabhängigkeit ist ein Wert, den man nicht wie Kaufhäuser oder das Chrysler Building kaufen kann. Wenn finanzielle Interessen im Vordergrund stehen, wie es bei Konzernen der Fall ist, dann ist die Unabhängigkeit in Gefahr. Ein Verkauf der ‚Krone' käme für unsere Familie nie infrage, eher ein Zukauf."[364] Dichand an den damals noch im Amt des Bundeskanzlers befindlichen Sebastian Kurz: „Vor solchen Freunden sollten sich Persönlichkeiten in gesellschaftlich und politisch verantwortungsvollen Positionen tunlichst fernhalten."[365]

Benko hat Kurz auf einer Reise in die Vereinigten Arabischen Emirate begleitet und beim Schnäppchen-Kauf einer Luxusimmobilie auf der Wiener Mariahilfer Straße war Kurz Benko behilflich. Addendum: „Kurz nach Weihnachten 2017 musste der damals schwer angeschlagene Kika-Leiner-Konzern eine Luxusimmobilie verkaufen, um eine drohende Insolvenz abzuwenden. Der Immobilieninvestor René Benko erhielt für 60 Millionen Euro den Zuschlag. Kanzler Sebastian Kurz und sein Justizminister ließen dafür eigens das Bezirksgericht aufsperren, damit der Deal grundbücherlich besichert werden konnte. Weitere Addendum-Recherchen ergeben: „Es gab ein zweites Offert – über 90 Millionen Euro."[366]

Auch hier der Bezug zum Ibiza-Video. Während Strache 2017 auf Ibiza von der Übernahme der Kronen Zeitung träumt, hat es der gut vernetzte Benko längst getan. All das ist bekannt, ganz offiziell und ohne großen Skandal über die Bühne gegangen.

Zurück zum Wiener Anwalt M., der beste Kontakte zu verschiedenen Politberatern unterhält. Dazu soll auch Daniel K. gehören. Er war Pressesprecher von ÖVP-Finanzminister Josef Pröll. Nachdem M. aufgeflogen ist, soll er seine Tweets auf Twitter gelöscht haben. Eine seiner Twitter-Meldungen vom Oktober 2017 ist trotzdem bekannt: „Aha… so geht also Spinn. Da setz ich dann doch einen drauf: am Ende werden wir ein Blau/Rotes Wunder erleben."[367] „Geliked" wurde dieser Tweet unter anderem von Dr. M.

Es gibt in der Ibiza-Affäre weitere Spuren und Verbindungen auch zum BVT und zur ÖVP. So sollen Detektiv H. und jene Sicherheitsleute, die Strache die Falle gestellt und das Video produziert haben, beste Kontakte zum BVT gehabt haben.[368] So soll Julian H. in einer privaten Sicherheitsfirma gearbeitet haben, die mit der Finanzpolizei und dem Bundeskriminalamt kooperierte. Wie das Rechercheportal Fass ohne Boden berichtet, hat H. im Auftrag eines Tabakkonzerns und in Zusammenarbeit mit den Behörden einen Zigarettenschmugglerring unterwandert und ausgehoben[369]. Zu der Zeit, als das Ibiza-Video entstand, begann sich zudem die Polizei für Julian H. und zwei weitere Verdächtige in der Ibiza-Affäre zu interessieren. Es ging um einen Fall von Betriebsspionage. Auch das BVT wurde hinzugezogen. In seinem Abschlussbericht werden sämtliche Beschuldigte entlastet, wie Die Zeit recherchiert hat. Und sie fragt: „Kann es sein, dass die Polizei in der kritischen Phase der Ibiza Operation intensiv gegen die Gruppe um Julian H. ermittelt und doch nicht mitbekam, was sich da zeitgleich gegen zwei hochrangige FPÖ-Politiker zusammenbraute (…)?"[370]

Es ist anzunehmen, dass das BVT von dem Video wusste und vermutlich auch seinen Inhalt kannte. Im BVT-U-Ausschuss kam ein mysteriöser SMS-Verkehr zwischen dem ehemaligen BVT-Spionagechef P. und ÖVP-Bundesgeschäftsführer Axel Melchior zur Sprache: „Hast Du wieder mal Zeit? Es gibt neue Filme!“[371], schreibt P. am 5. Mai 2015 an Melchior, damals stellvertretender Kabinettschef von Sebastian Kurz im Außenministerium.

Ungefähr zur selben Zeit soll Dr. M. versucht haben, kompromittierende Strache-Videos bzw. Fotos an Parteien zu verkaufen. Peter Pilz von der Liste Jetzt: „Diese Spur führt direkt ins Kabinett von Sebastian Kurz.“[372] Ein weiterer sonderbarer Vorfall mit Bezug zu Kurz: Sechs Tage nach der Veröffentlichung der Ibiza-Videos lässt ein Mitarbeiter des damaligen Bundeskanzlers Sebastian Kurz fünf Datenträger aus dem Bundeskanzleramt von einer Spezialfirma schreddern. Unter falschem Namen. Die Sache fliegt auf, weil der Mann die Rechnung der Firma nicht bezahlt hat.[373]

All diese Verbindungen, Verstrickungen, Bezugspunkte und Kontakte bedeuten natürlich nicht, dass die genannten Personen, Parteien und Firmen etwas mit der Ibiza-Affäre zu tun haben müssen, sie zeigen aber, welch dichtes und undurchschaubares Netzwerk der Macht in Österreich existiert. In diesem Umfeld aus Politik, Halbwelt, Beratern, Medien, linkem Aktivismus und Nachrichtendiensten ist das Ibiza-Video entstanden. „Wir alle haben ein Sittenbild gesehen, das Grenzen zutiefst verletzt. Ein Bild der Respektlosigkeit, des Vertrauensbruchs, der politischen Verwahrlosung“[374], sagte Van der Bellen nach der Veröffentlichung des Ibiza-Videos in seiner TV-Ansprache den Bürgern. Er meinte damit Strache und Gudenus. Er hätte diese Aussage besser auf jene beziehen sollen, die an dem Video beteiligt gewesen sind, sei es als Auftraggeber, Finanziers, Drahtzieher, Ausführende, Verwerter, Handlanger, Profiteure oder Trittbrettfahrer.

Weil von den großen Medien und den Behörden bisher wenig zur Aufklärung der Ibiza-Affäre beigetragen worden ist, entstehen immer neue Theorien und Gerüchte. Die Öffentlichkeit ist auf jene Informationen angewiesen, die von engagierten alternativen Medien recherchiert oder die im Zusammenhang mit anderen Affären und Untersuchungen an die Oberfläche gespült werden. So wird etwa beim BVT-U-Ausschuss bekannt, dass ein ÖVP-Verein gleich drei BVT-Mitarbeiter zu seinen Mitgliedern zählt. „Obmann war der ehemalige Spionageabwehr-Chef, Kassier eine Zeit lang der ehemalige Kanzleramtsminister Gernot Blümel."[375] Den Verein hat die ÖVP mittlerweile gelöscht.

Für eine interessante Reaktion seitens der Volkspartei sorgt auch Prof. Gert Schmidt. Dem EU-Infothek-Mann wird ein Konvolut von über 1.000 Mails, die die ÖVP mit der Ibiza-Affäre in Verbindung bringen sollen, zugespielt.[376] Unter anderem sollen sich Kurz und Minister Blümel in den Mails über das Ibiza-Video ausgetauscht haben. Weil Schmidt Zweifel an der Echtheit der Mails hat, fragt er bei der ÖVP nach. Die reagiert blitzschnell. Sebastian Kurz und ÖVP-Generalsekretär Karl Nehammer geben in einer rasch einberufenen Pressekonferenz bekannt, dass diese Mails Fälschungen seien. Untermauern soll das ein von der ÖVP in Auftrag gegebenes Privatgutachten. Schmidt, der einige Spezialisten auf diesem Gebiet beschäftigt, will sich hingegen nicht festlegen, ob die ÖVP-Mails authentisch oder gefälscht sind.[377] Weshalb eu-infothek.com über den konkreten Inhalt der Mails nicht berichten möchte, solange nicht ausgeschlossen werden kann, dass es sich um Fälschungen handelt. Was allerdings verwundert, ist die Überreaktion von Sebastian Kurz, der sich bei solchen Geschichten oder Gerüchten normalerweise nicht zu Wort meldet.

Es gibt noch viele weitere Kontakte, Verbindungen, Spuren, Gerüchte und Hinweise. Es soll hier aber nicht darüber spekuliert werden, wer in die Ibiza-Affäre konkret verwickelt ist oder wer von dem Video wusste, das wird, trotz des offensichtlichen Desinteresses gewisser Akteure, hoffentlich noch ans Licht kommen. OE24 hat Ende Juni die vier wahrscheinlichsten Thesen kompakt zusammengefasst:

„These 1: M. und H. agierten alleine – als Glücksritter

Aufdecker Gert Schmidt tendiert zur These, dass Anwalt M. und Videoproduzent H. zunächst ohne Hintermänner gearbeitet und die Kosten sogar durch den Verkauf eigener Vorsorgewohnungen finanziert hätten, um dann beim Weiterverkauf bis zu fünf Millionen Euro zu erlösen.

Tatsächlich hat M. das Video Mittelsmännern von SPÖ und ÖVP um eine Million Euro angeboten (ohne Erfolg), bis dann ein dubioses ‚Zentrum für Politische Schönheit' (mit Nähe zu Jan Böhmermann) das Video vor der EU-Wahl um 600.000 Euro in Goldmünzen kaufte.

These 2: Es war der SPÖ-Agent Silberstein

Eine zweite, vor allem von ÖVP und Teilen der FPÖ unterstützte These ist, dass der ‚SPÖ-Wahlkampfberater' Tal Silberstein hinter der Aktion steckt. Tatsächlich hatte Silberstein einen Mossad-Agenten für Dirty Campaigning engagiert, der Kontakte zum Video-Umfeld hat. Jedenfalls wurde Silberstein kurz nach dem Videodreh verhaftet. Er hätte das Video schon deshalb nicht mehr verwerten können.

Beweise für ihn als Auftraggeber gibt es keine. Heißestes Gerücht: Silberstein soll in einem SPÖ-Meeting kurz vor seiner Verhaftung in

Wien davon gesprochen haben, wie er den Wahlkampf mit Videos und Fotos skandalisieren will. Daraufhin trat der wichtigste und seriöseste SPÖ-Wahlkampfmanager von einem Tag auf den anderen zurück. Warum?

These 3: Es waren die STRABAG und Haselsteiner

Viele Spuren sprechen dafür, dass der legendäre Bauunternehmer und Neos-Großspender H. P. Haselsteiner zumindest über das Video frühzeitig informiert war. Der einstmals engste Freund des Videoproduzenten H., Sascha Wandl, behauptet, H. hätte Millionen mit Industriespionage für große Firmen wie Plasser & Theurer, aber auch die STRABAG (in Osteuropa) verdient. Er selbst hätte persönlichen Kontakt zu Haselsteiner gehabt und immer wieder für ihn ‚gearbeitet'.

Auffällig ist: Im Video wird permanent nach ‚der STRABAG' gefragt. Fest steht: Der wichtigste Lobbyist von Haselsteiner, Zoltán Aczél (übrigens früher bei LIF und Neos), hat zugegeben, dass ihm das Video nach dem fertigen Dreh im Sommer 2017 ‚um fünf Millionen Euro' angeboten wurde. Aczél behauptet auch: ‚Ich habe Haselsteiner davon nicht informiert' – das will ihm freilich keiner glauben. Fest steht aber auch: Aczél und STRABAG hätten das Video nicht gekauft – es war ihnen ‚zu heiß und zu unsauber'.

These 4: Es war unser Geheimdienst BVT

Absurd, aber definitiv wahr: Die dubiosen Ibiza-Video-Produzenten arbeiteten zuvor jahrelang (!) als V-Leute für unseren Geheimdienst BVT. Ihre Aufgabe war, mit teils illegalen Abhör- und Videomethoden Drogendealer und Schlepper zu überführen. Insgesamt dürfte das BVT – nach geheimen Unterlagen aus dem BVT-U-Ausschuss –

für diese Dienste sagenhafte sieben Millionen Euro (!) auf geheime Konten nach Liechtenstein überwiesen haben.

Videoproduzent H. war so unverfroren, das BVT und das Bundeskriminalamt auf seiner Sicherheitswebsite als seine ‚renommiertesten Kunden' ausdrücklich anzuführen. Tatsächlich waren auch drei BVT-Mitarbeiter während des Videodrehs auf Ibiza.

Ob das – damals extrem eng mit der ÖVP vernetzte – BVT die Videos tatsächlich beauftragt oder nur ‚geheim überwacht und mitgeschnitten' hat, ist völlig offen. Tatsächlich spricht ein BVT-Topmann in einer E-Mail an einen Parteimanager von ‚neuen Filmchen', die er besitze."[378]

Eines zeigt sich bei all diesen Theorien und Mutmaßungen deutlich: In Österreich haben sich über Jahrzehnte Machtstrukturen verfestigt und Seilschaften gebildet. Ein verfilztes System voller Abhängigkeiten ist entstanden. Alt-ÖVP und SPÖ haben nach dem Zweiten Weltkrieg das Land unter sich aufgeteilt. Was früher ganz offiziell im Rahmen dieses rot-schwarzen Proporzsystems stattgefunden hat, wanderte, vor allem seit FPÖ-Mann Jörg Haider in den 1990er Jahren diese Strukturen aufbrach, zunehmend hinter verschlossene Türen und in die Hinterzimmer der Macht. Geändert hat sich wenig.

Von diesen Machtstrukturen sind hunderttausende Menschen in allen Bereichen und auf allen Ebenen abhängig. Vom kleinen Mitarbeiter eines Steuergeld getriebenen roten Sozialvereins in Wien bis hinauf in die Chef- und Führungsetagen staatsnaher Konzerne und Institutionen. Es ist ein engmaschiges Netz. Und die Profiteure wollen dieses System erhalten bzw. wieder installieren. Der eine oder andere greift deshalb auch zu kriminellen oder zumindest dubiosen Methoden.

Hier geht es schließlich um viele Milliarden Euro an Steuergeldern, die in diesem Netzwerk zirkulieren und umverteilt werden, egal ob über Aufträge, Subventionen, Posten oder Förderungen. Die FPÖ im Allgemeinen und Herbert Kickl im Speziellen sind in diesem System, in diesem Spiel ein Störfaktor. Kickl ist nicht Part of the Game und er hat auch nie Anstalten gemacht, mitspielen zu wollen. Im Gegensatz etwa zur FPÖ im Burgenland. Im östlichsten Bundesland zeigt sich: Wenn die Freiheitlichen bereit sind mitzuspielen, den Platz einzunehmen, den man ihnen zugesteht, und sie sich mit einigen Posten, Pöstchen, Vorteilen und anderen Goodies abspeisen lassen, werden sie von den Mainstreammedien und den anderen Vertretern dieses Machtgefüges weitgehend in Ruhe gelassen. Während die Bundespartei, die Landesparteien in Wien oder Oberösterreich quasi unter medialem Dauerbeschuss stehen, herrscht um die burgenländischen Blauen beinahe gespenstische Ruhe.

Auch Sebastian Kurz schien anfänglich diese Machtstrukturen aufbrechen und mit seiner neuen ÖVP Österreich durchlüften zu wollen. Einige solcher Reformprojekte wurden angegangen und zum Teil umgesetzt, etwa die Zusammenlegung der Krankenkassen. Andere wichtige Vorhaben hingegen auf die lange Bank geschoben: Der ORF, eines der Herzstücke des alten Machtblocks, ist nach wie vor unreformiert, und die ORF-Gebühren wurden nicht wie versprochen abgeschafft. Ebenso wenig wie die Zwangsmitgliedschaft in den Kammern. Diese und viele andere Maßnahmen hätten die Macht und den Einfluss des alten Apparats und seiner Profiteure beschnitten. Mit Kickls Abgang und der Sprengung der Koalition sind die Kammern, der ORF und viele andere Anachronismen und Altlasten des rot-schwarzen Machtsystems vorläufig gerettet.

Kurz und die gesamte Regierung standen unter enormem medialen und politischen Druck sowohl auf nationaler als auch auf europäischer Ebene. Man hatte damit offenbar Erfolg, wie immer mehr Entscheidungen im Laufe des Jahres 2019 gezeigt haben. Etwa als Kurz Othmar Karas, geradezu ein Paradebeispiel eines Alt-ÖVP-Mannes, zum Spitzenkandidaten für die EU-Wahl gekürt hat, und die für die Wähler wesentlich attraktivere und zukunftsreichere Kandidatin, Staatssekretärin Karoline Edtstadler, nur auf Platz zwei reihte, als er immer öfter gemeinsam mit Opposition und Mainstreammedien die FPÖ attackiert hat, als er im Zuge der künstlichen Aufregung um ein dümmliches, aber im Grunde unbedenkliches Gedicht eines kleinen FPÖ-Funktionärs aus Oberösterreich ebenfalls auf die FPÖ losging. Die von Kurz entmachteten schwarzen Landeskaiser gewannen im Laufe der türkis-blauen Regierungszeit immer mehr an Einfluss und Macht zurück.

Dazu der stetig steigende Druck aus Brüssel von den immer nervöser werdenden Zentralisten um Merkel, Macron und Juncker. So hat sich die Regierung in Wien mit dem Nein zum UN-Migrationspakt den Zorn dieser alten Macht-Clique zugezogen. Immer öfter wurde über internationale Medien Druck auf die Türkis-Blauen ausgeübt. Kurz reagierte darauf, ging etwa immer mehr auf Distanz zu Ungarns Premierminister Viktor Orbán, forderte sogar die Suspendierung von Orbáns Partei FIDESZ aus der EVP. Für viele Konservative innerhalb und außerhalb der ÖVP ein unverzeihlicher Fehler.

Wer sich weder dem internationalen noch dem innerösterreichischen Druck beugt, ist Herbert Kickl. Er zieht seine Politik weiter durch, zeigt auch nach monatelangen medialen Angriffen keine Ermüdungserscheinungen, hält dem medialen Gegenwind, den permanenten Attacken des tiefen Staates stand. Die Schrauben müssen weiter angezogen werden.

Kickl als permanenter Störfaktor und Nestbeschmutzer. Das war ein Grund, vermutlich steckt aber noch mehr dahinter. Das glaubt auch Kickl: „Kurz hat gesagt, am Ende kommt die Wahrheit ans Licht. Am Ende könnte diese Wahrheit aber anders aussehen als er glaubt. Sowohl was Herstellung als auch Verbreitung des Videos betrifft, könnten Spuren zur ÖVP führen. Ein blauer Innenminister, der auch in diese Richtung nachdenkt, musste deshalb verhindert werden."[379] Dass Kurz Kickl so schnell wie möglich loswerden wollte, ist zumindest ein Indiz in diese Richtung. Gibt es im Innenministerium und im BVT Leichen? Kurz nach Kickls Abgang wurde im Innenministerium etwa ein Skandal rund um den Wiener Stadterweiterungsfonds bekannt.[380] Zwei der ÖVP zuzuordnende Sektionschefs sollen den Wiener Fonds um 1,1 Millionen Euro bewusst geschädigt haben. Nur die Spitze eines Eisbergs?

Tatsache ist, das Innenministerium war vom Jahr 2000 bis zu Herbert Kickls Amtsübernahme ohne Unterbrechung in ÖVP-Hand. Den Beginn der langen Reihe von ÖVP-Innenministern machte Ernst Strasser, der das Ressort, wie bereits im Kapitel 5 beschrieben, völlig neu aufstellte und das BVT gründete. Es folgten Liese Prokop, Günther Platter, Maria Fekter, Johanna Mikl-Leitner und Wolfgang Sobotka. Es waren fast immer Politiker aus der niederösterreichischen ÖVP, die das Innenressort leiteten: Strasser, Prokop, Mikl-Leitner, Sobotka. Erwin Pröll, langjähriger Landeshauptmann von Niederösterreich, galt stets als einer der mächtigsten Männer innerhalb der ÖVP, auch seine Nachfolgerin Johanna Mikl-Leitner ist extrem einflussreich. „Wenn ein so wichtiges und großes Ressort 17 Jahre lang in der Hand derselben Partei ist, und davon wieder viele Jahre in Hand einer Landesgruppe dieser Partei, glaube ich, neigen solche Systeme dazu, irgendwie korrumpiert zu werden"[381], vermutet Herbert Kickl.

Im Zuge der Ibiza-Affäre ist deshalb auch immer öfter von schwarzen Netzwerken die Rede, deren Zentrum in Niederösterreich liegen soll. Sowohl die linke Opposition als auch die FPÖ argumentieren in diese Richtung: Herbert Kickl: „Die Kaltschnäuzigkeit, mit der versucht wurde, alle Ministerien in die Hand zu bekommen, hat das schwarze Machtkartell entlarvt: Die wahren Mächtigen sitzen in der ÖVP Niederösterreich, die sogenannte Generalvollmacht des Parteiobmannes, also Parteichefs, Kurz ist nicht mehr als ein wertloses Stück Papier, wenn es darauf ankommt. Ich glaube ja, dass Kurz zu der Entscheidung getrieben wurde, eine sehr populäre Regierung in die Luft zu sprengen."[382]

Kickl fasst die Ergebnisse des BVT-U-Ausschusses Anfang Juli so zusammen: Teile des BVT seien ein „ÖVP-Geheimdienst" und es gäbe zudem schwarze Netzwerke im Innen- und im Justizministerium.[383]

Natürlich muss man bei solchen Vorwürfen, egal von welcher politischen Seite sie erhoben werden, egal in welche Richtung sie gehen, berücksichtigen, dass im laufenden Wahlkampf der großen Gegner aller Parteien Sebastian Kurz und die ÖVP sind, sie werden dementsprechend auch von der FPÖ attackiert. Wer letztlich hinter diesem Staatsstreich – anders kann man die Ibiza-Affäre nicht bezeichnen – steckt, und aus welcher Motivation heraus er gehandelt hat, wird sich hoffentlich herausstellen. Auch wenn nicht alle an einer Aufdeckung interessiert sind, obwohl sie es von Berufswegen sein müssten.

14. Wahlkampf: Alle gegen Kickl

Die Veröffentlichung des Ibiza-Videos war ein voller Erfolg. International und vor allem national: Herbert Kickl ist nicht mehr Innenminister, die FPÖ nicht mehr in der Regierung, Sebastian Kurz nicht mehr Bundeskanzler, die türkis-blaue Koalition Vergangenheit. Vorerst. Man hat politisch das Maximale aus den illegal produzierten Aufnahmen herausgeholt, sie umfassend verwerten können. Der Bundespräsident, die Mainstreammedien, die linke Opposition, die Alt-ÖVP, der Kulturbetrieb und die sogenannte Zivilgesellschaft sind mit der Beamten- bzw. Experten-Regierung unter Pausen-Kanzlerin Brigitte Bierlein zufrieden. Hauptsache die FPÖ ist draußen. Hauptsache der Wählerentscheid von Oktober 2017 ist neutralisiert worden. Hauptsache die türkis-blauen Reformen, egal wie vernünftig und notwendig sie auch gewesen sein mögen, sind gestoppt. Endlich wieder Stillstand. Und das alles am Wählerwillen vorbei.

Was das Volk als Souverän des Staats will, spielt keine Rolle. Das Ibiza-Video war ein billiger Vorwand, eine willkommene Gelegenheit, um die konservative Wende zu stoppen, und ein Versuch, die alten Machtverhältnisse wiederherzustellen. Grundlage dafür waren die dümmlichen Prahlereien, zu denen der Vizekanzler von Halbwelt-Gestalten mittels Falle, Lockvogel und Suggestivfragen gedrängt wurde. Das soll, was Strache gesagt hat, nicht entschuldigen oder relativieren. Seine Sager, von Medienprofis aus sieben Stunden Filmmaterial herausgefiltert und zusammengestellt, sollten aber politisch und moralisch richtig eingeordnet und beurteilt werden.

Daran hatten jene, die die FPÖ aus weltanschaulichen, machtpolitischen und monetären Gründen seit jeher hassen, nie echtes Interesse. Deshalb war es völlig bedeutungslos, dass Strache die Konsequenzen gezogen und alle Ämter zurückgelegt hat. Keine Chance. Eine solche Gelegenheit wollte sich keiner der Mitbewerber und Feinde der FPÖ entgehen lassen.

Es gibt nur ein Problem. Die Bürger wollen trotz aller medialen und politischen Anstrengungen auch nach der Ibiza-Affäre eine türkisblaue Regierung. „Mehrheit für VP-FP-Koalition“[384], titelt rund einen Monat nach der Veröffentlichung der Ibiza-Videos OE24. Deshalb ist es pure Heuchelei, wenn Van der Bellen in seiner ersten TV-Ansprache nach Veröffentlichung der Ibiza-Tapes den Bürgern und Politikern ausrichtet: „Denken Sie jetzt nicht daran, was Sie für Ihre Partei kurzfristig herausschlagen können, sondern denken Sie daran, was Sie für Österreich tun können. Fragen Sie nicht: Hilft es mir bei der Wahl? Fragen Sie: Hilft es Österreich?“[385]

Van der Bellen denkt trotz seiner salbungsvollen Sonntagsrede nicht in erster Linie an Österreich, sondern an seine grün-rot-linke Klientel. Andreas Unterberger: „Noch nie hat ein Bundespräsident so versagt. Er ist einer der Hauptschuldigen, warum Österreich jetzt (mindestens) ein halbes Jahr Chaos zu durchleiden hat (...) Gewiss: Der Auslöser der großen Krise – der doppelte Skandal von Ibiza – liegt nicht im Verantwortungsbereich Van der Bellens. Doch nach dessen Bekanntwerden hat er schwer versagt. Er hat sich nämlich keine Sekunde lang bemüht, erstens die Regierungskrise zu lösen und zweitens vorzeitige Wahlen zu verhindern. Obwohl beides seine politische Pflicht gewesen wäre. Es gibt sogar sehr viele Hinweise, dass er entscheidend die Eskalation vorangetrieben hat.“[386]

Die selbsternannten progressiven Kräfte des Landes hoffen, dass die guten alten Zeiten, mit einem roten Bundeskanzler an der Spitze und den Grünen als treibende und verändernde politische Kraft wieder zurückkehren, wieder die Marschrichtung vorgeben. Sebastian Kurz wiederum hofft auf einen möglichst hohen Wahlsieg, damit sich eine Koalition mit den Neos ausgeht. Vermutlich hat er an jenem Wochenende, als er die Koalition gesprengt hat, sogar an die Absolute gedacht.

Wie auch immer. Einig sind sich Sebastian Kurz, die Neos, die linken Parteien, die Mainstreammedien, der Kulturbetrieb, die Asylindustrie und all die anderen, die den roten Umverteilungs- und Nannystaat brauchen: Kickl darf nie mehr als Innenminister zurückkehren. Man hat das Ibiza-Video genutzt, um Kickl endlich loszuwerden. Jetzt soll der böse, blaue Geist für immer in seiner Flasche bleiben. Ganz egal, was die Bürger wählen und wollen.

Sebastian Kurz stellt im Puls4-Sommergespräch am 26. Juni klar, dass er sich ein Comeback von Kickl als Innenminister nicht vorstellen kann. Er halte ihn für diese Aufgabe nicht geeignet, so Kurz. Außerdem könne er sich nicht vorstellen, dass Van der Bellen Kickl als Innenminister angeloben würde[387], so sein Wink mit dem Zaunpfahl in Richtung Bundespräsident.

Ob es dieser Aufforderung von Kurz bedurft hätte oder nicht, Van der Bellen stellt wenige Tage später im ORF klar, dass er Kickl als Innenminister nicht mehr angeloben werde. Irgendeinen plausiblen Grund dafür nennt er nicht. Er wird auch nicht danach gefragt. Weder von seiner ORF-Interviewerin Lou Lorenz-Dittlbacher noch von anderen Journalisten. Dass das Staatsoberhaupt Kickl ein solches Amt verwehrt, sollte, zumindest außerhalb von Bananenrepubliken und Diktaturen, triftige und nachvollziehbare Gründe auf gesetzlicher Basis haben. Doch die interessieren weder die Oppositionsparteien noch die anderen linken Meinungs- und Stimmungsmacher. Wozu auch? In diesen Kreisen sind sich ohnehin alle einig, dass Kickl nicht mehr Innenminister werden darf.

Der Aufschrei der aufrechten Demokraten, der Kämpfer für Rechtsstaatlichkeit, der Hüter der politisch korrekten Moral, jener Kommentatoren und Promis, die zu allem eine Meinung haben, und diese auch gerne öffentlichkeitswirksam kundtun, bleibt aus. Die vielen Bürger, die Kickl und seine Arbeit als Innenminister schätzen bzw. geschätzt haben, verachtet Van der Bellen offenbar dermaßen, dass er es nicht einmal für nötig erachtet, seine kafkaeske Entscheidung zumindest mit einer billigen Ausrede zu rechtfertigen. Dafür wird er von den Medien und vom politisch korrekten Milieu nicht nur nicht kritisiert, sondern hofiert und gefeiert.

Hans Rauscher, Standard-Edelfeder: „Herbert Kickl ist mit einer liberalen Demokratie nicht vereinbar."[388] Warum nicht? Als Begründung zählt er jene Punkte auf, die sich im Großen und Ganzen als Halbwahrheiten, Verdrehungen, Unterstellungen herausgestellt haben oder eine Frage der politischen Einstellung und der Moral, also nichts Handfestes, sind. Jedenfalls nichts, was ein de facto Amtsverbot irgendwie rechtfertigen würde. Im Standard sieht man das anders, in einem anderen Artikel werden jene Verfehlungen aufgelistet, die Van der Bellens Entscheidung begründen sollen: „Auch Kickl selbst forderte am Mittwoch trotz anfänglicher Konzentrationsgelüste von Asylwerbern, der umstrittenen Razzia beim Verfassungsschutz, Anzweifelns der Europäischen Menschenrechtskonvention und fragwürdiger Informationspolitik gegenüber kritischen Medien während seiner Amtszeit eine genaue Begründung für Van der Bellens Verweigerung einer erneuten Angelobung ein."[389]

All diese Punkte wurden in diesem Buch ausführlich dargestellt. Es ist auch sinnlos, den Standard oder seine Leser darauf hinzuweisen, dass für die „umstrittene Razzia" die Staatsanwaltschaft verantwortlich war oder Kickl niemals die Europäische Menschenrechtskonvention in Frage gestellt hat. Das Profil behauptet nach dem Abgang Kickls: „Als er sagte, er wolle Flüchtlinge in Lagern ‚konzentrieren', habe er nichts Böses im Sinn gehabt."[390] Schöne Geschichte, nur dass Kickl das Wort Lager nicht benutzt hat. Egal. Wer auf der richtigen Seite steht, also da, wo die Medienmacht, die Diskurs- und Deutungshoheit zuhause sind, braucht sich um Kleinigkeiten wie Faktentreue, stichhaltige Argumente oder Wahrheitsgehalt keine Gedanken zu machen. Es gibt ohnehin niemanden, der in der Lage wäre, das breitenwirksam zu kritisieren und kommunizieren. Schließlich sind es ja die alternativen Medien, die „Fake News" verbreiten.

Die quasi offiziellen Gründe, die Kickl die Eignung als Innenminister absprechen sollen, haben sich aufgrund der permanenten Wiederholung durch Medien und Politik als unumstößliche Wahrheiten in das kollektive linke Bewusstsein gebrannt. Alternative Fakten. Journalisten, die solche Behauptungen aufstellen und jene, die sie glauben, sind an einer möglichst objektiven und faktentreuen Darstellung der Realität nicht interessiert. Es geht ihnen vor allem darum, dass der verhasste Herbert Kickl draußen bleibt. Egal wie. Noch einmal das erhellende Van-der-Bellen-Zitat: „Notfalls darf man die Unwahrheit sagen."[391] Und wenn Kickl für Van der Bellen und seine Gesinnungsfreunde kein Notfall ist, wer oder was dann?

Demokratie ist für Linke nur so lange die beste aller Regierungsformen, so lange sie das Sagen haben. Wenn nicht, ist alles erlaubt, dubiose Videofallen ebenso wie willkürliche Entscheidungen des Bundespräsidenten über die Köpfe der Österreicher hinweg.

Kurzes Gedankenexperiment: Norbert Hofer ist Bundespräsident und weigert sich, Werner Kogler oder Joy Pamela Rendi-Wagner als Minister anzugeloben. Ohne dafür nachvollziehbare Gründe zu nennen. Jetzt stelle man sich die Reaktionen der Medien, Parteien, Promis und NGOs vor.

An diesem Punkt sagt der gelernte mehr oder weniger linke Österreicher: Geh bitte, immer diese paranoiden Rechten mit ihren Verschwörungstheorien. Alle sind gegen sie und sie suhlen sich in ihrer Opferrolle. So schreibt etwa Presse-Chefredakteur Rainer Nowak: „Kickl vermutet natürlich, dass die Journalisten Teil aller Verschwörungen sind."[392] Das Profil: „Wie Haider tendiert auch Kickl zu Verschwörungstheorien."[393] Die Zeit: „Auch der Freiheitliche schlüpft nun dankbar in die neue, ihm zugedachte Rolle und inszeniert sich als das Opfer einer türkisen Verschwörung."[394]

Man kann es sich natürlich so einfach machen, seine politischen Gegner als lächerliche Verschwörungstheoretiker, als Menschen mit einer psychischen Störung (Paranoia) hinzustellen, um jegliche Diskussion, ernsthafte politische und inhaltliche Auseinandersetzung oder seriöse Aufarbeitung der Ibiza-Affäre im Keim zu ersticken. Das hat eine lange Tradition. Andersdenkende als dumm und/oder geisteskrank zu stigmatisieren und entsprechend zu behandeln, ist alles anders als neu im politischen Geschäft.

Natürlich gibt es eine breite Front gegen Kickl, die FPÖ, ein Zusammenwirken und -spiel verschiedener politischer und gesellschaftlicher Kräfte, von den Grünen, den NGOs über die SPÖ, die Caritas-Schwarzen bis hin zu den Künstlern und Wissenschaftlern. Nein, das ist keine Verschwörung in dem Sinn, dass hier dunkle Hintermänner die Fäden ziehen und einen geheimen Masterplan entwickelt haben. Nein, diese Gruppen und Personen verfolgen lediglich ein gemeinsames politisches Ziel.

Man denke etwa an den Bundespräsidentschaftswahlkampf, wo sich mehr oder weniger dieselben Kräfte zusammengeschlossen haben, um Norbert Hofer als Bundespräsidenten zu verhindern. Mit Personenkomitees, Kampagnen, Appellen, moralischer Erpressung, Aufrufen, Propaganda und Angstmacherei. Das ging so weit, dass etwa eine betagte Dame in einem von einer Werbeagentur produzierten Video vor der Wiederauferstehung des Dritten Reiches warnte oder der frühere EU-Kommissionspräsident Jose Manuel Barroso Hofer vorwarf, wieder Konzentrationslager errichten zu wollen.[395]

Hunderte Prominente aus Kultur, Unterhaltung und Wirtschaft bekannten sich öffentlich zu Van der Bellen, während nur ein einziger Promi, der nicht aus dem Umfeld der Politik kam, den Mut hatte, sich für Norbert Hofer auszusprechen: Extremsportler Felix Baumgartner. Er wurde umgehend mit einem linken Shitstorm zugedeckt. Es reichte damals, sich nicht zu Van der Bellen zu bekennen, um irgendwie als politisch anrüchig zu gelten.

Die Medien standen praktisch geschlossen hinter Van der Bellen, betrieben offen Wahlkampf für den Ex-Grünen. Haben sich selbst gleichgeschaltet. Das Profil titelte damals über dem Porträt Van der Bellens: „Es kann nur einen geben“[396]. Und weiter: „Warum Van der Bellen der richtige Bundespräsident wäre“[397]. Was hat das noch mit klassischem Journalismus zu tun? Und wehe, jemand aus dem freiheitlichen Lager wagte es, auf dieses Ungleichgewicht, auf diesen enormen medialen und sozialen Druck, der damals auf die Bürger ausgeübt wurde, hinzuweisen, sofort wurde er als Verschwörungstheoretiker, Demokratiefeind, Mimose oder als jemand, der sich in der Opferrolle gefällt, hingestellt.

Egal wie man so einen breiten Schulterschluss politischer und gesellschaftlicher Kräfte, flächendeckende Propaganda und Medienkampagnen nennen mag, leugnen lassen sie sich nicht, auch wenn sich die Linke so gerne als Underground, widerständig und Anti-Establishment inszeniert, also die Opferrolle exklusiv für sich beansprucht.

Diesen Zusammenschluss der selbsternannten guten Menschen – sprich: Gutmenschen – gibt es auch gegen Herbert Kickl. Und nein, das ist keine Verschwörung à la Dan Brown und die Illuminaten, sondern einfach ein brutaler politischer Machtkampf, bei dem auch der angeblich überparteiliche Bundespräsident, der sich gerne professoral und großväterlich gibt, knallhart die Interessen seines politischen Lagers vertritt.

Dass Kickl das große Feindbild dieser Kräfte ist, das es mit allen Mitteln zu bekämpfen gilt, hat auch die linke deutsche Wochenzeitung Die Zeit richtig erkannt: „In der Folge wird Herbert Kickl zum Minus-Mann der österreichischen Politik stilisiert, der im Alleingang für alle negativen Schlagzeilen, welche die gescheiterte Koalition begleiteten, verantwortlich sein soll."[398]

Deshalb hat man vieles von dem, was Kickl in seiner Amtszeit umgesetzt hat, nach seinem Rauswurf – zack, zack, zack – wieder rückgängig gemacht. Man hat die Tafeln auf den Ex-Ausreisezentren in Traiskirchen und Thalheim wieder abgeschraubt und die 1,50-Euro-Verordnung aufgehoben. Alle Spuren von Herbert Kickl als Innenminister sollen verwischt werden, so, als ob es nie einen Innenminister Kickl gegeben hätte. Nur ein böser Alptraum.

Die Schmutzkampagne gegen Kickl geht unterdessen unvermindert weiter. Man berichtet etwa über Spitzengehälter seiner zu vielen Kabinettsmitarbeiter. Bei näherer Betrachtung stellen sich diese Vorwürfe als unhaltbar und als böswilliges Nachtreten heraus. Obwohl Norbert Hofer der Spitzenkandidat der FPÖ ist, steht Kickl weiterhin im Zentrum der Kritik und der Angriffe, gegen ihn richten sich alle Kampagnen und Attacken. Es wird auch diesmal, wie in allen vergangenen Wahlkämpfen wieder wenige Wochen oder Tage vor dem Urnengang – vielleicht schon während dieses Buch gerade erscheint –, eine politische Bombe gegen die FPÖ gezündet. Edi S., Verdächtiger im Ibiza-Fall, hat bereits neue Enthüllungen und Schlagzeilen angekündigt.[399] Kickl sieht solche Drohungen allerdings gelassen: „Was will man bei einem Nackten noch enthüllen?“[400]

Und warum das alles? Warum bekämpft eine so breite Front Herbert Kickl so hartnäckig? Neben den in diesem Buch bereist aufgezählten Gründen und Motivlagen ist ein Aspekt besonders hervorzuheben: Weil Kickl ein guter Innenminister war. Man wirft ihm vor, er sei für dieses Amt nicht geeignet, sei überfordert gewesen, hätte einen schlechten Job gemacht, kurz er sei ein schlechter Innenminister gewesen. Aus linker Perspektive mag das sogar stimmen, zumal sie die Aufgaben eines Innenministers völlig anders definieren als der gemeine Österreicher.

Kickl war ein Innenminister, der sein Amt und seine Aufgaben ernst genommen hat. Er wollte die Grenzen, das Land und dessen Bürger schützen, er wollte, dass sich der unkontrollierte Zustrom von Menschen aus der Dritten Welt, wie im Herbst 2015, nicht mehr wiederholt, wollte, dass nur jene bleiben dürfen, die tatsächlich Anspruch auf Asyl haben. Positionen und Ziele, die Linke, Caritas-Schwarze und andere Multikulti-Apologeten zutiefst verachten und bekämpfen.

Rote, grüne und christlich-soziale Sozialisten wünschen sich in Wahrheit einen schwachen Innenminister, der sich von linken Medien, NGOs, Kirchen und dem demonstrierenden linken Fußvolk unter Druck setzen und steuern lässt, der es mit dem Grenzschutz und mit den gesetzlichen Bestimmungen bezüglich Asyl und Einwanderung nicht so genau nimmt und der im Fall des Falles seine Beamten im Regen stehen lässt. Auch der Bundespräsident wünscht sich offenbar einen Innenminister mit einem solchen Amtsverständnis. Herbert Kickl: „Wir haben sehr oft hart in der Sache miteinander diskutiert, weil ich zum Beispiel Begehrlichkeiten im Zusammenhang mit Verhinderungsaktionen von Abschiebungen einfach nicht nachgegeben habe. Ich habe das eher als Aufforderung zum Amtsmissbrauch interpretiert. Da waren die Grenzen klar gezogen. Deswegen sind wir einige Male aneinandergeraten. Das ist vielleicht der Grund dafür, dass man jemanden als Innenminister wollte, mit dem man solche Deals unter Anführungszeichen „etwas leichter machen kann". Bei uns haben da alle auf Granit gebissen."[401]

So einen Innenminister konnten Van der Bellen, SPÖ, Grüne, Teile der ÖVP und die Neos nicht gebrauchen. Eher einen wie Horst Seehofer, der einem Chihuahua gleich jedes Stöckchen apportiert, das ihm Mutti Merkel und die Mainstreammedien zuwerfen. Dass man einen schwachen Innenminister installieren will, für den nicht die Sicherheit der Bürger, sondern die Verwirklichung linker gesellschaftspolitischer Utopien an oberster Stelle stehen, kann man den Bürgern natürlich so nicht verkaufen. Deshalb behauptet man, Kickl sei für dieses Amt ungeeignet. Punkt. Das ist Bullshit.

Was die meisten Österreicher wollen, ein sicheres Land, kontrollierte Zuwanderung und eine intelligente Einwanderungspolitik, ist diesem Milieu völlig egal. Kickl musste gehen, nicht weil er ein schlechter, sondern weil er ein guter Innenminister war. Deshalb darf er auch nicht wiederkehren. Der Kampf um Kickl ist noch lange nicht vorbei. Im Kampf um die Hegemonie im Land erweisen sich viele als falsche Freunde von Demokratie und Rechtsstaat.

Gute Politik macht man auf Basis von Fakten und Daten mit Ideen, Konzepten und Lösungsvorschlägen, die sich am Willen und den Interessen der Mehrheit der Bürger orientieren, nicht mit kriminellen bzw. fragwürdigen Methoden, nicht mit Schmutzkübeln, Medienkampagnen und Gaunereien. Die Bürger haben das verstanden. Das Volk, die Wähler bestimmen in einer Demokratie, in welche Richtung sich ihr Land, ihre Gesellschaft bewegen sollen. Nicht alte Netzwerke, Seilschaften, linke Weltverbesserer, politisch korrekte Moralapostel, ewiggestrige Sozialisten oder journalistische Oberlehrer.

Interview mit Herbert Kickl: „Der Auftrag ist nach wie vor da."

Werner Reichel: Was sind aus Ihrer Sicht die wesentlichen Erkenntnisse, die der BVT-Untersuchungsausschuss gebracht hat? Was ist von den Vorwürfen übriggeblieben, die seinerzeit gegen Sie und die FPÖ erhoben worden sind?

Herbert Kickl: Man kann den Untersuchungsausschuss als jenseits von verantwortungsbewusster Aufklärungsarbeit charakterisieren. Ich habe den Eindruck gehabt, dass die maßgeblichen Handelnden, die den Ausschuss als ihre politische Showbühne benutzt haben, insbesondere die Linken, von Anfang an ein ideologisches Ziel verfolgt haben. Man missbrauchte dieses wichtige Kontrollinstrument auf parlamentarischer Ebene dafür, um einen missliebigen Innenminister zu beschädigen und ihn bestenfalls loszuwerden. Da hat es immer wieder – ich würde fast sagen: im Wochentakt – neue Verschwörungstheorien gegeben, was sich dort angeblich zugetragen hat. ‚Angeblich' muss man sagen. In Wahrheit ist die ‚Causa BVT' nichts anderes als ein Kriminalfall, den wir geerbt haben.

Ich denke, dass es für Peter Goldgruber als Generalsekretär und damit oberster Polizist vollkommen logisch war, dass er, als er mit einer solchen Anzeige konfrontiert wurde, den Weg zu den Ermittlungsbehörden ging. Das ist auch mein Zugang zu diesen Dingen. Wenn irgendjemand sich von mir erwartet hat, dass ich einen Beitrag dazu leiste, auch nur irgendetwas zu vertuschen, dann ist man bei mir am falschen Dampfer. Das habe ich auch in die Partei des Koalitionspartners hineinartikuliert.

Was für mich besonders enttäuschend war, ist die Trägheit oder der mangelnde journalistische Instinkt in weiten Teilen der Medien. Zunächst hat man immer gesagt, dieses ganze Konvolut (das der Auslöser für die BVT-Affäre war, A.d.V.) ist de facto substanzlos, weil die Medien in akribischer Recherchetätigkeit schon festgestellt haben, dass eh nichts dran ist. Jetzt sehen wir anhand der Anklagen im Zusammenhang mit dem Stadterweiterungsfonds, dass doch was dran sein dürfte. Das steht nämlich auch dort drin. Und zum zweiten hat man sich dem Mainstream hingegeben und einfach das wiedergekäut, was in immer neuen Vorwürfen, teilweise völlig diametral zur geltenden Rechtsordnung, von einigen politischen Proponenten abgesondert wurde. Es war für mich erstaunlich, wie unkritisch die Medien damit umgehen.

Vielleicht noch eine Sache: Insgesamt war es so, dass in der Beurteilung und in der Zugangsweise beim BVT-Ausschuss die normale Welt oftmals auf den Kopf gestellt worden ist: Die Beschuldigten waren die Unschuldslämmer, der Geheimdienst, der ansonsten immer ein Feind der Linken war, wurde plötzlich zum Liebkind von Peter Pilz und Co. Die Zeugen wurden hingestellt wie Kriminelle, und das Gleiche galt für die Ermittlungsbehörden, also für die Staatsanwaltschaft und in dem Fall auch für einen Richter, der die Unterschrift für diese Hausdurchsuchungsanordnung gegeben hat. Wenn man das auf ein anderes Verfahren umlegt, da kann man nehmen welches man möchte, merkt man erst, wie absurd diese Vorgangsweise ist.

Ist mit dem Ende des BVT-Ausschusses auch die Aufarbeitung dieser Causa beendet?

Was da passiert ist, würde ich nicht als seriöse Aufarbeitung bezeichnen. Das ist Lichtjahre davon entfernt. Ich denke, dass es notwendig wäre, insbesondere diesen Bereich der Netzwerke, oder nennen wir es des Machtmissbrauchs, noch einmal genauer anzuschauen. Allerdings denke ich, dass eine Fokussierung auf das BVT wahrscheinlich zu kurz greift. Ich glaube, da müsste man sich insbesondere einmal die Achse zwischen Innen- und Justizressort genauer ansehen, weil mit einer entsprechend negativen Einstellung kann man mit dieser Kombination sehr viel anrichten, was diametral dem entgegengesetzt ist, wie es in einer Demokratie laufen sollte.

Sie haben des Öfteren – auch im Zusammenhang mit der Ibiza-Affäre – von schwarzen Netzwerken gesprochen. Wo sind die aktiv, was treibt sie an bzw. was ist deren Zielrichtung?

Ich würde nicht so weit gehen, zu sagen, man hat sich das nach einem großen Plan konstruiert. Ich glaube, dass solche Netzwerke im Innenressort ausgehend vom Jahr 2000 einfach durch eine gewisse Kontinuität der handelnden Personen entstanden sind. Wenn ein so wichtiges und großes Ressort 17 Jahre lang in der Hand derselben Partei ist, und davon wieder viele Jahre in Hand einer Landesgruppe dieser Partei, glaube ich, neigen solche Systeme dazu, irgendwie korrumpiert zu werden. Die Tatsache, dass wir jetzt im Bereich des Stadterweiterungsfonds mit Anklagen konfrontiert sind, ist nur ein Symptom dafür. Das meine ich mit schwarzen Netzwerken, die sich innerhalb eines solchen Ressorts bilden, wo man glaubt: Okay, wir sind zwar oberste Sicherheitsbehörde, aber in der angenehmen Situation, dass uns ja selber niemand mehr kontrolliert. Da ist vielleicht für manche eine Versuchung und eine Verlockung gegeben, der sie nicht widerstehen können.

Wenn auf der anderen Seite auch noch gewährleistet ist, dass im Fall der Fälle in der Justiz vielleicht jemand weg- statt hinschaut oder Dinge in die unterste Schublade legt, die eigentlich in die oberste gehören würden, ist das eine weitere Ausprägung von diesen Netzwerken, von denen ich gesprochen habe. Ich bin sehr dankbar, dass jetzt in den letzten Wochen auch einige Dinge aus dem Bereich der Justiz an die Oberfläche gekommen sind, wo man sich nur wundern kann, dass es in Österreich so ruhig bleibt, wenn man gleichzeitig aufgeregt auf das polnische Justizsystem zeigt oder mit ausgestrecktem Zeigefinger auf die Rumänen deutet.

Ich glaube, in jedem anderen Land würden vom Staatsoberhaupt abwärts laute Forderungen nach Aufklärung die öffentliche Debatte bestimmen, wenn fünf Staatsanwälte der Antikorruptions-Staatsanwaltschaft mit einer Anzeige gegen den obersten Beamten im Justizressort vorgehen. Bei uns fällt ihnen nichts anderes als eine Mediation ein, also auf gut Deutsch ein Sesselkreis. Das ist schon abenteuerlich für ein System, das sich ansonsten lobt, es so genau mit der Demokratie und der Rechtsstaatlichkeit zu nehmen.

Stichwort Stadterweiterungsfonds. Ist das ein Einzelfall, der da aufgepoppt ist, oder nur die Spitze eines Eisberges?

Das schaut für mich nicht so aus, als ob es nur die eine Schwalbe wäre, die alleine noch keinen Sommer macht. Ich glaube, da ist ein ganzes Geschwader unterwegs. Man müsste nur einmal tiefer hineinschauen. Das zeigt mir diese Abwehrhaltung, dieser Versuch der ÖVP, das Innenressort wieder unter die eigene Kontrolle zu bekommen. Man hat großes Interesse daran, dass eben nicht Nachschau gehalten wird, sondern Gras über die Sache wächst und die Leichen, die es dort wohl im Keller geben dürfte, nicht exhumiert werden.

Welche Rolle spielen die Medien? Auch deren Interesse scheint nicht allzu groß zu sein, hier Licht ins Dunkel zu bringen.

Ich habe manchmal den Verdacht gehegt, dass der eine oder andere Journalist, sei es aus Bequemlichkeit, aus fehlendem Interesse oder aus mangelndem journalistischen Instinkt, dankbarer Abnehmer von de facto vorgefertigten Informationen aus dem, ich nenne es einmal Machtapparat, gewesen ist. Ich habe in vielen Hintergrundgesprächen zu Journalisten gesagt: Den großen Preis, den großen Joker wird derjenige in der Hand haben, der einmal die Perspektive ändert, diese vorgegebene Hauptmeinung verlässt und die Dinge kritisch zu hinterfragen beginnt. Ich habe nur niemanden gefunden, der dazu bereit gewesen wäre. Manchmal hatte ich das Gefühl, die agieren wie Pressesprecher des einen oder anderen Handelnden.

Was für mich besonders erschütternd war, dass man echte Tabubrüche begangen hat. Zum Beispiel, dass man Zeugen in einzelnen Medien, ich möchte jetzt nicht sagen verunglimpft hat, aber so etwas Ähnliches war es schon. Man hat diese Leute de facto der Lächerlichkeit preisgegeben, der Schutz der Persönlichkeitsrechte hat keine Rolle gespielt, man hat sich über alles hinweggesetzt.

Wenn das Innenressort, wie Sie sagen, für die ÖVP so wichtig war, wie und warum haben Sie dieses Amt überhaupt bekommen?

Der türkisen Gruppe innerhalb der Volkspartei war es sehr wichtig, ein Reformprojekt auf den Weg zu bringen. Wir haben sehr unnachgiebig verhandelt und in manchen Bereichen nicht nur Wert auf inhaltliche Schwerpunktsetzungen gelegt, sondern auch auf Schlüsselressorts. Und was sind die? Du hast das Finanzressort, du hast die Justiz und du hast das Innenressort. Die ÖVP konnte nicht alle für sich beanspruchen, weil wir sonst gesagt hätten: Na gut, dann sehen wir für uns keine gestaltende Rolle in einem gemeinsamen Reformprojekt. So ist es dann dazu gekommen, dass das Innenressort aus Sicht der ÖVP übriggeblieben ist, weil ihnen die anderen offensichtlich wichtiger waren.

Ich glaube, dass sie uns einfach unterschätzt haben. Sie werden sich gedacht haben: Das ist für uns kein Problem, es gibt zum einen eine Beißhemmung gegenüber dem Koalitionspartner, was soll man dort also verändern, wenn man sich mit dem Gegenstand der Veränderung in aufrechter Koalition befindet? Zum zweiten werden sie gedacht haben, dadurch, dass wir den gesamten Apparat unter Kontrolle haben, sollen die ihren Minister und ihr Kabinett haben und ein bisserl durchs Land fahren, ein paar Bandeln durchschneiden, ein paar Festansprachen halten, das tut uns in der Sache nicht weh. Wir haben es etwas anders angelegt, als ein ideologisches Projekt, weil wir davon überzeugt sind, dass die Stoßrichtung, die wir in der Asylfrage eingeschlagen haben, richtig und notwendig ist. Dass das für uns nicht irgendetwas Beliebiges ist, wo wir morgen genauso gut anders handeln könnten, das hat sie überrascht. Auch diese Leidenschaft zum Kurswechsel, diese innere Überzeugung zu sagen, es ist eine der letzten Möglichkeiten, die wir überhaupt noch haben, das Ruder in dem Bereich herumzureißen – diese Überzeugung und ein gutes Team, das hat einiges an Kraft generiert.

Dass ich Innenminister geworden bin, war aber gar nicht so geplant. Ursprünglich hat H.-C. Strache diesen Anspruch erhoben. Es hat sich aber gezeigt, dass das wohl mit einer Koordinierungsrolle, die ein Vizekanzler hat, und mit der Repräsentationsrolle nicht kompatibel ist. Dann war die Frage in der Partei, wem traut man das zu, der die Dinge auch durchzieht. Ich habe mich um das Amt nicht gerissen, weil viele behauptet haben, das wäre mein Lebensziel gewesen. Ich war immer in einem ganz anderen Bereich tätig, in der Sozialpolitik. Ich habe mir das auch sehr lange überlegt und dann gesagt: Wenn wir es machen, dann machen wir es ordentlich.

Ich weiß noch, bei der Besprechung beim Bundespräsidenten über die Ministerien, war ich der letzte Name, den Strache gegenüber

Van der Bellen genannt hat. Van der Bellen meinte, das ist aber schon eine Bombe. Ich habe dann zu Van der Bellen gesagt: Aber Herr Bundespräsident, das Bomberl, das werden wir schon gemeinsam entschärfen.

Apropos Bundespräsident. Welche Rolle hat Van der Bellen aus Ihrer Sicht dabei gespielt, dass Sebastian Kurz Ihren Abgang plötzlich gefordert hat?

Ich würde einmal vorsichtig sagen, eine bescheidene. Ich hätte mir zumindest erwartet, dass man sich auch die andere Seite anhört. Denn die Erklärungen, die Sebastian Kurz in der Öffentlichkeit abgegeben hat, warum ich plötzlich nicht mehr Innenminister sein kann, waren ja abenteuerlich. Ich hätte mir von einem Bundespräsidenten, mit dem ich trotz aller ideologischer Differenzen immer eine gute Gesprächsbasis gehabt habe, erwartet, dass er sich zumindest eine halbe Stunde Zeit nimmt, die wir in anderen Bereichen auch gehabt haben, um sich das einmal anzuhören, was ich dazu zu sagen habe. Letztendlich habe ich mich immer bemüht, einen Informationsfluss aufrechtzuerhalten. Wir haben sehr oft hart in der Sache miteinander diskutiert, weil ich zum Beispiel Begehrlichkeiten im Zusammenhang mit Verhinderungsaktionen von Abschiebungen einfach nicht nachgegeben habe. Ich habe das eher als Aufforderung zum Amtsmissbrauch interpretiert. Da waren die Grenzen klar gezogen. Deswegen sind wir einige Male aneinandergeraten. Das ist vielleicht der Grund dafür, dass man jemanden als Innenminister wollte, mit dem man solche Deals unter Anführungszeichen „etwas leichter machen kann“. Bei uns haben da alle auf Granit gebissen.

Ich habe ja eine Staatssekretärin im Innenressort bekommen, das war die vielzitierte Aufpasserin. Ich habe damals zum Bundespräsidenten gesagt: Herr Bundespräsident, ich glaube, es wird eher so sein – und Sie werden vielleicht noch an mich denken –, dass es in Wahrheit nicht einen schwarzen Aufpasser für die Blauen im Innenressort braucht, sondern einen blauen Aufpasser für die Schwarzen.

Zur Zusammenarbeit mit der ÖVP. Die hat anfänglich – zumindest hatte man den Eindruck– sehr gut funktioniert. Später, ab 2019, hat Sebastian Kurz immer öfter die FPÖ attackiert. Hat es da einen Auslöser, einen Wendepunkt gegeben?

Das war nicht gespielt, das war ein gutes Verhältnis. Ich habe Sebastian Kurz und seine Leute, da gibt es ja sehr viele Berater, die man in der Öffentlich nicht so kennt und die dort eine ganz maßgebliche Rolle spielen, vorher nicht gekannt und während der Verhandlungen zu schätzen gelernt. Weil die Dinge, die wir ausgemacht haben, auch gehalten haben. Wir haben zwar hart darum gerauft, aber wenn es einmal so war, dann hat das auch gepasst. Ich glaube, dass das eine wesentliche Voraussetzung dafür war, dass wir einen wirklich guten Start hingelegt haben.

Wir haben allerdings gemerkt, dass bei den Dingen, wo wir gewisse Schwierigkeiten hatten, sie unseren Wählern zu erklären, die ÖVP sehr schnell sehr viel Druck gemacht hat. Während bei den Projekten, die für die ÖVP den berühmten Schnitt ins eigene Fleisch bedeutet hätten, ihr Bremsverhalten immer ausgeprägter wurde, je näher wir uns der Umsetzung näherten. Die Frage der Kammerreform ist so ein Beispiel, das betrifft die rot-schwarze DNA. Der ORF ist das Gleiche. Da merkt man plötzlich, wie die Macht der Landeshauptleute größer wird.

Auch beim UN-Migrationspakt wurde schnell klar, dass wir andere Prioritätensetzungen hatten. Uns war wichtiger, dass wir die Erwartungshaltung der Wähler erfüllen. Das Nein zum Migrationspakt war deshalb logisch. Während die ÖVP viel mehr darauf geschaut hat, wie wird das im Ausland rezipiert. Das waren die Bruchlinien, die aufgetaucht sind.

Dann kommt eine dritte Komponente dazu, wo ich mir gedacht habe: Vielleicht bereiten sie wirklich etwas vor, um aus strategischen Gründen, wenn es passt, den Schalter umzulegen, und sagen, jetzt geht's mit der FPÖ nicht mehr. Das begann, als man immer weniger über Fakten geredet hat als über Moral bzw. das was man dafür hält. Diese roten Linien, was nicht alles widerlich ist, also nichts Messbares, sondern subjektive Wahrnehmung, um sein Gegenüber in eine Situation zu bringen, wo es sich dauernd erklären muss. Und dann hat es ja nicht mehr lang gedauert.

Ist der Einfluss der schwarzen Landeshauptleute auf Bundeskanzler Kurz während der Regierungszeit größer geworden?

Im Bereich Asyl haben wir das immer gemerkt, dass sie eine wesentliche Rolle spielen. Wir hatten kein Thema im Asylbereich, wo es nicht Widerstand von Seiten der Landeshauptleute gegeben hätte. Aber sie konnten nichts dagegen machen, das Ressort war eben in anderen Händen. Das hat man schon gemerkt, auch dass diese Generalvollmacht von Sebastian Kurz nicht viel mehr als Stück Papier ist, dass diese Herrschaften in Wahrheit das Heft ordentlich in der Hand haben. Solange alles gut geht und es sich mit ihren Interessen deckt, sind alle ruhig. Wenn es aber irgendwo in die andere Richtung geht, merkt der Herr Kurz sehr schnell, dass er mehr getrieben ist als dass er treibt.

Zu einem Thema, das in Österreich sehr hohe Wellen geschlagen hat, obwohl es eigentlich unpolitisch und völlig harmlos ist: Die Polizeipferde. Haben Sie eine Erklärung dafür, dass diese Pferde die Medien dermaßen erregt haben?

Es sind ja oft die kleinen Dinge, die für die große Aufregung sorgen. Sachlich glaube ich, ist es nicht argumentierbar, dass man sich da so darüber aufregt. Es gibt ja unzählige Städte auf dem ganzen Globus, wo die berittene Polizei ein Erfolgsprojekt ist. Aber vielleicht war das Thema auch deswegen so geeignet, weil es so etwas „sichtbar Neues“ unter Anführungszeichen gewesen ist. Ein neues Projekt, und damit hat es sich gut geeignet, es mit der FPÖ, die in diesem Ressort ebenfalls neu war, zu identifizieren und damit die ganze Kritik auf die Pferde zu projizieren.

Fachlich ist das natürlich nicht haltbar. Das hat teilweise absurde Züge angenommen. Dass zum Beispiel die Pferde alle braun sein sollten. Das hat einfach einen sachlichen Grund. Es gibt am meisten braune Pferde, und die Experten, bei denen wir waren, um uns das anzuschauen, die haben uns gesagt: Die Pferde müssen alle die gleiche Farbe haben, sonst picken sich die Gegner genau das Pferd raus, das anders ausschaut als alle anderen, und das will man verhindern. Aus diesen Dingen hat man dann die abenteuerlichsten Geschichten konstruiert, etwa eine Affinität zu braun. Was ich vielleicht auch sagen muss: Ich habe nie ein besonderes Faible für die Reiterei gehabt, ich habe mir damit auch keine Kindheitsträume erfüllt. Das ist absoluter Unsinn.

Es war einfach ein Projekt, das schon lange in den Wahlkampfprogrammen der FPÖ Wien vorhanden war. Es hat sogar Überlegungen seitens der SPÖ gegeben, so etwas einzuführen. Sowohl aus polizeilichen Gründen als auch als Imageträger für die Polizei. Das merkt man ja: Wo sind bei Polizei-Veranstaltungen die meisten Leute? Bei den Spezialeinheiten und bei den Hunden. Und ähnlich wär‘s auch bei den Pferden gewesen.

Kommen wir zur Ibiza-Affäre. Da ist kurz nach der Veröffentlichung der Videos von Seiten der FPÖ der Vorwurf gekommen, die Behörden würden wenig Interesse zeigen und sich Zeit lassen, die Drahtzieher und Hintermänner aufzuspüren. Sehen Sie das auch so?

Ja, und für mich war das eigentlich völlig unverständlich. Es hat sich ja sehr schnell herauskristallisiert, wer die Produzenten, die Handwerker waren, die das Ganze technisch umgesetzt haben. Und da wundert's mich bis zum heutigen Tag, dass dort nicht sofort der Zugriff der Ermittlungsbehörden, und zwar von Polizei und Justiz, stattgefunden hat. Nur dort kann ich feststellen, wo der ursprüngliche Auftrag herkommt, wer es finanziert hat. Von dort kann ich Spuren weiter verfolgen in eine Richtung, wer das Video möglicherweise zum Einsatz gebracht haben könnte. Das können ja unterschiedliche Gruppierungen oder unterschiedliche Personen sein.

Das habe ich nicht verstanden. Die Oberstaatsanwaltschaft Wien hat am Wochenende nach der Veröffentlichung des Ibiza-Videos sogar eine Art „verklausulierte Weisung" gegeben, nicht aktiv zu werden, weil keine Ermittlungsnotwendigkeit bestünde. Was sehr ungewöhnlich ist: Freitag am Abend erscheint das Video. Freitag um 15:30 Uhr ist in der Oberstaatsanwaltschaft Wien Schluss, da kannst du tot umfallen, dann finden sie dich Montag in der Früh, wenn die Putzkolonne kommt. Dass man dort am Wochenende plötzlich aktiv wird und auf gut Deutsch sagt „Ermittelt's nicht!", ist für mich seltsam.

Ich frage mich auch angesichts der Dinge, die wir jetzt über die Justiz hören, wer hätte da etwas davon? Das ist eine seltsame Sache. Auch der Vorwurf von Sebastian Kurz, ich muss aus dem Innenressort, weil mich nur eine Seite der Ibiza-Affäre interessiert. Nur war für mich relativ klar, dass das, was da im Ibiza-Video gesagt wurde, eine besoffene Prahlerei gewesen ist, wo sich sehr schnell herausstellen wird, dass nichts dahinter ist.

Aber das Zweite, das was wirklich bedrohlich für ein demokratisches System ist: Wer hat sich das angetan, diese Falle monatelang zu planen, zu organisieren, das technisch umzusetzen, Drehbücher zu schreiben, Leute auszukundschaften, Persönlichkeitsprofile zu entwickeln? Es könnte ja sein, dass diese Methode öfters und auch gegen andere zum Einsatz gekommen ist, dass wir möglicherweise von Leuten regiert werden, dass wir Leute in Spitzenpositionen der Wirtschaft oder der Politik haben, die mit solchen erpresserischen Methoden konfrontiert sind. Das muss eine Ermittlungsbehörde aufschrecken, muss ihren Eifer befördern. Ich glaube, in jedem anderen Land wäre das so gewesen. Bei uns – glaube ich – war das Schlimmste, was dem involvierten Herrn Anwalt passiert ist, dass die Rechtsanwaltskammer gegen ihn vorgeht. Das ist ja absolut ungewöhnlich.

Die deutsche Wochenzeitung Die Zeit, die ja nicht im Verdacht steht, ein rechtes Blatt zu sein, mutmaßt, dass irgendjemand seine schützende Hand über die Ibiza-Videoproduzenten hält. Ist das denkbar?

Ich will da wirklich nicht ins Reich der Verschwörungstheoretiker abgleiten. Aber ich hätte es auch vor zwei oder drei Jahren nicht für möglich gehalten, dass irgendjemand eine solche Operation durchführt, um ein solches Video herzustellen. Also ausschließen würde ich gar nichts mehr. Aber ich muss auch ganz ehrlich sagen: Ich habe natürlich keinerlei Beweis, keinerlei Tatsachensubstrat, mit dem man das untermauern kann.

Inwieweit hat die Ibiza-Affäre die politische Landschaft, insbesondere die Art der politischen Auseinandersetzung, verändert? Sind solche Fallen und Inszenierungen zu einem legitimen Mittel geworden, zumal auch der Bundespräsident nach der Veröffentlichung der Videos gesagt hat, die Vierte Gewalt habe ihre Aufgabe vollkommen wahrgenommen?

In Wahrheit ist das, was da betrieben wurde, ein Putsch gegen eine demokratisch legitimierte Regierung. Ich weiß natürlich, dass das in anderen Ländern mit großer Besorgnis wahrgenommen wird. Das kann doch niemand wollen, dass so etwas passiert. Dass die Vierte Gewalt relativ wenig Interesse daran hat, an die Hintermänner zu kommen, ist schon interessant, und dass sie selbst in Gestalt von zwei deutschen Zeitungen und einem österreichischen Blattl eine fragwürdige Rolle spielt. Dass das damit salonfähig geworden ist, das glaube ich nicht. Meine These ist eher, dass das Instrument des Dirty Campaignings selbst beschädigt ist, weil letztendlich nicht eingetreten ist, was sich viele erwartet haben: der totale Zusammenbruch der FPÖ. Ich glaube, viele Bürger wollen nicht, dass man jedem bis ins Schlafzimmer oder sonst wohin nachschnüffelt.

Seltsam ist auch, dass ausgerechnet diejenigen, die bei einer sinnvollen und richterlich angeordneten Überwachung gegen Schwerstkriminelle oder gegen dic Mafia schreien „Um Gottes Willen, das ist der Überwachungsstaat!“, gleichzeitig nichts daran finden, wenn in illegaler Art und Weise solche Videos aufgezeichnet werden. Ich glaube eher, dass Dirty Campaigning als Wahlkampfinstrument auf absehbare Zeit tot ist.

Wir befinden uns mitten im Wahlkampf. Rechnen Sie also nicht damit, dass erneut mit solchen oder ähnlichen Mitteln gegen die FPÖ vorgegangen wird?

Das Ibiza-Video hat nicht jenen Effekt erzielt, den man wollte, deswegen denke ich, dass es abschreckend wirkt. Und irgendwo führt eine Spur immer auch zu demjenigen, der so etwas in die Welt setzt. Auch wenn wir sie im Fall von Ibiza bis jetzt noch nicht gefunden haben, aber es gibt sie mit Sicherheit. Vielleicht haben das gewisse Leute auch schon im 2017er Jahr so gesehen. Produziert dürfte das Video ja für den damaligen Wahlkampf worden sein. Dann hat es ohnehin den dreckigsten Wahlkampf aller Zeiten gegeben, und diese Leute haben offenbar gezögert, es zum Einsatz zu bringen.

In Der Zeit wird ein Mann aus dem Umfeld der Ibiza-Verdächtigen zitiert, der behauptet, es werde weitere Enthüllungen geben. Vor allem wenn die FPÖ bei der Wahl gut abschneidet. Fürchten Sie weiteres Material?

Also ausschließen kann man gar nichts. Aber was will man bei einem Nackten noch enthüllen?

Ein Blick in die Zukunft. Wie schätzen Sie die Chancen auf eine Neuauflage von Türkis-Blau ein?

Wenn es uns gelingt, nahe an das Ergebnis vom letzten Mal heranzukommen, also die 20 Prozent zu überspringen, und die ÖVP nicht über die 40 Prozent kommt, wird man sich in der Volkspartei wohl fragen, warum sie nicht auf dem erhofften Niveau gelandet ist. Dann haben wir möglicherweise eine Situation, in der es für die ÖVP nur zwei realistische Optionen gibt, wenn man den absurden Plan einer Minderheitsregierung ausschließt, was überhaupt nicht in die österreichische Politlandschaft passt. Wenn man weiters davon ausgeht, dass es keine Dreierkombination zwischen ÖVP, Neos und den Grünen gibt, bleiben nur mehr die Option mit der SPÖ und die Option mit der FPÖ.

Dann muss man Sebastian Kurz beim Wort nehmen, der gesagt hat, er will diese Inhalte weiter vorantreiben. Und da frage ich mich, mit wem geht das? Dann bleiben ihm nicht allzu viele Optionen. Deswegen war ja von uns auch von Anfang an klar, dass wir keine Neuwahlen wollen. Wir haben gesagt, diese Regierung ist so populär wie kaum eine andere vorher. Ja, wir wollen weiterarbeiten und wir haben auch alles getan, was dazu notwendig gewesen wäre. Gescheitert ist es am Versuch der ÖVP, eine innerkoalitionäre Machtverschiebung zu ihren Gunsten zustande zu bringen. So gesehen stehen wir einer Fortsetzung nicht im Weg. Allerdings kann das nicht so aussehen, dass die Freiheitlichen keine, nennen wir's einmal so, gesellschaftspolitisch relevanten Ressorts bekommen dürfen.

Denn der Erfolg dieser Regierung war ja, dass die Freiheitlichen in Schlüsselressorts, dazu zähle ich auch das Soziale, wirklich die Bereitschaft gehabt haben, sich auch ein bisserl die Hände dreckig zu machen, also in das System hineinzugreifen und zu versuchen, gröber zu operieren und nicht im Kleingedruckten herumzuwuseln. Und wenn das nicht mehr gegeben ist, brauche ich dieses Regierungsprojekt nicht. Dabeisein ist alles, das gilt bei Olympia, aber nicht beim Regieren. Das wäre unsere Koalitionsbedingung, das Innenressort ist ein solches Beispiel.

Das ist aber nicht zwingend?

Also ich denke, wir können das allemal besser als die ÖVP. Das haben wir in den letzten eineinhalb Jahren bewiesen. Da haben wir mehr weitergebracht als ich weiß nicht wie viele schwarze Innenminister zuvor.

Was ist eigentlich von Ihrer Zeit als Innenminister geblieben? Einiges, das Sie umgesetzt haben, wurde ja sofort nach Ihrem Abgang wieder rückgängig gemacht.

Wir haben uns ja nicht nur deshalb mit der Asylpolitik auseinandergesetzt, weil die Freiheitlichen kein anderes Thema hätten, sondern deswegen, weil es der Wählerauftrag 2017 gewesen ist. Ich glaube schon, dass diese Bereitschaft, über einen Paradigmenwechsel nicht nur nachzudenken, sondern auch dementsprechende Schritte zu setzen und das gesamte System umzudrehen, unsere größte Errungenschaft gewesen ist. Diese eingeleitete Weichenstellung, dass man wieder über Dinge reden konnte, die jahrelang, um nicht zu sagen jahrzehntelang tabuisiert waren.

Dass man sagen konnte, wir wollen in Wahrheit eine Asylquote null. Dass die Wanderbewegung nicht mehr von Süd nach Nord, sondern von Nord nach Süd gehen muss. Dass eigentlich niemand mehr einen Asylantrag auf europäischem Boden stellen kann, außer er kommt aus einem direkten Nachbarland, wo ich aber keinen Grund dafür sehe. Da haben wir in der Kommunikation und im Denken vieles möglich gemacht, was jahrelang tabuisiert gewesen ist.

Das haben wir mit entsprechenden logistischen Maßnahmen begleitet. Ich glaube das ist etwas, was geblieben ist. Wir haben dafür auch Verbündete auf europäischer Ebene gefunden. Einfach, weil wir dort anders gesprochen haben. Wir haben nicht geschaut, was sagen alle anderen, was kommt raus und dort stehen wir dann inhaltlich, sondern wir haben gesagt, selbst wenn wir in der Minderheit bleiben, artikulieren wir unsere Position. Auf einmal haben immer mehr ihre Position artikuliert. Und da hat es wirkliche neue Kraftzentren gegeben. Jetzt steht Matteo Salvini in Wahrheit wieder völlig alleine da, ein paar schöne Worte aus anderen Ländern und das war‘s. Aber es treibt niemand etwas mit ihm gemeinsam voran.

Und das Zweite, was uns immer wichtig war: dass wir auch nach innen wirken. Das ist die Arbeit mit der Polizei. Das haben sie mir ja zum Vorwurf gemacht: Da gibt es einen Innenminister, der hat eine Freude an Uniformen. Wenn es nicht so wäre, wäre es problematisch. Und da geht es mir um Wertschätzung für die Polizistinnen und Polizisten. Ich habe immer gesagt, das sind unsere Töchter und unsere Söhne, das sind unsere Leute, die noch dazu den Kopf hinhalten. Das Finanzielle ist das eine, aber das andere ist die Frage der Anerkennung und der Wertschätzung. Dazu kommt noch eine weitere Komponente, dass ich im Zweifelsfall, wenn ich entscheiden muss, bin ich Polizist oder Streetworker, weiß, dass wir Polizisten sind. Das ist wesentlich. Da ist die staatliche Ordnungsmacht, die bewaffnete Gewalt nach innen und das sind nicht Prügelknaben für ein paar Kriminelle oder Sparringpartner für ein paar halblustige Tschetschenen, ohne sich wehren zu dürfen.

Sie haben auch die europäische Dimension Ihrer Arbeit als Innenminister angesprochen. Wie groß war eigentlich der Druck aus Brüssel gegen Sie bzw. die Regierung aufgrund dieses Kurswechsels?

Wir haben ja das Glück gehabt, dass wir nicht allein dagestanden sind, sondern wir hatten mit Viktor Orbán und mit Matteo Salvini auch Verbündete. Wir haben ausgezeichnet zusammengearbeitet mit den Dänen. Wir haben gesagt: Wir nehmen die Deutschen in die Zange von Süden und von Norden, zweimal Rot-Weiß gegen die deutsche Dummheit in der Mitte. Und Innenminister Horst Seehofer selbst war ja in bestimmten Bereichen durchaus beweglich. Aber er hat sich auch die Zähne an der Willkommenskultur-Kanzlerin ausgebissen. Ansonsten gab es natürlich die europäischen Institutionen. Da glaubst du, wenn du das das erste Mal erlebst, du bist auf einem anderen Planeten, wenn du Vertreter des Europäischen Parlaments in der Migrationsfrage hörst. Gleiches gilt für weite Teile der EU-Kommission. Da hast du das Gefühl, du bist in einem Moralisier-Klub, aber nicht in der Wirklichkeit, die die Bürger betrifft.

Für mich haben sich beim ersten Aufenthalt in diesen Institutionen relativ schnell alle Vorurteile bestätigt, die ich immer gehabt habe.

Sollte es zu einer Neuauflage von Türkis-Blau kommen, wiederholt sich dann nicht die ganze Geschichte von vorne, mit all den Medienkampagnen, greift man dann nicht wieder auf Methoden à la Ibiza zurück?

Die Attacken wären ja nicht das Problem gewesen. Wir haben schon gewusst, dass da etwas auf uns zukommt, wenn wir wirklich versuchen, etwas zu ändern. Das ist für uns aber anders gewesen als für unseren Koalitionspartner oder für Teile davon. Wir kommen aus der Opposition. Wir sind es gewohnt, angefeindet zu werden für das, was wir sagen und für das, was wir vorhaben. So gesehen waren wir das gewohnt, nur die Intensität wird eine andere.

Auf der anderen Seite waren wir alle, und das gilt für alle Regierungsmitglieder, mit denen wir wirklich eng, Seite an Seite gekämpft haben, davon überzeugt, dass das, was wir politisch auf den Weg bringen, die richtige Antwort auf diese Herausforderungen sind. Wenn man dafür nicht bereit ist, Widerstand in Kauf zu nehmen, dann ist es gescheiter, man lässt das gleich bleiben. Den Widerstand wird es immer geben.

Die Frage ist, ob man dieser lauten krawallmachenden und selbstzufriedenen Minderheit folgt oder ob man das tut, was die Mehrheit der Bevölkerung erwartet, ohne dass sie es jeden Tag laut artikuliert. Und da ist klar, wo wir hingehören. Daran hat sich nichts geändert. Der Auftrag ist nach wie vor da. Wir sind nicht in die Politik gegangen, um zu schauspielern, sondern um etwas zu bewegen, damit unsere Kinder und Kindeskinder auch noch etwas von diesem Österreich haben. Und wenn wir nicht aufpassen, dann wird uns das unter den Händen entgleiten, dann sind wir wirklich Fremde im eigenen Land.

Das Gespräch mit Herbert Kickl hat am 9. Juli 2019 am frühen Nachmittag stattgefunden. Wenige Stunden später kündigt Bundespräsident Van der Bellen im ORF an, er werde Herbert Kickl als Innenminister nicht mehr angeloben.

Über den Autor

Werner Reichel

Geboren 1966 in Mistelbach (Niederösterreich), studierte Ethnologie, Publizistik und Kommunikationswissenschaft in Wien. Rund 20 Jahre im Rundfunk tätig, unter anderem als Programmchef und Geschäftsführer mehrerer Radiosender. Er ist Chefredakteur der Quartalszeitschrift „Frank&Frei – Magazin für Politik, Wirtschaft und Lebensstil" und schreibt für liberale, libertäre und konservative Medien in Österreich und Deutschland.

Bücher:

Privatradio In Österreich (2006), Die roten Meinungsmacher (2012), Das Phänomen Conchita Wurst (2014), Genderismus (2015), Infantilismus (2016), Populismus (2017), Der deutsche Willkommenswahn (2018)

Literaturverzeichnis

Frankfurt, Harry G.: Bullshit; Frankfurt am Main 2014

Jenewein, Hans-Jörg: Willkommen in Absurdistan! Einblicke in den BVT-Untersuchungsausschuss; In: Mölzer, Andreas (Hg.): Herbert K.: Der Law-&-Order Minister BVT-Affäre – Medien-Hetze – Neue Projekte; Wien 2018

Kundera, Milan: Die unerträgliche Leichtigkeit des Seins; Frankfurt am Main 1988

Mitterlehner, Reinhold: Haltung; Wien 2019

Mölzer Andreas: Im Visier der Jagdgesellschaft – Innenminister Herbert Kickl als Hassobjekt der politisch korrekten Linken; In: Mölzer, Andreas (Hg.): Herbert K.: Der Law-&-Order Minister BVT-Affäre – Medien-Hetze – Neue Projekte; Wien 2018

Reichel, Werner: Die roten Meinungsmacher – SPÖ Rundfunkpolitik von 1945 bis heute; Baden-Baden, 2012

Reichel, Werner: Der deutsche Willkommenswahn – Eine Chronik in kommentierten Zitaten 2015-2016; Wien 2018

Scharsach, Hans-Henning: Stille Machtergreifung: Hofer, Strache und die Burschenschaften;Wien 2017

Tomaschitz, Bernhard: Hausdurchsuchungen in der Staatsschutzzentrale; In: Mölzer, Andreas (Hg.): Herbert K.: Der Law-&-Order Minister BVT-Affäre – Medien-Hetze – Neue Projekte; Wien 2018

Tributsch, Walter: BVT: Eine ÖVP-Erblast; In: Mölzer, Andreas (Hg.): Herbert K.: Der Law-&-Order Minister BVT-Affäre – Medien-Hetze – Neue Projekte; Wien 2018

Wiesinger, Susanne/Thies, Jan: Kulturkampf im Klassenzimmer – Wie der Islam die Schulen verändert, Wien 2018

Frank&Frei

IMPRESSUM

Werner Reichel

KICKL MUSS WEG
Der schmutzige Kampf um die Macht

Verlag Frank&Frei, Wien 2019
2. Auflage
ISBN: 978-3-903236-28-8
eISBN: 978-3-903236-29-5

Titelbild: FPÖ

Endnoten

Die angegeben Internetquellen wurden im Zeitraum März bis Juli 2019 abgerufen.

1 *https://www.sueddeutsche.de/politik/durchsuchungen-bei-verfassungsschutz-razzien-bei-oesterreichs-geheimdienst-waren-groesstenteils-illegal-1.4108589*
2 *Die Presse, 21.Juli 2019, Seite1*
3 *https://wien.orf.at/v2/news/stories/2722191/*
4 *http://www.kremayr-scheriau.at/bucher-e-books/titel/kurz-kickl/*
5 *Der Falter, 39/18, Seite 5*
6 *Profil, Nr. 30, 21.Juli 2019, Cover*
7 *Mitterlehner, Reinhold: Haltung; Wien 2019*
8 *https://www.derstandard.at/story/2000024654140/faymann-wir-bauen-keinen-zaun-wie-ihn-ungarn-gebaut-hat*
9 *https://www.ortneronline.at/der-marketing-chef-als-bundeskanzler/*
10 *https://www.ots.at/presseaussendung/OTS_20170218_OTS0001/profil-umfrage-kanzlerfrage-kern-im-aufwind*
11 *https://diepresse.com/home/innenpolitik/nationalratswahl/5294429/Tal-Silberstein-und-die-Wahrheit-ueber-die-SchmutzkuebelKampagnen*
12 *siehe Interview mit Herbert Kickl: „Der Auftrag ist nach wie vor da."*
13 *siehe Interview mit Herbert Kickl: „Der Auftrag ist nach wie vor da."*
14 *siehe Interview mit Herbert Kickl: „Der Auftrag ist nach wie vor da."15 http://www.kremayr-scheriau.at/bucher-e-books/titel/kurz-kickl/*
16 *Mölzer 2018, Seite 7*
17 *https://www.kleinezeitung.at/politik/innenpolitik/5339531/Herbert-Kickl_Der-Mann-fuers-Grobe-uebernimmt-das-Innenressort*
18 *https://www.fr.de/politik/gnadenlose-rechte-hand-11107006.html*
19 *Profil Nr. 51, 18.12.2017, Seite 24*
20 *https://www2.sosmitmensch.at/regierungspakt-als-sprungbrett-fuer-rechtsextreme*

21 *https://www2.sosmitmensch.at/dl/LNmNJKJKMlKJqx4lJK/Extremismus_Dossier_zu_Fuehrungskraeften_der_FPOE_November_2017_.pdf*

22 *https://derstandard.at/2000044844601/Mit-Kickl-und-IdentitaerenLinzer-Prachtsaele-fuer-rechten-Kongress*

23 *http://linkswende.org/braunes-kabinett-das-sind-die-brandgefaehrlichen-fpoe-minister/*

24 *https://fpoefails.org/tag/karl-oellinger/*

25 *https://www.profil.at/oesterreich/regierung-kurz*

26 *https://www.profil.at/oesterreich/regierung-kurz*

27 *https://www.profil.at/oesterreich/regierung-kurz*

28 *https://www.falter.at/archiv/FALTER_2015090988A7CDD052/wiegedruckt*

29 *https://wien.orf.at/news/stories/2722191/*

30 *https://diepresse.com/home/innenpolitik/1598828/Herbert-Kickl_Ich-bin-ja-nicht-Homer*

31 *https://www.news.at/a/herbert-kickl-kickl-innenminister-grobe-8576964*

32 *https://www.sn.at/kultur/allgemein/florian-scheuba-praesentierte-neues-soloprogramm-24506140*

33 *https://www.sn.at/politik/innenpolitik/kurz-und-strache-treten-kritik-an-kickl-entgegen-21903556*

34 *https://diepresse.com/home/innenpolitik/1598828/Herbert-Kickl_Ich-bin-ja-nicht-Homer*

35 *https://www.oe24.at/oesterreich/politik/Die-Regierung-der-Burschenschaften/320244533*

36 *https://www.thalia.at/shop/home/artikeldetails/ID64492857.html?ProvID=11010473&gclid=CjwKCAjwqqrmBRAAEiwAdpDXtLQ2qSfn4Tsjz1xbzze7kQNw-1MTg_txyxWcKTVR1fwuQXZ2GeyVmBoCRYsQAvD_BwE*

37 *https://www.falter.at/archiv/wp/das-system-kickl*

38 *https://www.falter.at/archiv/wp/das-system-kickl*

39 *https://www.falter.at/archiv/wp/das-system-kickl*

40 *https://diepresse.com/home/kultur/medien/tvkritik/5503166/Schlechter-Gag-Freiheit-weg_Herbert-Kickl-in-Willkommen-Oesterreich*

41 *https://www.facebook.com/photo.php?fbid=10204121719241280&set=a.1940579812230&type=3&theater*

42 https://derstandard.at/2000097007955/Herbert-Kickls-Schrei-nach-Liebe

43 https://gleichbehandlung.univie.ac.at/aufgaben/diskriminierung-sexuelle-belaestigung-und-belaestigung/

44 siehe Frankfurt, Harry G., Frankfurt am Main 2014

45 https://www.sn.at/politik/innenpolitik/kurz-und-strache-treten-kritik-an-kickl-entgegen-21903556

46 https://diepresse.com/home/innenpolitik/5339718/Kickls-Kontrollorin

47 https://diepresse.com/home/innenpolitik/5339718/Kickls-Kontrollorin

48 https://derstandard.at/2000070921661/Kickl-und-EdtstadlerEin-seltsames-Paar-sind

49 https://kurier.at/kultur/die-konkurrenz-aus-dem-digitalen-untergrund/214.790.150

50 https://derstandard.at/2000070685229/KicklsPressesprecher-schrieb-bis-zuletzt-fuer-unzensuriertat

51 https://diepresse.com/home/innenpolitik/5342327/Koalition_Weiter-Kritik-an-Kickls-Kommunikationschef#

52 https://www.oe24.at/oesterreich/politik/Die-Wahrheit-ueber-unzensuriert-at/297203575

53 https://www.profil.at/oesterreich/fpoe-regierungsmitglieder-inserate-rechte-medien-10853347

54 https://kroneanzeigen.at/services/tarife_mediadaten

55 https://diepresse.com/home/kultur/medien/5389264/Oeffentliche-Werbeausgaben_Regierung-knapp-vor-Stadt-Wien

56 https://www.tt.com/politik/innenpolitik/14123799/bvt-beobachtete-offenbar-fpoe-plattform-unzensuriert

57 https://www.unzensuriert.at/content/0026992-BVT-unzensuriertat-wird-nicht-beobachtet-Negativ-Einschaetzung-erfolgte-ohne

58 siehe Frankfurt, 2014, Seite 41

59 https://www.falter.at/archiv/wp/das-system-kickl

60 https://derstandard.at/2000070809284/Kickls-Kommunikationschef-gefallen-auf-Facebook-Rechtsextreme

61 https://www.krone.at/1850963

62 https://orf.at/stories/3108996/

63 https://www.krone.at/1850963

64 https://www.ots.at/presseaussendung/OTS_20190125_OTS0139/peter-pilz-wann-trennt-sich-kickl-von-seinem-mitarbeiter-aus-der-hitlergruss-burschenschaft

65 https://www.amazon.de/Apple-Intern-Jahre-Europa-Zentrale-Technologie-Multis/product-reviews/3990012185/ref=cm_cr_arp_d_hist_1?ie=UTF8&reviewerType=all_reviews&filterByStar=one_star&pageNumber=1

66 https://www.amazon.de/Apple-Intern-Jahre-Europa-Zentrale-Technologie-Multis/product-reviews/3990012185/ref=cm_cr_arp_d_hist_2?ie=UTF8&reviewerType=all_reviews&filterByStar=two_star&pageNumber=1

67 https://www.oe24.at/oesterreich/politik/Cousine-mit-Wut-Posting-gegen-Kickl/313782181

68 https://derstandard.at/2000104644874/Briefeschreiberin-Daniela-Kickl-will-fuer-die-Gruenen-in-den-Nationalrat

69 https://www.oe24.at/oesterreich/politik/Kickl-Cousine-schockt-mit-Nazi-Vergleich/317893542

70 https://www.spooe.at/2018/06/21/das-war-der-spoe-kulturempfang-2018/

71 https://www.heute.at/politik/news/story/Daniela-Kickl-wird-nicht-in-den-Nationalrat-einziehen-Gruene-Liste-verpasst-Kickl-Cousine-48053758

72 https://neuwal.com/2018/01/14/transkript-pressekonferenz-von-innenminister-herbert-kickl/

73 https://www.bbc.com/news/world-europe-42652518

74 https://www.profil.at/oesterreich/kickl-fluechtlinge-an-einem-ort-konzentrieren-8618910

75 https://www.independent.co.uk/news/world/europe/austria-far-right-fpo-migrants-concentrated-herbert-kickl-a8159541.html

76 https://kurier.at/politik/inland/fluechtlinge-konzentrieren-weltweiter-wirbel-um-kickl/306.070.490

77 https://www.spiegel.de/politik/ausland/oesterreich-herbert-kickl-will-fluechtlinge-an-einem-ort-konzentrieren-a-1187354.html

78 https://www.dailymail.co.uk/news/article-5259135/Austria-far-right-minister-says-concentrate-migrants.html

79 https://www.nzz.ch/international/zehntausende-demonstrieren-in-wien-gegen-die-rechtskonservative-regierung-ld.1347281

80 https://diepresse.com/home/innenpolitik/5352095/Fluechtlinge-konzentrieren-Kickl-erntet-Kritik

81 https://diepresse.com/home/innenpolitik/5352095/Fluechtlinge-konzentrieren-Kickl-erntet-Kritik

82 https://diepresse.com/home/panorama/oesterreich/5477396/Zahl-der-Vergewaltigungen-um-43-Prozent-hoeher

83 siehe dazu etwa Wiesinger/Thiele, Wien 2018

84 https://www.handelsblatt.com/politik/deutschland/regierungsbericht-fluechtlingskosten-lagen-2018-bei-23-milliarden-euro/24360586.html?ticket=ST-744452-xWjC5L0Z1HJ2SlGeHBXB-ap1

85 https://www.welt.de/wirtschaft/article157171883/Auf-unsere-Kinder-wartet-die-7-7-Billionen-Euro-Luecke.html

86 https://diepresse.com/home/innenpolitik/5352095/Fluechtlinge-konzentrieren-Kickl-erntet-Kritik

87 https://www.ots.at/presseaussendung/OTS_20180111_OTS0099/vassilakou-bis-hier-her-und-nicht-weiter-herr-kickl

88 Der Falter 5/18, Seite 5

89 https://www.ots.at/presseaussendung/OTS_20180112_OTS0059/rektor-bast-wer-davon-spricht-fluechtlinge-konzentriert-an-einem-ort-zu-halten-ist-entweder-ungeeignet-oder-untragbar

90 https://www.falter.at/archiv/wp/heil-dir-im-ministerium

91 siehe Reichel, 2018, Seite 97

92 https://www.wochenblick.at/kommentar-weil-wir-menschen-und-kein-ungeziefer-sind/

93 https://www.ots.at/presseaussendung/OTS_20180111_OTS0182/klarstellung-von-innenminister-herbert-kickl-zu-den-heutigen-aussagen-in-der-pressekonferenz-zum-thema-asyl

94 https://diepresse.com/home/innenpolitik/5352413/Kurz-zu-KonzentrierenSager_Kickl-hat-Aussage-klargestellt

95 https://www.vol.at/kurz-sieht-asyl-aussage-von-kickl-klargestellt/5625784

96 https://kurier.at/politik/inland/mehr-als-20-000-demonstrierten-gegen-die-neue-regierung/306.372.293

97 https://kurier.at/politik/inland/mehr-als-20-000-demonstrierten-gegen-die-neue-regierung/306.372.293

98 https://de.wikipedia.org/wiki/Berittene_Polizei

99 https://www.heute.at/oesterreich/wien/story/Jetzt-kommt-die-Pferde-Polizei-in-Wien-54813874

100 https://www.heute.at/oesterreich/wien/story/Jetzt-kommt-die-Pferde-Polizei-in-Wien-54813874

101 https://www.krone.at/1831098

102 https://www.krone.at/554443

103 https://www.ots.at/presseaussendung/OTS_20180223_OTS0165/wr-gemeinderat-valentinmaresch-hoppe-hoppe-herbert-berittene-polizei-fuer-wien-ist-unfug

104 https://derstandard.at/2000090352327/Wien-rechnet-mit-rund-sieben-Milliarden-Schulden-Ende-2019

105 https://www.krone.at/554443

106 https://www.ots.at/presseaussendung/OTS_20190122_OTS0085/leichtfried-kickl-spart-sicherheitsapparat-kaputt

107 https://wien.orf.at/news/stories/2897300/

108 https://www.kleinezeitung.at/politik/innenpolitik/5475888/Kritik-an-Regierungskurs_ExFrauenministerin_Polizeipferde-sind

109 https://www.meinbezirk.at/wien/c-lokales/berittene-polizei-in-wien-keiner-will-kickls-pferde_a2406131

110 https://kurier.at/chronik/wien/analyse-wie-sinnvoll-ist-berittene-polizei/312.296.121

111 siehe Interview mit Herbert Kickl: „Der Auftrag ist nach wie vor da."

112 https://derstandard.at/2000080999284/Kickl-sucht-braune-oder-schwarze-Pferde-fuer-Polizei

113 https://www.simpl.at/programme.php

114 https://derstandard.at/2000080999284/Kickl-sucht-braune-oder-schwarze-Pferde-fuer-Polizei

115 https://www.propferd.at/main.asp?VID=1&kat1=87&kat2=644&NID=6715

116 https://wien.orf.at/news/stories/2891848/

117 https://www.profil.at/oesterreich/umfrage-kurz-kanzlerfrage-9062225

118 https://kurier.at/politik/inland/schweigekanzler-ist-das-oesterreichische-wort-des-jahres-2018/400345699

119 http://linkswende.org/saeuberung-im-bvt-generalstabsmaessiger-fpoe-putsch-im-innenministerium/

120 https://www.spoe.at/2018/03/15/bvt-chronologie-eines-blauen-komplotts/

121 https://www.wienerzeitung.at/themen/bvt-affaere/

122 Tributsch, 2018, Seite 13

123 https://www.addendum.org/bvt/chefspion/

124 https://www.addendum.org/bvt/der-chefspion-und-die-oevp/

125 Tributsch, 2018, Seite 15

126 Tributsch, 2018, Seite 16

127 https://www.addendum.org/bvt/nebenbeschaeftigung/

128 https://www.addendum.org/bvt/nebenbeschaeftigung/

129 https://www.addendum.org/bvt/chefspion/

130 Jenewein 2018, Seite 62

131 https://www.addendum.org/bvt/fehlkonstruktion-bvt/

132 https://www.addendum.org/bvt/andere-bvt-affaere/

133 https://diepresse.com/home/innenpolitik/5556963/BVT_Lansky-ging-zu-Goldgruber-damit-endlich-etwas-passiert

134 Jenewein 2018, Seite 61

135 https://www.krone.at/1655536

136 https://www.addendum.org/news/bvt-kloibmueller/

137 https://www.profil.at/oesterreich/fall-bvt-art-verfolgungswahn-10045364

138 https://orf.at/v2/stories/2429474/2429473/

139 https://www.ots.at/presseaussendung/OTS_20180308_OTS0195/verfahren-gegen-bvt-mitarbeiter-bmi-widerspricht-medialen-fake-news

140 https://kurier.at/politik/inland/umstrittene-razzia-beim-verfassungsschutz-wird-zum-politikum/313.340.330

141 https://www.zeit.de/politik/ausland/2018-03/oesterreich-polizei-verfassungschutz-durchsuchung-rechtsextremisten-fpoe

142 https://www.ots.at/presseaussendung/OTS_20180309_OTS0121/kern-zu-bvt-causa-vertrauen-in-sicherheitsdienste-massiv-erschuettert

143 https://www.youtube.com/watch?v=jhQAMSZGnkM

144 https://www.ots.at/presseaussendung/OTS_20180316_OTS0092/klarstellung-des-justizministeriums

145 https://www.kleinezeitung.at/politik/innenpolitik/5392087/Comeback_BVTAffaere_Peter-Pilz-will-in-den-UAusschuss

146 https://www.oe24.at/oesterreich/politik/Eklat-Tuerkis-Blau-schmettert-U-Ausschuss-zu-BVT-ab/327155778

147 https://kurier.at/politik/inland/bvt-spoe-u-ausschuss-antrag-zurueckgewiesen/400009857

148 https://kurier.at/politik/inland/bvt-spoe-u-ausschuss-antrag-zurueckgewiesen/400009857

149https://twitter.com/AlevKorun/status/1034457508839084038?ref_src=twsrc%5Etfw%7Ctwcamp%5Etweetembed%7Ctwterm%5E1034457508839084038&ref_url=https%3A%2F%2Falexandrabader.wordpress.com%2F2018%2F08%2F28%2Fbvt-affaere-hype-um-angeblichen-amtsmissbrauch%2F

150 https://partei.jetzt/peter-pilz-fordert-misstrauensantrag-gegen-innenminister-kickl/

151 https://www.sn.at/politik/innenpolitik/bvt-affaere-durchsuchung-nicht-rechtmaessig-kickls-ruecktritt-gefordert-39337201

152 https://www.sn.at/politik/innenpolitik/bvt-affaere-durchsuchung-nicht-rechtmaessig-kickls-ruecktritt-gefordert-39337201

153 https://www.andreas-unterberger.at/2019/05/ausgerechnet-die-frau-vrabl-sanda/

154 https://www.andreas-unterberger.at/m/2019/06/die-linken-netzwerke-in-der-staatsanwaltschaft/

155 https://www.fuw.ch/article/versuchsstation-des-weltirrsinns/

156 https://www.heute.at/politik/news/story/Peter-Pilz-zur-BVT-Causa-Innenminister-Herbert-Kickl-FPOE-muss-weg-55871274

157 https://orf.at/v2/stories/2452701/2452671/

158 https://www.wienerzeitung.at/nachrichten/politik/oesterreich/985826-Urteil-zu-Razzien-fuer-Kickl-weltfremd.html

159 https://kurier.at/politik/inland/bvt-affaere-warum-fuer-kickl-die-luft-immer-duenner-wird/400103591

160 https://kurier.at/politik/inland/bvt-affaere-warum-fuer-kickl-die-luft-immer-duenner-wird/400103591

161 https://kurier.at/politik/inland/bvt-affaere-warum-fuer-kickl-die-luft-immer-duenner-wird/400103591

162 Tomaschitz, 2018, Seite 23

163 https://www.vol.at/bvt-affaere-ex-bnd-chef-gab-nur-wahrnehmung-wieder/5900298

164 https://diepresse.com/home/innenpolitik/5386758/Kickl-zur-BVTAffaere_Gridling-vom-Dienst-suspendiert

165 https://kurier.at/politik/inland/bvt-kickl-und-gridling-treten-gemeinsam-vor-die-presse/400042558

166 siehe Interview mit Herbert Kickl: „Der Auftrag ist nach wie vor da."

167 https://derstandard.at/2000088074574/Innenminister-Kickl-nach-Mailaffaere-Pressefreiheit-ist-unantastbar

168 https://www.handelsblatt.com/meinung/kommentare/kommentar-oesterreichs-innenminister-greift-die-pressefreiheit-an-statt-sie-zu-verteidigen/23110002.html?ticket=ST-81486-WkuiP1wQjt1mIwgmCK0U-ap4

169 https://diepresse.com/home/innenpolitik/5502667/Kanzler-und-Hofburg-ruegen-Infosperre

170 https://www.profil.at/oesterreich/kickl-angriff-medienfreiheit-10367225

171 Falter 39/18, Seite 5

172 https://diepresse.com/home/innenpolitik/5502793/Kickl_Was-da-drinnen-steht-ist-das-Gegenteil-von-Zensur

173 https://www.heute.at/politik/news/story/BMI-Herbert-Kickl-Anweisungen-Polizei-Presse-Meinungsfreiheit-Die-Anregungen-im-Wortlaut-47203234

174 https://diepresse.com/home/innenpolitik/5502089/Innenministerium-will-Informationssperre-fuer-kritische-Medien

175 https://kurier.at/chronik/wien/fehlgeburt-nach-demoeinsatz-war-zeitungsente/66.320.389

176 https://www.faz.net/aktuell/feuilleton/debatten/e-mail-aus-dem-wiener-innenministerium-hat-folgen-15810207.html

177 https://www.andreas-unterberger.at/2018/09/kickl-und-die-medien-unertrgliche-stmper-ij-unertrgliche-heuchler/

178 Der Falter 39/18, Seite 5

179 Der Falter 39/18, Seite 5

180 https://www.ots.at/presseaussendung/OTS_20180926_OTS0243/kuntzl-fordert-konsequenzen-lippenbekenntnisse-zur-pressefreiheit-sind-nicht-genug

181 https://derstandard.at/2000088074574/Innenminister-Kickl-nach-Mailaffaere-Pressefreiheit-ist-unantastbar

182 https://orf.at/stories/3034501/

183 https://www.kleinezeitung.at/politik/innenpolitik/5505165/KicklKritik_FPOe_Causa-geht-Kapsch-einen-Schmarren-an

184 https://www.ots.at/presseaussendung/OTS_20181007_OTS0014/offener-brief-der-journalistengewerkschaft-in-der-gpa-djp-an-bundeskanzler-kurz

185 https://www.andreas-unterberger.at/2018/09/kickl-und-die-medien-unertrgliche-stmper-ij-unertrgliche-heuchler/

186 https://www.ots.at/presseaussendung/OTS_20180925_OTS0224/innenminister-kickl-fuehrte-gespraech-mit-ressortsprecher-poelzl

187 https://derstandard.at/2000088141690/Opposition-zerpflueckt-im-Parlament-Kickls-Medienpolitik

188 https://derstandard.at/2000088241142/Tiroler-Landespolizeidirektor-Wir-sind-keine-Befehlsempfaenger

189 https://www.spiegel.de/politik/ausland/oesterreich-brisante-e-mail-zur-medienfreiheit-aus-ministerium-von-herbert-kickl-a-1229843.html

190 https://www.orf-watch.at/Debatte/2019/04/die-wahren-feinde-der-pressefreiheit

191 https://www.orf-watch.at/Debatte/2019/04/die-wahren-feinde-der-pressefreiheit

192 https://www.ogm.at/inhalt/2018/12/APA-OGM-VINDEX-BundespolitikerInnen-Dezember-2018.pdf

193 https://frankundfrei.online/mordserie-in-oesterreich-wie-die-linke-die-frauen-verraet/

194 https://kurier.at/politik/inland/frauenmorde-regierung-will-asylrecht-deutlich-verschaerfen/400379417

195 https://www.oe24.at/oesterreich/politik/Nach-Mordserie-in-Oesterreich-Kickl-Alle-Asyl-Straftaeter-abschieben/364081329

196 https://www.welt.de/politik/deutschland/article156496638/Syrische-Staatsbuergerschaft-wird-massenhaft-vorgetaeuscht.html

197 https://www.welt.de/print/die_welt/finanzen/article150138763/Jobmotor-Fluechtlingskrise.html

198 https://www.krone.at/1845116

199 https://www.addendum.org/asyl/rechtliche-alternativen/

200 https://www.youtube.com/watch?v=UglXe68O7AM&t=4s

201 https://www.youtube.com/watch?v=UglXe68O7AM&t=4s

202 https://www.youtube.com/watch?v=UglXe68O7AM&t=4s

203 https://www.profil.at/oesterreich/video-kickl-orf-report-10610601

204 https://derstandard.at/2000096983708/Politik-vor-RechtUndenkbares-schmissig-ausgesprochen

205 https://www.vol.at/kickl-hinterfragt-rechtsstaatliches-prinzip/6070237

206 https://www.ard-wien.de/2019/01/25/kommentar-innenminister-kickl-und-sein-rechtsstaatsverstaendnis/

207 https://diepresse.com/home/innenpolitik/5567194/Van-der-Bellen-will-kein-Ruetteln-an-der-Menschenrechtskonvention

208 https://diepresse.com/home/innenpolitik/5567194/Van-der-Bellen-will-kein-Ruetteln-an-der-Menschenrechtskonvention

209 https://www.andreas-unterberger.at/2019/01/herr-moser-herr-kickl-herr-van-der-bellen-von-wem-geht-das-recht-ausij/

210 https://www.andreas-unterberger.at/2019/01/herr-moser-herr-kickl-herr-van-der-bellen-von-wem-geht-das-recht-ausij/

211https://de.wikipedia.org/wiki/Europ%C3%A4ische_Menschenrechtskonvention#Die_Weiterentwicklung_der_Europ%C3%A4ischen_Menschenrechtskonvention_durch_zus%C3%A4tzliche_Protokolle

212 https://diepresse.com/home/meinung/quergeschrieben/christianortner/5572160/Was-Innenminister-Kickl-mit-Theresa-May-gemeinsam-hat

213 https://www.kleinezeitung.at/politik/innenpolitik/5567921/KicklAussagen-zum-Rechtsstaat_Kurz_Ich-habe-ihm-sehr-klar-meine

214 derstandard.at/2000097041433/Die-sieben-Suenden-des-Herbert-Kickl

215 siehe Günther, Christian; Reichel, Werner; Tögel, Andreas: Schusswaffenratgeber für Einsteiger, 2017, Seite 9

216 https://www.nachrichten.at/panorama/chronik/Schock-in-Innsbruck-21-Jaehriger-wurde-auf-offener-Strasse-erstochen;art58,3074002

217 https://www.krone.at/1687308

218 https://www.ots.at/presseaussendung/OTS_20190130_OTS0135/gruene-wienhebein-zu-waffenverbotszonen-populistische-scheinloesung

219 https://kurier.at/chronik/oesterreich/waffenverbot-ist-nur-eine-frage-des-gefuehls/400444438

220 https://kurier.at/chronik/wien/waffenverbotszonen-buergermeister-ludwig-fordert-gesetzesaenderung/400378490

221 https://kurier.at/chronik/wien/waffenverbotszonen-buergermeister-ludwig-fordert-gesetzesaenderung/400378490

222 https://diepresse.com/home/meinung/morgenglosse/5588569/Herbert-Kickl-und-sein-2084

223 https://www.heute.at/politik/news/story/-sterreichs-Innenminister-Kickl-und-seine-zehn-Asyl-Gebote-43513146

224 https://www.heute.at/politik/news/story/-sterreichs-Innenminister-Kickl-und-seine-zehn-Asyl-Gebote-43513146

225 https://twitter.com/florianklenk/status/1101508784629968897

226 https://www.oe24.at/oesterreich/chronik/Nach-ESC-Eklat-Autorin-provoziert-mit-Kickl-Karikatur/365981690

227 https://twitter.com/arminwolf/status/1101514578842800133?lang=de

228 Stand 11.6.2019

229 https://www.kleinezeitung.at/politik/innenpolitik/5596948/Erstaufnahmezentren_Kardinal-Schoenborn-an-Regierung_Das-ist-ein

230 https://twitter.com/florianklenk/status/1101747931818979328

231 https://www.sosmitmensch.at/action/mlr/v?&idx=183896&cid=152&uid=50380&sid=1&cks=9dfee93a

232 https://www.noen.at/in-ausland/asyl-weiter-diskussion-um-sicherungshaft-oesterreich-asyl-fluechtlinge-illegale-migration-migration-oesterreich-137464030

233 https://www.noen.at/in-ausland/asyl-weiter-diskussion-um-sicherungshaft-oesterreich-asyl-fluechtlinge-illegale-migration-migration-oesterreich-137464030

234 https://www.ots.at/presseaussendung/OTS_20190225_OTS0148/dziedzic-die-regierung-tanzt-am-abgrund-der-demokratie

235 *https://www.ots.at/presseaussendung/OTS_20190302_OTS0002/profil-umfrage-mehrheit-der-oesterreicher-haelt-sicherungshaft-fuer-ueberlegenswert*

236 *https://www.ots.at/presseaussendung/OTS_20190301_OTS0033/schoenborn-und-bischofskonferenz-warnen-vor-sicherungshaft*

237 *https://www.facebook.com/watch/?v=2036276146487503*

238 *https://derstandard.at/2000098509627/Doskozil-fordert-Sicherungshaft-auch-fuer-gefaehrliche-Oesterreicher*

239 *https://diepresse.com/home/meinung/kommentare/leitartikel/5585627/Wenn-Hans-Peter-Doskozil-Herbert-Kickl-ueberholt*

240 *https://www.wienerzeitung.at/nachrichten/politik/oesterreich/1019136-Debatte-um-Sicherungshaft-spaltet.html*

241 *https://www.youtube.com/watch?v=yfNJIKUTaFc*

242 *https://www.vol.at/sicherungshaft-spoe-fordert-task-force-zu-mord-in-dornbirn/6105928*

243 *https://kurier.at/politik/inland/sicherungshaft-ein-schritt-zum-polizeistaat/400418030*

244 *https://www.ots.at/presseaussendung/OTS_20190327_OTS0159/pilz-kickl-luegt-und-vertuscht-behoerdenversagen*

245 *https://www.krone.at/1915535*

246 *https://diepresse.com/home/panorama/oesterreich/5426247/Brisante-Anklage_Identitaere-als-kriminelle-Vereinigung*

247 *https://diepresse.com/home/panorama/oesterreich/5426247/Brisante-Anklage_Identitaere-als-kriminelle-Vereinigung*

248 *https://diepresse.com/home/innenpolitik/5456960/Identitaere-vor-Gericht_Breite-Kritik-an-der-Anklage*

249 *https://diepresse.com/home/innenpolitik/5456960/Identitaere-vor-Gericht_Breite-Kritik-an-der-Anklage*

250 *https://diepresse.com/home/innenpolitik/5456960/Identitaere-vor-Gericht_Breite-Kritik-an-der-Anklage*

251 *https://diepresse.com/home/innenpolitik/5572380/Foto-mit-Identitaeren_Strache-zieht-Klage-gegen-Fussi-zurueck*

252 *https://www.andreas-unterberger.at/m/2019/05/die-zwei-kriminalflle-von-ibiza-die-einugigkeit/*

253 https://diepresse.com/home/innenpolitik/5605430/Kickl-bei-Verteidigern-Europas_FPOe-sieht-keine-Verbindung-zu

254 https://sezession.de/61200/straches-sturz-und-die-macht-der-medien

255 https://diepresse.com/home/ausland/welt/5601296/NeuseelandTerror_SPOe-und-Liste-Jetzt-berufen-Sicherheitsrat-ein

256 https://www.ots.at/presseaussendung/OTS_20190401_OTS0150/kogler-kickls-teilnahme-im-nationalen-sicherheitsrat-macht-bock-zum-gaertner

257 https://www.ots.at/presseaussendung/OTS_20190401_OTS0061/zadic-fordert-vollstaendige-aufklaerung-im-nsr-ueber-rechtsextreme-netzwerke-und-moegliche-unterwanderung-der-sicherheitsbehoerden

258 https://kurier.at/politik/inland/kickl-die-fpoe-und-die-identitaeren-kanzler-kurz-greift-nun-durch/400453717

259 https://www.ots.at/presseaussendung/OTS_20190403_OTS0138/identitaere-leichtfried-fordert-konsequenzen-kurz-muss-kickl-aus-regierung-entfernen

260 https://www.oe24.at/oesterreich/politik/Identitaere-Kurz-ruegt-FPOe/374393530

261 https://www.wienerzeitung.at/nachrichten/politik/oesterreich/2003897-Strache-Identitaere-sind-Verein-mit-dem-FPOe-nie-etwas-zu-tun-hatte.html

262 https://ef-magazin.de/2019/04/17/14860-razzia-bei-konzertbesuchern-in-oesterreich-und-andere-massnahmen-gegen-rechts-auf-dem-weg-zur-gesinnungsdiktatur

263 https://www.ots.at/presseaussendung/OTS_20190327_OTS0131/kogler-zu-identitaeren-verbot-auch-schon-aufgewacht-herr-kurz

264 https://www.bild.de/politik/ausland/politik-ausland/oesterreich-innenminister-herbert-kickl-aerger-wegen-kontakten-mit-rechten-60951272.bild.html

265 https://www.bild.de/politik/ausland/politik-ausland/oesterreich-innenminister-herbert-kickl-aerger-wegen-kontakten-mit-rechten-60951272.bild.html

266 https://kurier.at/politik/ausland/kickl-im-visier-europaeischer-parteien/400452082

267 https://www.profil.at/ausland/grossbritannien-zweifelt-verlaesslichkeit-innenministerium-10708743

268 https://www.nikowitz.at/kolumnen/leerstunde/

269 https://de.wikipedia.org/wiki/Zersetzung_(Ministerium_f%C3%BCr_Staatssicherheit)#cite_note-31

270 https://misik.at/2018/09/mit-rechten-reden-hat-bisher-ja-prima-geklappt/

271 https://derstandard.at/2000100166993/StoecklFruehstueck-bei-mir-Kickl-hat-alles-getoppt

272 https://derstandard.at/2000100166993/StoecklFruehstueck-bei-mir-Kickl-hat-alles-getoppt

273 https://www.orf-watch.at/Kritik/2019/05/2397

274 https://www.orf-watch.at/Kritik/2019/05/2397

275 https://www.orf-watch.at/Kritik/2019/05/2397

276 https://derstandard.at/2000100166993/StoecklFruehstueck-bei-mir-Kickl-hat-alles-getoppt

277 https://kurier.at/politik/inland/herbert-kickl-anfangs-als-minister-gewisse-ueberforderung/400445494

278 https://kurier.at/politik/inland/intim-minister-10-dinge-die-wir-ueber-herbert-kickl-nie-wissen-wollten/400446334

279 http://linkswende.org/event/demo-gegen-kickl-fpoe-innenminister-ab-ins-mittelmeer/

280 https://www.orf-watch.at/Kritik/2019/05/2397

281 https://twitter.com/Comandantina/status/1128624244080947203

282 https://www.oe24.at/oesterreich/politik/Boehmermann-spottet-ueber-Kickl-Uniform/380275566

283 https://www.oe24.at/oesterreich/politik/Das-steckt-hinter-Kickls-Uniform-Auftritt/380202447

284 siehe Interview mit Herbert Kickl: „Der Auftrag ist nach wie vor da."

285 https://kurier.at/politik/inland/herbert-kickl-anfangs-als-minister-gewisse-ueberforderung/400445494

286 https://www.heute.at/politik/news/story/Innenminister-Herbert-Kickl-will-Stundenlohn-von-Asylwerbern-auf-maximal-1-50-Euro-senken-57430782

287 *https://www.ots.at/presseaussendung/OTS_20190324_OTS0039/tiroler-tageszeitung-leitartikel-die-politik-des-zynismus-von-michael-sprenger*

288 *https://www.vol.at/150-euro-lohnobergrenze-fuer-asylwerber-kritik-bei-sonntagsdemo-in-hohenems/6141880*

289 *https://www.vol.at/150-euro-lohnobergrenze-fuer-asylwerber-kritik-bei-sonntagsdemo-in-hohenems/6141880*

290 *https://derstandard.at/2000100081223/Kickl-will-Stundenlohn-fuer-Fluechtlinge-auf-1-50-Euro*

291 *https://www.puls4.com/puls-4-news/videos/Beitraege/1.50-pro-Stunde-Kritik-an-Kickls-Asyl-Mindestlohn*

292 *https://www.puls4.com/puls-4-news/videos/Beitraege/1.50-pro-Stunde-Kritik-an-Kickls-Asyl-Mindestlohn*

293 *https://www.krone.at/1894421*

294 *https://www.kleinezeitung.at/politik/innenpolitik/5631820/Vor-Rauswurf_Kickl-erliess-Verordnung-zu-150Stundenlohn-fuer*

295 *https://www.vol.at/wallner-150-verordnung-war-provokation-von-kickl/6219849*

296 *siehe Interview mit Herbert Kickl: „Der Auftrag ist nach wie vor da."*

297 *https://www.zeit.de/news/2019-04/19/rechtspopulisten-legen-laut-umfrage-vor-europawahl-zu-190419-99-889588*

298 *https://kurier.at/politik/ausland/europaweite-umfrage-europawahl-koennte-denkzettelwahl-werden/400476616*

299 *siehe Frank&Frei 03/2017, Seite 61*

300 *https://schweizerzeit.ch/zufaelle/*

301 *https://www.weltwoche.ch/ausgaben/2019-22/artikel/strache-die-weltwoche-ausgabe-22-2019.html*

302 *https://www.weltwoche.ch/ausgaben/2019-22/artikel/strache-die-weltwoche-ausgabe-22-2019.html*

303 *https://www.oe24.at/oesterreich/politik/Run-auf-EU-Wahl-OeVP-klar-vorn-SPOe-holt-auf-FPOe-Dritte/376697495*

304 *https://www.weltwoche.ch/ausgaben/2019-22/artikel/strache-die-weltwoche-ausgabe-22-2019.html*

305 *https://schweizerzeit.ch/zufaelle/*

306 *Frank&Frei 10/19, Seite 21*

307 https://www.nzz.ch/meinung/kolumnen/haemische-heuchler-ld.1484931

308 https://www.vol.at/eklige-szenen-in-ibiza-video-was-haben-wir-bisher-nicht-gesehen/6218577

309 https://www.zeit.de/kultur/2019-05/ibiza-affaere-video-heinz-christian-strache-veroeffentlichung-journalisten

310 https://www.nzz.ch/meinung/kolumnen/haemische-heuchler-ld.1484931

311 http://www.eu-infothek.com/ibiza-gate-studie-zur-unfreiwilligen-beibringung-und-folgenschwerer-medizinischer-symptomatik-von-ko-tropfen/

312 https://diepresse.com/home/ausland/aussenpolitik/5634111/IbizaVideo_Ein-zivilgesellschaftlich-motiviertes-Projekt

313 https://kurier.at/politik/inland/genug-ist-genug-kurz-verkuendet-neuwahlen/400498717

314 https://www.derstandard.at/story/2000022441270/van-der-bellen-notfalls-darf-man-die-unwahrheit-sagen

315 https://www.zeit.de/kultur/2019-05/ibiza-affaere-video-heinz-christian-strache-veroeffentlichung-journalisten

316 https://www.nzz.ch/meinung/kolumnen/haemische-heuchler-ld.1484931

317 https://derstandard.at/2000075770555/STANDARD-widmet-neue-Werbekampagne-der-Haltung

318 https://www.derstandard.at/story/2000105628550/haselsteiner-sebastian-kurz-ist-das-groesste-talent-seit-joerg-haider

319 http://www.eu-infothek.com/ibiza-gate-sueddeutsche-zeitung-auf-der-jagd-nach-vergessenen-informationen/

320 https://www.krone.at/1831098

321 https://www.heute.at/politik/news/story/-VP-Verein-aus-Ibiza-Ermittlung-wurde-geloescht-54866830

322 https://www.derstandard.at/story/2000106150935/parteinahe-vereine-spoe-zieht-die-notbremse-und-zahlt-zurueck

323 https://www.profil.at/oesterreich/spoe-gewerkschafter-wahlkampf-10843746?fbclid=IwAR1aIHwiPp6MwfxEqW97jYgQ3M7FwJ0MoyWBtNKpawqRQM1xBR8JLXSCCCY

324 https://www.profil.at/oesterreich/spoe-gewerkschafter-wahlkampf-10843746?fbclid=IwAR1aIHwiPp6MwfxEqW97jYgQ3M7FwJ0MoyWBtNKpawqRQM1xBR8JLXSCCCY

325 https://diepresse.com/home/politik/bpwahl/5125293/7-Mio-Euro-Zuwendungen-fuer-Van-der-Bellen

326 https://diepresse.com/home/ausland/aussenpolitik/5634111/IbizaVideo_Ein-zivilgesellschaftlich-motiviertes-Projekt

327 https://www.derstandard.at/story/2000103903057/warum-die-fpoe-trotz-ibiza-gate-nicht-komplett-abstuerzte

328 https://oe1.orf.at/artikel/640998/Wenn-Aufdecker-zum-Werkzeug-werden

329 https://oe1.orf.at/artikel/640998/Wenn-Aufdecker-zum-Werkzeug-werden

330 https://de.statista.com/statistik/daten/studie/163740/umfrage/parteipraeferenz-von-politikjournalisten-in-deutschland/

331 Die Verhandlung wurde vertagt, weil der Angeklagte schwer alkoholisiert war

332 https://diepresse.com/home/panorama/oesterreich/5649127/IbizaDetektiv-als-Zeuge

333 Die Zeit Nr.28, 4.Juli 2019, Seite 5

334 https://kurier.at/politik/inland/justiz-schaltet-sich-in-ibiza-affaere-ein-video-wird-geprueft/400498285

335 https://www.oe24.at/oesterreich/politik/Ibiza-Video-Staatsanwaltschaft-prueft-strafrechtliche-Relevanz/380870047

336 siehe Interview mit Herbert Kickl: „Der Auftrag ist nach wie vor da."

337 https://www.ots.at/presseaussendung/OTS_20190523_OTS0135/fpoe-hafenecker-justizskandal-um-ausbleibende-ermittlungen-gegen-moegliche-ibiza-video-drahtzieher

338 https://kurier.at/politik/inland/genug-ist-genug-kurz-verkuendet-neuwahlen/400498717

339 siehe Interview mit Herbert Kickl: „Der Auftrag ist nach wie vor da."

340 https://kurier.at/politik/inland/ibiza-affaere-was-man-im-faelschungsskandal-weiss/400526581

341 http://www.eu-infothek.com/ibiza-gate-sueddeutsche-zeitung-wird-aktiv/

342 https://www.youtube.com/watch?v=lnecSJjy_9w

343 Junge Freiheit, Nr. 24/2019, Seite 3

344 https://www.puls4.com/Oesterreich-vor-der-Wahl/Videos/Ganze-Folgen/Oesterreich-vor-der-Wahl-Das-PULS-4-Sommergespraech-mit-Sebastian-Kurz

345 https://www.andreas-unterberger.at/2019/05/das-innenministeriums-dilemma-der-vp/

346 https://www.ots.at/presseaussendung/OTS_20190519_OTS0024/kogler-kurz-muss-handeln-und-blaue-minister-rasch-austauschen

347 https://kurier.at/politik/inland/live-ticker-entscheidung-ueber-die-zukunft-der-koalition/400498444

348 https://kurier.at/politik/inland/live-ticker-entscheidung-ueber-die-zukunft-der-koalition/400498444

349 https://www.tt.com/politik/innenpolitik/15700699/die-oevp-betreibt-ein-falsches-spiel-kickl-rechnet-im-interview-ab

350 https://derstandard.at/2000103442116/Ruecktritt-Neuwahlen-Rochaden-Eine-Krise-voller-Fragezeichen

351 http://www.eu-infothek.com/ibiza-connection-anwalt-gesteht/

352 https://diepresse.com/home/politik/innenpolitik/592267/Portraet-eines-Umtriebigen_Linksanwalt-Gabriel-Lansky

353 https://diepresse.com/home/politik/innenpolitik/592267/Portraet-eines-Umtriebigen_Linksanwalt-Gabriel-Lansky

354 Die Zeit, Nr.28, 4.Juli 2019, Seite 4

355 https://www.news.at/a/lobbying-herr-gusenbauer-9237007

356 https://www.news.at/a/ibiza-clip-kurz-silberstein-10795999

357 https://kurier.at/politik/inland/ibiza-video-kurz-bleibt-bei-vorwurf-gegen-lansky-glaubt-aber-nicht-an-klage/400539010

358 https://www.kleinezeitung.at/politik/5117834/Kampagne-von-Haselsteiner_Mehrere-100000-Euro-im-Kampf-gegen

359 https://www.vermoegenmagazin.de/die-reichsten-oesterreicher/

360 http://www.eu-infothek.com/presse-ibiza-video-auch-strabag-angeboten/

361 https://www.sn.at/politik/innenpolitik/causa-strache-strabag-will-verlorene-auftraege-nachpruefen-70432042

362 https://www.strabag.com/databases/internet/_public/content.nsf/web/SE-PRESSE.COM-PRESSEMITTEILUNGEN-2019-STRABAG%20SE:%20Neue%20Rekorde%202018,%20weiterhin%20hohes%20Niveau%202019%20erwartet#?men1=8&men2=undefined&sid=800&h=undefined

363 https://www.addendum.org/benko/

364 https://diepresse.com/home/kultur/medien/5601755/Jetzt-greift-die-Krone-Investor-Benko-direkt-an

365 https://diepresse.com/home/kultur/medien/5601755/Jetzt-greift-die-Krone-Investor-Benko-direkt-an

366 https://www.addendum.org/benko/kikaleiner/

367 https://zurzeit.at/index.php/kickl-oevp-wollte-machtzentrale-innenministerium-zurueck/

368 https://www.oe24.at/oesterreich/politik/Ibiza-Video-SMS-Spur-zum-Geheimdienst/382522444

369 https://www.fass-ohne-boden.at/ibiza-netzwerk-undercover-fuer-bundeskriminalamt-und-finanzpolizei/

370 Die Zeit, Nr.28, 4.Juli 2019, Seite 5

371 https://www.oe24.at/oesterreich/politik/Ibiza-Video-SMS-Spur-zum-Geheimdienst/382522444

372 https://www.oe24.at/oesterreich/politik/Ibiza-Video-SMS-Spur-zum-Geheimdienst/382522444

373 https://kurier.at/politik/inland/operation-reisswolf-kurz-mitarbeiter-liess-inkognito-daten-aus-kanzleramt-vernichten/400556558

374 https://www.kleinezeitung.at/politik/innenpolitik/5632526/Rede-im-Wortlaut_Ich-entschuldige-mich-fuer-das-Bild-das-die

375 https://www.sn.at/politik/innenpolitik/oevp-verein-mit-bvt-mitarbeitern-verwundert-ausschuss-71251399

376 https://www.oe24.at/tv/fellnerlive/Fellner-Live-Neue-Details-zum-Ibiza-Skandal/386632045

377 http://www.eu-infothek.com/ibiza-gate-geheimnisvolle-nebenschauplaetze/

378 https://www.oe24.at/oesterreich/politik/Straches-Ibiza-Gate-Neue-Spuren-zu-den-Hintermaennern/386670477

379 *https://www.tt.com/politik/innenpolitik/15700699/die-oevp-betreibt-ein-falsches-spiel-kickl-rechnet-im-interview-ab*

380 *https://kurier.at/chronik/oesterreich/stadterweiterungsfonds-vier-anklagen-in-der-pipeline-zwei-aktive-sind-sektionschef-im-bmi-betroffen/400523815*

381 *siehe Interview mit Herbert Kickl: „Der Auftrag ist nach wie vor da."*

382 *Junge Freiheit, Nr.24/2019, Seite 3*

383 *https://www.youtube.com/watch?v=jn0Tt5duhHU*

384 *https://www.oe24.at/oesterreich/politik/Umfrage-Ergebnis-Mehrheit-fuer-VP-FP-Koalition/386668442*

385 *https://www.kleinezeitung.at/politik/innenpolitik/5632526/Rede-im-Wortlaut_Ich-entschuldige-mich-fuer-das-Bild-das-die*

386 *https://www.andreas-unterberger.at/m/2019/07/ein-bundesprsident-als-krisenverursacher/*

387 *https://diepresse.com/home/innenpolitik/5650462/Kurz-will-keine-Regierung-mit-Kickl-im-Innenministerium*

388 *https://www.derstandard.at/story/2000106230761/gegen-kickl-wehren*

389 *https://www.derstandard.at/story/2000106124311/kein-innenminister-kickl-fpoe-empoert-ueber-van-der-bellen*

390 *Profil, Nr. 30, 21.Juli 2019, Seite 14*

391 *https://www.derstandard.at/story/2000022441270/van-der-bellen-notfalls-darf-man-die-unwahrheit-sagen*

392 *Die Presse, 21.Juli 2019, Seite 1*

393 *Profil, Nr. 30, 21.Juli 2019, Seite 21*

394 *https://www.zeit.de/2019/30/herbert-kickl-ex-innenminister-fpoe-wahlkampf-oesterreich*

395 *https://www.kleinezeitung.at/politik/bundespraesident/5105607/Konzentrationslager_Barroso-attackiert-Hofer-mit-NaziVergleich*

396 *https://www.profil.at/ausgaben/profil-1649*

397 *https://www.profil.at/ausgaben/profil-1649*

398 *https://www.zeit.de/2019/30/herbert-kickl-ex-innenminister-fpoe-wahlkampf-oesterreich*

399 *Die Zeit, Nr. 28, 4. Juli 2019, Seite 5*

400 *siehe Interview mit Herbert Kickl: „Der Auftrag ist nach wie vor da."*

401 *siehe Interview mit Herbert Kickl: „Der Auftrag ist nach wie vor da."*